Horst Leuwer

Begegnungen mit der Geistigen Welt

Horst Leuwer

Begegnungen mit der Geistigen Welt

Ein Hauch sehr zart,
ein goldener Schein
wird offenbart
im Herzen dein.
Schau an ganz sacht
der Seele Weite,
ein Engel wacht
an deiner Seite.

Sabine Kathriner

Verlag EinsSein GBR
1. Auflage April 2019

Kapellenstrasse 3, 54578 Kerpen-Loogh

E-Mail: info@verlag-einssein.de
Web: www.verlag-einssein.de
Bilder: Jopie Bopp (www.kreavitalis.de)
Sabine Kathriner (www.kathriner-design.de)
Titelbild: Jopie Bopp
Umschlaggestaltung: Sabine Kathriner
Lektorat: Sonja Hartmann, Renate Leuwer
Druckerei: Schmitz Druck Hillesheim
ISBN: 978-3-947608-44-7

Begrüßung

Ich begrüße dich, lieber Leser, liebe Leserin, herzlich.

Mit dieser Begrüßung verbunden sind einige erklärende Sätze: Ich wähle während des Buches oft die männliche Form der Anrede und bitte, dies nicht zu bewerten. Es ist einfach beschwerlich beim Schreiben, genauso wie beim Lesen, beide Formen aufzuführen. Das Thema „Die Geistige Welt“ bringt es mit sich, dass sich im wahrsten Sinne des Wortes, die Geister beim Inhalt scheiden werden. Ich beschreibe auf den Seiten des Buches meine heutige Auffassung, die aufgrund meiner persönlichen, seelischen, spirituellen und beruflichen Entwicklung viele Veränderungen erfahren hat und dies sicher auch weiter wird. Ich beschreibe aber auch die vielen wertvollen Erfahrungen meiner Klienten in der Rückführungstherapie. Damit wird meine Auffassung objektiviert beziehungsweise ergänzt und erweitert. Inhaltlich „ent-wickelt“ sich das Buch über die Kapitel und wird als Gesamtes einen Eindruck vermitteln, was unter „Geistige Welt“ verstanden werden kann. Außerdem wird aufgezeigt, welche Bedeutung die „Geistige Welt“ für den Menschen im Hier und Heute hat. Einige Male wirst du den Hinweis lesen, dass nur du selbst deine Wahrheit entdecken kannst. Und dabei, also beim Gewahrwerden deiner Wahrheit, darf dich dieses Buch begleiten. Ich würde mich freuen, wenn du diese Worte deshalb als Impulsgeber, vielleicht auch als Hilfestellung, um dich selbst zu entdecken, verstehen und erfahren würdest. Dazu lade ich dich herzlich ein.

Ich freue mich sehr, dass ich zwei Künstler kennenlernen durfte, die ihre Bilder als Abbildungen in diesem Buch zur Verfügung stellen. Ich lade dich dazu ein, die Homepages von Jopie Bopp und Sabine Kathriner zu besuchen.

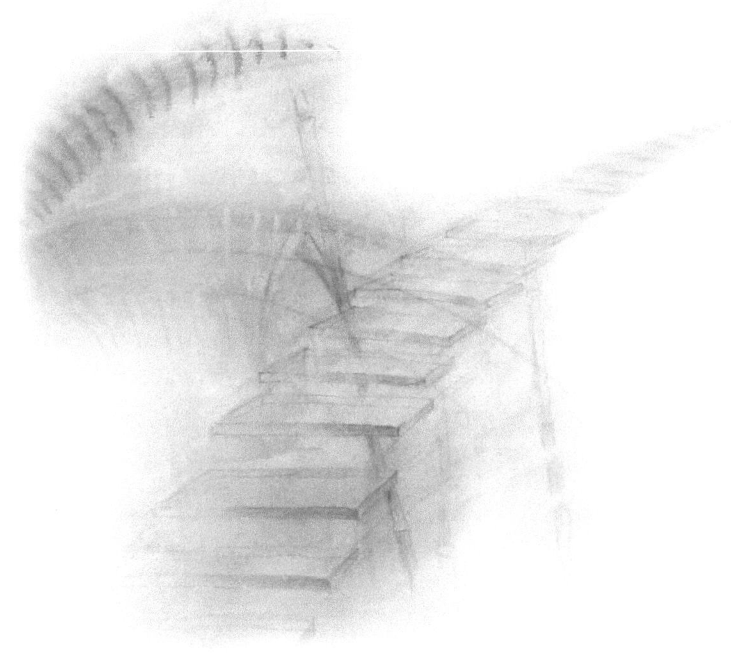

Deine Leben sind wie eine Treppe

Immer Eins

Ohne Stufen gibt es keine Treppe-

-und kein weiterkommen.

Jede Stufe führt dich weiter…

Begegnung mit der Geistigen Welt

Inhalt

Wie ich…

Bist auch du…

Warum?

Weil auch du dich in einer ständigen Metamorphose befindest!

So wie unsere Schöpfung

Einführung

Was versteht man unter dem Begriff „Die Geistige Welt“? Viele Menschen würden mit den Schultern zucken, wenn du ihnen diese Frage stellen würdest. Dies kann nicht anders sein, da wir alle sehr unterschiedlich geprägt, konditioniert, erfahren, entwickelt, erzogen, interessiert und belesen sind. Ich las vor einiger Zeit eine Aussage eines Autors, der eine Art Autobiographie über Carl Gustav Jung geschrieben hatte: „Der Mensch erlebt in seinem Leben drei Geburten, die physische, die geistige (Verstand, Ego...) und die seelische. Und die letzte, die seelische, erleben viele gar nicht erst, da sie im zweiten Schritt stecken bleiben.“

Das Buch, das du jetzt liest, wird dir über die Kapitel hin zeigen, dass dies nicht nur in diesem Leben so ist, sondern über all unsere Inkarnationen, denn dies ist schließlich der Blickwinkel eines Rückführers. So können viele Menschen nicht erfassen, dass es über das Leben im gesellschaftlichen Kontext hinaus ein anderes Leben, ein Leben hinter dem Leben gibt, sozusagen ein für die meisten Augen unsichtbares Leben. Später dazu mehr… Vor 10 Jahren hätte ich nicht gewusst, was der Begriff „Geistige Welt“ ausdrücken will. Heute gehört die Geistige Welt für mich genauso zum Leben wie die Welt, die uns unsere Augen zeigt. Im Verlaufe des Buches entdeckst du, warum sich mein Gewahrsein diesbezüglich so gewandelt hat.

Was antworten denn Menschen, die sich mit spirituellen Themen beschäftigen, auf die Frage: „Was ist die Geistige Welt?“

- Gott (in allen möglichen Namen der verschiedenen Religionen), Schöpfer, Jahwe, Großer Geist, Manitu, Allah, Alles in Allem, Ursprung, Ewiger Geist, Christus…
- Engel und Erzengel und eine Vielzahl verschiedener Engelwesen, Elohim, Devas etc.
- Aufgestiegene Meister, Heilige etc.
- Naturwesen, Feen, Elfen, Einhörner, Gnome, Drachen etc.

- alle Seelen zuvor inkarnierter „Menschen“
- alle Wesen, die wir der „Dunklen Lichtseite“ zuschreiben und vieles mehr

Diese Auflistung hat keinen Anspruch auf Vollständigkeit; eines haben jedoch alle genannten Wesenheiten gemeinsam: Ihre Feinstofflichkeit verhindert zumeist, dass wir Menschen sie sehen.

Dazu fällt mir Folgendes ein: Oft berichteten Klienten und Bekannte, dass Tiere Feinstoffliches wahrnehmen. Anfangs war ich mir nicht sicher, ob ich dies glauben kann, doch erlebte ich dann selbst interessante Begebenheiten. Unsere alte Hundedame konnte, genauso wie unsere Katze, Wesenheiten, die sich in unserem Haus aufhielten, sehen.
Beispiel: Ich weiß, dass ich immer wieder von unterschiedlichen Wesen begleitet werde. So begleitete mich lange Zeit ein Wesen namens Thoth. Dieses trägt ein imposantes Energiefeld, welches ab und zu auch von anderen Menschen (Familie, Besucher…) wahrgenommen wurde. So saßen wir (mein Sohn, der wenig Berührung mit Bewusstseinsarbeit hat, meine Tochter und ich) auf unserer Wohnzimmercouch. Ich wusste, dass Thoth anwesend ist und spürte ihn mir gegenüber im Raum. Gleichzeitig sah ich, dass unsere Katze gebannt in diese Ecke schaute, die Haare standen ihr zu Berge. Plötzlich sagte mein Sohn: „Ihr wisst ja, dass ich nicht viel von der Energiearbeit spüre, aber das ist doch sehr merkwürdig. Alle Fenster und Türen sind zu, der Ofen ist heiß, und ich spüre die ganze Zeit einen intensiven kalten Luftzug, als würde mich jemand anpusten.“ Meine Tochter und ich lachten, weil wir, ebenso wie die Katze, Thoth wahrnehmen konnten. Ein weiteres Beispiel: Unsere Hündin kam, solange sie noch fit war, bei jeder Klientensitzung an den Behandlungsraum, legte sich auf die Fußmatte vor die Türe und genoss wohl die schönen Energien, denn, sobald sie „negative“ Energien spürte (Besetzungen, Fremdenergien etc.), stand sie auf und ging weg. Ich nahm dies oft vorher wahr und wusste dann: „Nun steht Daria auf und geht.“ Selbiges geschah dann sofort.

Doch auch viele Menschen besitzen die Gabe, feinstoffliche Wesen zu sehen. Manche visualisieren, andere haben sie vor ihrem geistigen Auge als sogenanntes inneres Bild, andere sehen wabernde Energien in der Luft, wieder andere wissen „es" einfach, wieder andere hören, riechen oder fühlen Wesenheiten. Ich kann heute mit absoluter Klarheit sagen, dass mir viele (Hunderte) Menschen begegnet sind, die diese unterschiedlichen Fähigkeiten besitzen.

Je mehr wir unsere persönlichen Begrenzungen, Ablehnungen, Widerstände, Vorbehalte und vor allem Ängste ablegen, desto eher erlangen wir diese Fähigkeiten zurück, denn wir alle haben sie seit Urzeiten in uns.

Jetzt könnte der Skeptiker fragen: „Warum sollte es so etwas geben, und wenn ja, was soll es mir bringen?" Zuerst einmal muss niemand etwas Bestimmtes tun, erleben, glauben, wahrnehmen… Mir liegt es fern, irgendjemanden überzeugen zu wollen. Du musst mir die Dinge auch nicht glauben, die ich nachfolgend beschreibe. Ich hätte sie vor zehn Jahren auch nicht wirklich geglaubt. Wir Menschen besitzen die absolute Freiheit zu glauben, zu suchen, zu erfahren, Angst zu haben, zu lieben, glücklich zu sein…

Wenn ich aus meiner persönlichen Erfahrung heraus auf die Frage des Skeptikers antworten würde, dann wären mir einige selbst erlebte und vor allem gefühlte Wahrnehmungen besonders wichtig. So sind mir selbst und vielen meiner Klienten und Bekannten Dinge geschehen, die das Leben nachhaltig verändert haben. Diese Erfahrungen führten zu mehr Erfüllung, Lebensfreude, Lebenssinn, Glück, Zufriedenheit, Überzeugung, Wissen um die Wahrheit…

Ich versuche das „Gefühlte" einmal in Worte zu fassen. Ich sage deshalb „versuche", weil Gefühle - anders als greifbare Beschreibungen oder sichtbare Dinge - manchmal schwer „rüberzubringen" sind. Doch bin ich mir sicher, du verstehst, was ich sagen möchte.

Es hat in den Jahren meines spirituellen Wirkens als Heiler und Rückführer viele intensiv gefühlte Momente gegeben. So erlebte ich erstmals in meiner Rückführungsausbildung das, was Michael Newton „Das Leben zwischen den Leben“ nennt. Ich wurde von einer Kollegin in ein früheres Leben geführt. Das Ende dieses Lebens nahm ich ebenso bewusst wahr wie das Hinübergleiten ins Licht. Ich erinnerte mich in diesem Moment an die vielen Aussagen von Nahtoderfahrenen - ähnelten deren Aussagen doch dem, was ich jetzt erlebte. Doch eines war anders: „Ich war live dabei, und es war mir bewusst, wie live ich dabei war.“ Und dieses „mittendrin sein“ in dieser sehr tiefgehenden Erfahrung war für mich, den Kopfmenschen, den Skeptiker, für den immer alles beweisbar und logisch sein musste, sehr intensiv. Warum? Weil ich fühlte. Ich spürte tief in meinem Herzen etwas, was mir in diesem Moment unumstößlich klar wurde. All das, was ich in diesem Jetztmoment erlebte, war mir in meinem Innersten bewusst. Was fühlte ich? Ich fühlte „dieses Bewusstsein“ in mir: das Bewusstsein, dass das Leben nie endet, dass diese Geistige Welt unsere Heimat ist, dass wir mit unglaublich vielen Seelen und Wesenheiten verbunden sind, dass wir sozusagen unbegrenzt sind, dass alles in Freiheit selbst gewählt wird, dass es in unserem menschlichen Dasein viele Helfer gibt, dass es Schuld ebenso wenig gibt wie die Hölle und so vieles mehr. Ja, ich fühlte dies alles, oder noch anders ausgedrückt: Ich wusste all diese Dinge plötzlich und empfand sie so tief in meinem Inneren, dass mein Innerer Kritiker keine Chance mehr hatte, dies alles infrage zu stellen und das, obwohl es ihm bis dahin immer gelungen war, mich davon zu überzeugen, dass solche Dinge nicht sein können. Es kam in vielen meiner Rückführungssitzungen zu Begegnungen mit Geistführern, Engeln, Meistern, Verstorbenen und so weiter. Nicht nur dass ich oft Dinge erfuhr, die mein Leben extrem bereicherten, und dass viele unliebsame alte „Probleme“ gelöst werden konnten, ich, der nie tief fühlende Mensch, erlebte nun in solchen Begegnungen intensivste Gefühle. Nicht selten liefen Tränen, spürte ich tiefe Verbundenheit, Liebe, Trauer, Schmerz und so vieles mehr. Interessant war und ist auch, dass ich wahrnahm, dass jeder, der mir in der Geistigen Welt begegnete, sich sehr unterschiedlich anfühlte. Ich weiß noch, dass mich eine Kollegin in einer solchen Begegnung fragte: „Du bist so still, was erlebst du jetzt?“ Und ich konnte nur antworten: „Ich bin erfüllt.“ Ich war in diesem Moment voller Liebe, Wärme, Geborgenheit, Behütet- und Beschütztsein, Freude und unglaublicher Dankbarkeit. Ich hatte so etwas nicht für möglich gehalten. Warum?

Ich war immer sehr religiös unterwegs. Doch nie hatte ich Tiefe in Kirche und Kirchenglauben erlebt. Außerdem wurde mir nun bewusst, dass ich mich bereits als Kind fragte, warum die Erwachsenen sagten: „Ich glaube", denn schon damals wusste ich - ich glaubte nicht! Bin ich überzeugt, dann weiß ich es… Und auf dieser, von uns Rückführern Zwischenebene genannten Geistigen Welt, wusste und fühlte ich nun: „Hier komme ich her, hier ist mein Zuhause…"

Es folgten viele weitere tiefgehende Erfahrungen. In einer erlebte ich die Begegnung mit dem Schöpfer, mit Gott. Ich tauchte in die Energie ein, die meine Seele vor ihrer Seelenreise spürte. Ich erfuhr sozusagen ihren Ursprung, die Quelle, das Urlicht, das Dasein in Gott, verbunden mit ALLEM WAS IST. In Worte fassen kann man es eigentlich nicht: Geborgenheit, immer seiend, Mutter und Vater in einem, innere Ruhe und innerer Friede, Kraft und Urquell, keine Begrenzung, unumstößliche und bedingungslose Liebe, Angenommensein und eine tiefe Verbundenheit im Herzen… Wenn ein Mensch dies gefühlt hat, dann hinterfragt er das alles nicht mehr.

Nicht jeder meiner Klienten macht diese Erfahrungen, denn zuerst einmal möchten die meisten ihre Themen betrachten und diese klären. Dabei geht man in einer ersten Sitzung eigentlich nicht so weit zurück. Und dennoch erleben immer wieder Klienten Inhalte in ihren Sitzungen, in welchen sie ebenfalls viel Klarheit über die wundervolle Unendlichkeit der Schöpfung erlangen. Im weiteren Verlauf sind etliche Erfahrungen meiner Klienten in solchen Begegnungen beschrieben.

Für mich hat all dies dazu geführt, dass ich heute die Untrennbarkeit der Geistigen Welt von der feststofflichen Welt verinnerliche und dass ich sie immer mehr fühle. Und darin liegt ein weiterer wichtiger Aspekt, denn oft werde ich gefragt: „Was kann ich tun, um dieses innere Bewusstsein (innere Ruhe, Frieden, Ausgeglichenheit, Selbstliebe…) dauerhaft zu verinnerlichen, ohne ständig in alte Muster zu fallen?"

Zuerst einmal dürfen wir uns zugestehen, dass wir Menschen sind und diese Bewusstwerdung ein Prozess ist. Nur sehr selten geschieht Erleuchtung wie auf Knopfdruck. Es liegt in der Natur des Menschen, der Seele, dass alle Erfahrungen gemacht werden wollen. Wie geschieht das Verinnerlichen, das bewusste Sein? Dazu eine kurze Darlegung: Die Erfahrungen, die wir machen, verursachen oft Resonanzen, sprich, wir reagieren beispielsweise emotional oder körperlich auf das, was wir im Außen erleben. Als Beispiel nenne ich „gefühlte Unfreiheit": Ein bestimmter Mensch erlebt beispielsweise diese Unfreiheit in der Partnerschaft, im Beruf, in der Familie oder in der Gesellschaft. Erst einmal ist es ein riesiger Schritt für ihn zu wissen, dass es sich um die Schwingung/Frequenz der Unfreiheit handelt. Er spürt sie und setzt sich mit ihr auseinander und entdeckt früher oder später Ursachen. Er versteht, klärt und beginnt, diese Frequenzen zu transformieren. In diesem Prozessschritt sind die Unfreiheit und der Anspruch auf Freiheit auf der Verstandesebene angekommen. Nun beginnt der Verstand, sehr aktiv zu sein: Es wird viel gedacht, gezweifelt, überlegt, und irgendwann wird die Klarheit zunehmen. Einige Prüfungen, die ihm das Resonanzgesetz beschert, folgen noch. Und dann ist dieses Thema klar für den Verstand. Nun folgende Erfahrungen führen dazu, dass dieser Mensch das Erlebte absolut verinnerlicht, das heißt, alle Ebenen (Körper, Geist, Verstand, Ego, Seele…) verstehen, fühlen und verinnerlichen, welcher Schatz und welche Fülle in dieser dualen Erfahrung von Unfreiheit und Freiheit liegen. Anschließend ist er sich sicher in seinem inneren Wissen... Diese Bewusstheit spüren die meisten Menschen bei einem solchen Umgang mit Lern- und Lebensaufgaben in ihrem Herzen beziehungsweise in ihrer Inneren Mitte. Der Kopf spielt in diesem Grad der Bewusstwerdung keine wirkliche Rolle mehr, zumindest nicht mehr, wenn es, wie in diesem Beispiel, um die verinnerlichte Erfahrung von Freiheit und Unfreiheit geht. Da diese Bewusstwerdung prozesshaft verläuft, werden wir mit jeder Schwingung, jedem Schatten... ähnliches erfahren und erleben. Was hat dies mit der Geistigen Welt zu tun? Nun, in der Untrennbarkeit sind wir immer von allen Ebenen in jedem dieser Prozesse unterstützt. Auch dazu folgen später Beispiele.

Jopie Bopp©

Erzengel Gabriel(a), Engel des Herzens

Dieser Engel gibt uns den Impuls, unsere eigene zarte und liebevolle Seite zu aktivieren und verhilft uns damit zu mehr Harmonie, Mitgefühl und Güte uns selbst und anderen gegenüber. Öffnung des Herzens, Berührung, richtungsweisende Impulse und Ankündigung von Neuem. Öffnung für Eingebungen. Frieden und liebevolle Gefühle. Engel Gabriel (a) steht für die Ausrichtung deines Herzens und deines Lebensweges in ein lichtvolles Bewusstsein. Gabriel (a) steht für neue Wege, Veränderungen und neue Möglichkeiten durch die Liebe. Kernaussage:

"Berühre Deine Welt mit der Liebe Deines Herzens".

Persönliche Erfahrungen

Zum Thema „Geistige Welt“ möchte ich einige eigene Erfahrungen der letzten Jahre erzählen. Jeder, der dieses Buch liest, möge sich ein eigenes Gefühl dazu erlauben. Ich sage bewusst „Gefühl“, denn Bewertungen, Urteile und Meinungen können in einer solchen Thematik nicht wirklich gefragt sein.

Wo fange ich an? Vorne? „Wo ist vorne?“, fragt der Rückführer. In diesem Leben, in früheren Leben, im Ursprung? Ich möchte mit einigen Erfahrungen aus meiner Kindheit beginnen. Auch wenn mir früher daraus nur wenige Situationen präsent waren, werden es immer mehr, an die ich mich erinnere.

Ich entsinne mich beispielsweise, dass ich als etwa Fünf- bis Sechsjähriger auf einer Wiese saß und dachte, dass wir als Menschen unsterblich sind. Ich wusste gleichzeitig, dass die Erwachsenen behaupten, dass dies nicht wahr ist. Und dennoch war es für mich klar, dass es so ist. Doch konnte ich diese Gedanken von niemandem aufgegriffen haben, denn in unserer Familie gab es damals keine tiefer gehenden Gespräche, mit uns Kindern erst recht nicht. Später hatte ich dieses „Wissen“ vergessen. Doch heute weiß ich, dass das Gefühl, das ich damals bei diesen Gedankengängen hatte, das Wissen der Seelenreise widerspiegelt.
Eine andere Situation erlebte ich als Jugendlicher. Ich lag nachts auf einer Wiese und schaute in den tiefschwarzen Himmel mit unsagbar vielen Sternen. Und ich wusste: „Da ist meine Heimat…“ Dabei dachte ich nicht an den Himmel, den der Verstorbene nach dem Tod erreichen würde. Nein - ich sah dort meine Heimat und ich wusste, dass dort viele sind, mit denen ich verbunden bin. Ebenfalls hatte ich als Kind und Jugendlicher immer das Gefühl, dass Gott, dass der Schöpfer, nicht oben oder außerhalb ist, sondern in allem, dass er nicht getrennt von uns ist, sondern immer verbunden… Doch danach vergaß ich dies alles durch viele „Fehlinformationen“, die das Leben so mit sich bringt.

Diese „Fehlinformationen“ nahm ich auf in Religionsunterrichten, in der Kirche und so weiter. Wurde ich seit der Kindheit zum

Gewohnheitskirchgänger erzogen, erlebte ich darin viel Sicherheit, Regelmäßigkeit, Gewohnheit... Dies schien vielen Menschen Halt zu geben und auch soziale Sicherheit. Offensichtlich war ihnen Sicherheit und Halt wichtig. Doch bei vielen Dingen, die ich über „angebliche Wahrheiten" in Religion und Glauben erfuhr, spürte ich immer wieder: „Das ist nicht so, es ist nicht die ganze Wahrheit." Ich konnte diese Wahrnehmungen damals nicht deuten - nein, ich dachte über diese Gefühle nicht wirklich nach.

Doch dann und wann wurde ich aufmüpfig. Wenn ich Unrecht in den sozialen Gemeinschaften erlebte, fragte ich mich, wie dieses mit einer liebevollen Schöpfung vereinbar war. Schon früh hinterfragte ich die Kirchgängerpraxis, die scheinbar reine Routine und gleichzeitig mit Strafandrohungen (Sünde) verbunden war. Auch begann ich, früh mit Priestern über wirkliche Seel-Sorge zu diskutieren. Sie wollten nicht verstehen, dass ich unter der Sorge um die Seele etwas anderes verstand als Verwaltungsarbeit... Auch im täglichen Leben kam „inneres Wissen an die Oberfläche". Ich erinnere mich, dass Dinge, die man „halt so machte", für mich als Kind oder Jugendlicher nicht richtig waren. So war es damals auf dem Land üblich, dass man Dinge aus der Landwirtschaft einfach verbrannte. Wenn dabei alte Bretter, Gestrüpp oder Gegenstände des täglichen Lebens nicht brannten, halfen die Bauern mit Altöl oder ähnlichen Brandbeschleunigern nach. Ich sah einer solchen Vorgehensweise meines Vaters zu und war innerlich sehr traurig. Ich wusste, dass der Boden, die Pflanzen, ja sogar Mutter Erde dabei litten. Ich wusste auch, dass es karmische Folgen haben würde, wenn man solche Dinge macht... Doch konnte ich dieses Wissen nicht in der Gesellschaft meiner Kindheit erlangt haben... Auch waren mir schon als Kind oder Jugendlicher Gespräche über Dritte, Verunglimpfungen, Gewalt, Ausgrenzungen, Neid, Hass und so weiter zuwider. Immer wieder war das Gefühl da: Ich gehöre nicht hierhin, warum macht ihr so was?

Solche Erfahrungen gab es wohl viele, und sie führten zum Abstumpfen. Irgendwie waren diese Gefühle und Wahrnehmungen irgendwann „egal".

So war ich, mehr oder weniger plötzlich, etwa 30 Jahre alt und spürte, dass mir etwas Grundlegendes fehlte. Mir schien es, als würde es mit dem Gefühl von Liebe und mit wirklicher Tiefe zusammenhängen. Ich begann, Zwiesprache mit „dem da oben" zu halten. Spekulierend ob es Liebe gibt, ob es „mehr" gibt, forderte ich ihn, also „den da oben" heraus. Doch nahm ich nicht wahr, dass „er" antwortete, denn mir wurde Tage nachdem ich ihn, „den da oben" herausgefordert hatte, Liebe gegeben und zwar in Form eines Menschen, der mir Liebe schenkte. Doch überkam mich solche Angst vor einer neuen, unbekannten Erfahrung, dass ich weglief und lieber in mein altes Räderwerk einstieg. „Hilfe, meine Gewohnheit, meine Komfortzone und meine Sicherheit könnten verloren gehen…"

Die Zeit lief weiter, und mit etwa 45 wiederholte ich meine Gedanken von vor etwa 15 Jahren (was mir nicht wirklich bewusst war). Und wieder kam die Antwort schnell… Diesmal landete mehrfach der Begriff „Rückführung" vor meinen Augen. Ich wurde neugierig und machte schließlich eine Rückführung. Dabei geschah nichts wirklich Spektakuläres. Ich erhielt keine Beweise für frühere Leben oder ähnliches. Dennoch fand ich die Erfahrungen spannend.

Tage danach geschah dann etwas, dass man wohl Führung nennt. Ich, der als sehr kopflastig galt, der nur logische Dinge tat, der alles vielfach überlegte, der Pro- und Contra-Vergleiche anstellte, der immer Kosten-Nutzen-Rechnungen erstellte, ja, ich meldete mich zur Rückführungsausbildung an. Ich meldete mich an, ohne zu wissen, was Inhalt der Ausbildung war, wie das Ganze ablief und so weiter. Ich hatte keine Ahnung, wie ich die Zeit dafür aufbringen könnte (denn ich hatte nie Zeit) oder woher ich das Geld nehmen würde (Geld hatte ich auch nie)…

Nachdem ich mich angemeldet hatte, wurde erst einmal alles zum Selbstläufer. Termine, die im Wege standen, lösten sich in Luft auf, man bot mir eine Dozententätigkeit an, bei der ich genau die Summe erhielt, die die Ausbildung kostete und so weiter. Nur ansatzweise fühlte ich dies damals als Führung, als „Unterstützung von oben". Rückblickend weiß ich, dass für mich alle Steine beiseite geschafft wurden, damit ich diesen Weg gehen konnte. Wenn dich interessiert wie die Ausbildung zum Rückführer verlief, empfehle ich dir mein Buch: „Die Verborgene Wahrheit".

Ich führe hier nur ein paar Erfahrungen dieser Ausbildung auf, die mich scheinbar erstmals mit der Geistigen Welt in Berührung brachten. Die zuvor beschriebenen Begebenheiten nahm ich zu diesem Zeitpunkt nicht als „geführt" wahr.

Zuvor muss nochmals erwähnt werden, dass ich immer noch dermaßen im Kopf eingemauert war, dass ich mit den Dingen, die uns von unseren Ausbildern erklärt wurden, nicht viel anfangen konnte. Ich begann, alles strukturiert, sachlich, logisch, fast wie bei Gesetzestexten zu bearbeiten. Und so passierte in den ersten Übungen und Trainingseinheiten erst einmal nichts. Meine Kollegen in der Rückführungsausbildung reisten in ihre Kindheit, gar in frühere Leben, ich nicht. Doch dann geschahen absolut unerwartet Dinge, die ich zuerst nicht verstehen konnte, Erfahrungen, die gleichzeitig aber so heftig und intensiv waren, dass sie mein damaliges „persönliches Weltbild, meinen Mikrokosmos" erst einmal ins Wanken brachten.

Einige dieser Erfahrungen bilde ich hier ab:

- Die erste entstand, weil ich, wie zuvor beschrieben, nur im Kopf war und nichts und niemanden in mein Innerstes eindringen ließ. So brachte ich meine Kollegen während unseres Arbeitens zur Verzweiflung. „Ich sehe nichts, ich fühle nichts, nichts passiert…", dachte ich anfangs und sprach es wohl auch aus. So auch an jenem Seminartag… Ich beschreibe die Situation, wie sie sich damals zugetragen hat: Wie bei jeder Rückführungssitzung hatte mich meine Kollegin in einen Trancezustand geführt, doch wollte nicht mehr passieren (Protokoll der damaligen Erfahrung): *Aus der Tatsache, dass mein Unterbewusstsein nicht willens ist, mehr zuzulassen, fasst der Seminarleiter den Beschluss, meine Sitzung vom Ablauf her abzukürzen und mich sofort in das „Lila Feuer der Auflösung" zu schicken. Ich bin nun sehr, sehr skeptisch, ob das wohl klappen wird. „Lila Feuer der Auflösung“, das klingt nicht sonderlich vernünftig und Vertrauen erweckend. Wortwörtlich sagt er dann: „Du gehst jetzt in die Lila Flamme und bleibst dort, bis wir zurückkehren.“ Anfangs kann ich mir schon ein Feuer vorstellen, auch dass es größer wird. Dann soll ich näher gehen und hineinsteigen. Werde ich das tatsächlich tun? Lieber zweifle ich noch ein wenig. Doch dann bin ich drin - ohne Zweifel, denn was dann „abgeht“, ist mit Worten nicht zu beschreiben. Sehen kann ich „eigentlich“ wenig, doch habe ich viel Licht, Schatten bis Farben (also doch Sehen) vor meinem dritten Auge. Und dann folgt ein „Emotionsgewitter“. Es fängt langsam an und gibt mir ein so wohliges Gefühl, wie wenn Weihnachten und Ostern bei schönstem Wetter und netten Leuten auf einen Tag fallen, also etwas ganz Außergewöhnliches. Doch dann wird es immer intensiver: Schmetterlingsgefühl, Hochstimmung, Freude, alles zusammen, immer mehr, wie bei einem Anstieg auf den Mount Everest. Meine Kollegin und der Seminarleiter verlassen mich und wollen etwa 25 Minuten wegbleiben. Ich bin froh, dies alleine erleben zu dürfen. Das Hochgefühl bleibt geschätzte zehn bis fünfzehn Minuten, bevor es langsam, ganz langsam nachlässt. Während dieser Zeit habe ich eine permanente Muskelkontraktion am ganzen Körper - besonders im Kopf-Nacken-Bereich, bretthart und kein Nachlassen und weiterhin dieses Hochgefühl, unbeschreiblich. Nach insgesamt gut 20 bis 25 Minuten ebbt es ab, und als die beiden den Raum betreten, bitte ich um weitere fünf Minuten. Die brauche ich auch, da das alles mich sehr (im positiven Sinne) mitgenommen hat. Ich hatte noch nie, auch nicht ansatzweise, in irgendeiner Form etwas Ähnliches erlebt. Es war einfach Wahnsinn, purer Wahnsinn. Als die beiden dann wieder eintreffen, frage ich den Seminarleiter, wie er meine Situation wahrnimmt, denn ich sehe, dass er mein Innerstes erspüren kann. „Da ist jemand total glücklich“, so lautet sein knappes Resümee. Das kann meinen Zustand nicht zusammenfassen, aber glücklich sein, das muss wohl so ähnlich sein. Ich brauche noch einige

Zeit, um wieder in halbwegs normale Gefilde zu kommen. Auch in der Reflexion der Sitzung bin ich noch sehr mitgenommen. Ich weiß eigentlich nicht, wie mir geschehen ist. Was ich weiß ist, dass es etwas ganz Besonderes für mich war und dass es mich verändern wird. Und obwohl ich denke, dass diese Muskelkontraktionen zu einem erheblichen Muskelkater führen werden, bin ich an diesem und an den Folgetagen so entspannt wie selten zuvor.*

- Die zweite Erfahrung ist völlig anders, es ist eine bewusste Begegnung mit der Geistigen Welt. Innerhalb eines weiteren Ausbildungsabschnittes geschieht etwas, das mich ebenfalls nachhaltig verändern soll: der Besuch bei den „Kosmischen Eltern". Auch dieser Begriff sagt mir zu diesem Zeitpunkt nichts, ich ließ ihn einfach so stehen. Auch hier bilde ich die Erfahrung ab, wie sie sich damals zugetragen hat: *Meine Kollegin führt mich wieder in die Trance und nach einigen Minuten geschieht Folgendes: Im Trancezustand lerne ich meinen Engel „Sirius" kennen. Wir setzen uns im Haus der Kosmischen Familie auf eine Bank. Daraufhin habe ich direkt das Gefühl, dass ich nicht alleine dort sitze, ich spüre „Anwesenheit" rechts und links neben mir. Von der Seminarleitung höre ich: „Ihr könnt Kontakt aufnehmen, ein Gespräch führen, euch die Hand geben und umarmen, alles was ihr wollt." Mir ist das natürlich alles sehr fremd. So überlege ich, ob das, was ich erlebe, real ist. Doch sind die Erfahrungen so eindeutig, so intensiv, so emotional, dass ich, der Kopfmensch, weiß, dass jeder Zweifel überflüssig ist. Warum soll ich nicht der Ansage meiner Ausbilderin folgen und um eine Kontaktaufnahme bitten? Ich habe ja nie wirklich an eine „spürbare Existenz" der Engel geglaubt, nein, ich habe mir das nicht vorstellen können. Nun frage ich also die beiden, die spürbar neben mir sitzen, wer und was sie sind. Ihre Antwort ist: „Wir sind Engel." Dann frage ich nach Umarmung, worauf etwas Besonderes (eigentlich etwas Unheimliches) geschieht: Ich werde auf dem Stuhl sitzend von hinten umschlungen und habe das

Gefühl, tonnenschwer zu werden. Meine Arme fühlen sich an wie große Tonnen, es entwickelt sich ein pelziges und lähmendes Gefühl. Ich kann die Hände nicht mehr bewegen, sie sind wie verklebt. Trotz dieser „Fesselung“ geht es mir wahnsinnig gut, ich spüre die Kraft dieses Engels, der mich von hinten umarmt, die „gute Macht“, seinen Schutz, sein gutes Wesen - es ist unglaublich beeindruckend! Nun will ich wissen, wer er ist und seit wann er bei mir ist. Er sagt mir, er sei bereits seit Anfang der Zeit bei mir, aber er sei nicht mein Schutzengel, das sei ein anderer. Und dann wird diese Reise einfach beendet - es ist vorbei – schade! Ich bin jedoch zutiefst beeindruckt. Dass Engel für mich erfahrbar sein könnten, hätte ich niemals erwartet - ich bin total „platt“. Und ich bin total erschöpft und sprachlos. Bei der Reflexionsrunde kann ich deshalb meine Erlebnisse auch nur unvollständig mitteilen („Ich habe zwei Engel - je einen rechts und links neben mir gehabt“). Später berichtet mir die Seminarleitung über „sein“ Wesen, denn sie konnte ihn sehen: „Ein riesiger kristallener Engel, der hinter dir steht und dich von hinten umschlungen hat.“ Sie schildert mir detailliert das, was ich erlebt habe. Eine Bestätigung, die mich ebenfalls beeindruckt. Nach diesem Erlebnis wird der Seminarvormittag von einer Meditation abgerundet. Was ich dabei erlebe, ist dann noch eine Steigerung des vorher Erlebten. Bei der geführten Meditation zur Reinigung unserer Energiefelder werde ich durchgehend von meinem Engel begleitet. Er teilt mit, dass er mich schützt und unterstützt. Er spricht mit mir beziehungsweise beantwortet meine Fragen und verrät dabei auch seinen Namen: „Sirius“. Er gibt auf meine Fragen spontane Antworten, die so nicht von mir kommen können. Dies setzt sich in den kommenden Wochen fort. Er ist bei mir in dieser Meditation und setzt sich einfach über die Impulse des Seminarleiters bei der Meditation hinweg. Wir sollen eine Treppe steigen, er jedoch fliegt mit mir und all denen, die uns noch begleiten, zu einer Wiese. Ein Erlebnis wie aus einer anderen Welt. Am Tag danach folgen weitere Theorieeinheiten und eine neue Verteilung der Arbeitsgruppen.

Ich darf mit meiner Rückführungskollegin eine Chakrenreinigung durchführen beziehungsweise üben. Dabei liege ich zuerst auf der Behandlungsliege. Obwohl ich nicht bewusst die Absicht habe, besteht direkt wieder Kontakt mit Sirius. Ich spreche mit ihm und werde völlig überrascht, denn er ist nicht nur bei mir, er ist in mir, um mich herum, „er erfüllt mich". Ein tolles Gefühl, es ist wie am Vortag, er ist so schwer, er drückt mich nieder, aber er fühlt sich unglaublich erhaben an. Es ist ein wundervolles Gefühl, ihn an meiner Seite beziehungsweise hinter mir, in mir zu haben. Während dieses Erlebnisses kommt der Seminarleiter in den Übungsraum. Ich spüre, dass er es ist und dass er rechts neben mir steht. Er fühlt und sieht, was sich ereignet, geht um mich herum und arbeitet wie meine Kollegin an mir, sicher auch um sie nicht zu verunsichern. Auf die Frage: „Was geht hier vor sich?", kann ich vor lauter „Erfüllung" erst mit Verzögerung sagen: „Ich bin erfüllt." Das soeben Erlebte ist so außergewöhnlich wie die Lila Flamme zu Beginn der Ausbildung. Ich dachte, so etwas „Göttliches" darf man nur im Paradies empfinden.*

Nach einigen Tagen des normalen Alltags erlebte ich in der Nacht ähnliche Wahrnehmungen zweimal. Ich spürte die Präsenz von „Sirius" sehr intensiv und konnte mich auch mit ihm austauschen. Am Morgen danach saß ich mit meiner Partnerin am Frühstückstisch. Sie sah mich an und sagte: „Halte mich nicht für verrückt, aber seit einigen Nächten spüre ich, wie etwas ganz Großes hinter unserem Bett steht…" Nun musste ich lachen und ihr die Erfahrungen aus der Ausbildung erzählen. Bis dahin hatte ich dies noch nicht getan. Ich traute der Sache wohl noch nicht…

- Ich habe zuvor beschrieben, dass ich vor meiner Ausbildung zum Rückführer keine bewussten Begegnungen mit der Geistigen Welt hatte. Erst in der Ausbildung kamen viele alte Situationen der letzten Jahrzehnte mit den jeweiligen Zusammenhängen an die Oberfläche. In einigen Rückführungen erlebte ich mehrere Unfälle meines jetzigen Lebens und einen eines früheren Lebens. In allen ging es darum, zu spüren und bewusst zu vertrauen, dass wir als Menschen immer begleitet, beschützt, geführt und unterstützt sind. So liefen etwa zehn Unfälle an meinem inneren Auge vorbei, und ich wusste mit meinem „Wachbewusstsein“ wie sehr ich in den letzten etwa 25 Jahren vor Ignoranz überquoll. Ich hatte Unfälle erlebt, die ich völlig unbeschadet überstanden hatte. Beispielsweise war ich bei einem Motorradunfall mit dem Kopf/Helm auf den Kotflügel eines Autos geschlagen. Mein klarer Gedanke dabei war: „Das könnte es gewesen sein, dann gehe ich jetzt…“ Weit gefehlt, ich stand nach etwa einer Minute auf und ignorierte meine Gedanken genauso wie mein offensichtliches „Glück“. Minuten danach war ich im gewohnten Modus: „Nur nicht nachdenken…“ Außerdem erlebte ich in den Sitzungen schwere Fahrradunfälle, einen Mopedunfall, Autounfälle - es hatte so oft geknallt. Als ich die Bilder voller Fassungslosigkeit betrachtet hatte und meine Ignoranz bemerkte, hörte ich eine laute und durchdringende Stimme: „Ich habe es dir immer gezeigt. Mit jedem Unfall hattest du den Hinweis, dein Leben in eine neue Bahn zu lenken. Doch du hast es immer abgelehnt. Auch meine Hilfe und Hinweise hast du abgelehnt und dich stattdessen immer wieder zurück in deine Gewohnheiten begeben…“ Das war eine harte Aussage. Ich war für einen Moment wie erstarrt, was mehr an meiner offensichtlichen Blindheit lag, als an dieser Stimme. Ich denke, es war mein Geistführer oder mein Schutzengel. Ich spürte seine Erleichterung und konnte der Wahrheit diesmal nicht entfliehen. Ich sah mir zwei Unfälle/ Beinaheunfälle an, bei denen meine Familie und ich normalerweise die Fahrzeuge niemals hätten lebend verlassen können. Stattdessen blieben wir völlig unbeschadet. Bei einem dieser Vorfälle überholte ich mit meiner lahmen Familienkutsche, besetzt mit fünf Personen, einen LKW. Im gleichem Moment bog vor uns ein PKW aus einem Feldweg auf unsere Spur ein. Wir hatten etwa eine Geschwindigkeit von 90 bis 100 km/h, der

LKW etwa 80 km/h. Etwa 60 bis 80 Meter trennten uns vom Zusammenstoß, wenige Sekunden. Und dann, wie von einer Rakete gezogen, schossen wir am LKW vorbei und bogen automatisch ein. Wir schauten uns an, alle sprachlos und redeten nie wieder über diesen Vorfall. Umso schockierter war ich, als ich all diese Dinge nun noch einmal als Beobachter wie auf einer Kinoleinwand betrachtete. Einen weiteren Unfall erlebte meine damals etwa 4- bis 5-jährige Tochter. Sie spielte mit einem Nachbarkind auf einem Anhänger meines Traktors, der halbseitig mit Pflastersteinen beladen war. Der Anhänger hatte sicher ein Gesamtgewicht von etwa 2 Tonnen. Irgendwann hörten wir ein lautes Poltern und liefen zu dem Ackerwagen, der sich überschlagen hatte. Das einseitige Gewicht hatte dazu geführt, man sah nur noch die rollenden Räder. Die Ladefläche lag nach unten, wir sahen nur ein Kind. Meine Tochter lag offensichtlich unter dem Wagen. Ich sprang hin und drehte alleine diesen etwa 500 bis 800 kg schweren Wagen (Leergewicht) mit einem Schlag um, sodass er wieder auf den Rädern stand. Und - meine Tochter lag völlig unbeschadet unter diesem Wagen. Und wieder schalteten wir sofort um und gingen zur Routine über. Unglaublich. Wir waren so beschützt und begleitet und wollten es nie sehen. Wir wollten nie sehen und verstehen. Offensichtlich gab es etwas in uns, das Angst vor dem Unbekannten hatte oder vor der Wahrheit…

So stimmt es also nicht, dass wir keine Begegnungen mit der Geistigen Welt hatten. Wir taten nur alles, um in unserer gewohnten Scheinwelt beziehungsweise illusorischen Sicherheit zu bleiben. Ich weiß heute, einige Jahre nach diesen eindrucksvollen Erfahrungen, dass ich beispielsweise während der Unfälle die Unterstützung geistiger Helfer gespürt habe. Doch habe ich diese Wahrnehmungen immer sofort weggeblendet.

- Etliche Wochen nach der Begegnung mit den Engeln hatte ich ein Klassentreffen meiner Krankenpflegeausbildung mit

Kollegen, die ich zum Teil lange nicht gesehen hatte. Ich saß mit einer dieser Kolleginnen zusammen, und wir tauschten uns über viele Dinge aus. Sie hatte zwischenzeitlich eine Ausbildung zur Heilpraktikerin gemacht. Irgendwann unterbrach sie ihre Erzählung und sagte: „Ich habe überlegt, ob ich es dir sagen soll. Aber es ist so intensiv, es muss raus. Hinter dir steht ein riesiger Engel, und ich kann dir genau beschreiben wie er aussieht." Sie beschrieb ihn und malte mir Wochen später sogar ein Bild. Und die Ausführungen passten genau zu meinem „Sirius"...

- Eine etwas umfangreichere Erfahrung ist erst vor etwa einem Jahr geschehen. Sie war so verrückt, dass ich jedes Mal, wenn ich daran denke, lachend mit dem Kopf schüttele: *Auf dem Heimweg meines Neuseelandaufenthaltes passierte mir ein Missgeschick, das man wohl als Urlaubs-Alptraum bezeichnen könnte. Viele würden jedenfalls auf die Frage, was sie nie im Urlaub erleben möchten, den Verlust des Reisepasses angeben. Ich besuchte auf Neuseelands Südinsel meine Tochter Eva und ihren kleinen Sohn. So musste ich auf dem Heimweg zuerst von der Südinsel zur Nordinsel fliegen, etwa eine halbe Stunde Flugzeit. Nachdem ich mir im Flughafen Wellington die lange Wartezeit vertrieben hatte, ging ich zum Einchecken zum Quantas Schalter. Obwohl der Flieger erst um 17 Uhr abheben sollte, stellte ich mich um 13:45 Uhr an. Ich griff in meinen Rucksack und wusste: „Hier stimmt etwas nicht"... Und schnell kam die Gewissheit: Mein Gefühl war begründet. Der Reisepass war weg. Mehrmals wiederholte ich die Suche, doch erfolglos. Ich meldete dies am Schalter, auch dort war man betroffen, empfahl, nochmals zu suchen. Dann folgte der Rat, zum Schalter von Air New Zealand zurückzugehen. Da ich mit dieser Fluggesellschaft in Wellington ankam, konnte ja der Reisepass dort sein. Doch selbst aufwendiges Suchen half nicht. Mittlerweile verstrich die Zeit. Erst schien 17 Uhr so weit weg, doch nun war alles anders. „Gehen Sie zur Polizei und melden den Verlust. Die Verlustmeldebescheinigung brauchen Sie, um ein Ersatzdokument bei Ihrer Botschaft zu bekommen." Die freundlichen Mitarbeiter von dort schrieben mir die Adresse der Botschaft auf und ließen mich mit dieser telefonieren. Der deutsche Beamte, dem ich mein Unglück beschrieb, teilte mir recht deutlich mit, dass es wohl chancenlos sei, die Dokumente rechtzeitig für den Rückflug um 17 Uhr zu beschaffen. „1 bis 3 Tage dauert das normalerweise. Sie benötigen noch Passfotos, die Verlustmeldung und dann müssen Sie vor 15:30 Uhr hier sein. Ich habe noch weitere Kunden, und dann macht ja auch die Botschaft zu..." Ich fragte: „Und was machen Sie, wenn ich nach 15:30 Uhr mit allen Dokumenten eintreffe? Lassen Sie mich dann stehen?" „Was stellen Sie sich vor? Das können Sie nicht schaffen. Die Dokumente, die Fotos, die Fahrzeit vom Flughafen zur Botschaft beträgt mindestens 45 Minuten. Dazu ist Berufsverkehr, und da geht nichts..." Nochmals fragte ich, doch er „blockierte". „O.K.", dachte ich. „Dann versuche ich jetzt, das Beste draus zu machen." Nach etwas Suchen und Fragen fand ich das Police Office im Keller. Der einzige Beamte dort war sehr beschäftigt und versuchte, mein schlechtes Englisch zu kompensieren. Als mein Missgeschick deutlich wurde, bemühte er sich mir klarzumachen, dass er keine Dokumente hätte, um die Meldung aufzunehmen. Doch meine Ratlosigkeit ließ ihn wohl erfinderisch werden. Er telefonierte mit einer Kollegin in einem anderen Office und reichte mir das Telefon. „Geben Sie ihr alle Informationen, sie mailt dann das Dokument hierhin". Tolle Idee, doch verstand ich kein Wort von dem, was diese Dame fragte. Und so wurde ein Dolmetscher eingeschaltet. Die Kommunikation ergab sich problematisch, da das Mobilnetz des Polizeitelefons so schlecht war, dass ich nahezu jedes Wort buchstabieren musste. Doch irgendwann war das Dokument aufgenommen und landete im Drucker des Office. Zwischenzeitlich hatte ich meine Tochter informiert und sie gebeten, den Versuch zu starten, die Botschaft „zu besänftigen" und die Fluggesellschaft zu informieren. Ich würde versuchen, das Unmögliche möglich zu machen. Und sie solle darum bitten, dass man auf mich warten möge… So stand ich nun vor dem Police Office und dachte einige Momente darüber nach, ob es nicht doch sinnvoll sei, ein Hotelzimmer zu buchen, die Flüge umzubuchen und... und... und... Ich sah dies förmlich vor meinem inneren Auge ablaufen, doch dann… Ich hörte eine laute, durchdringende innere Stimme (ja, sie war mir bekannt…) und hatte irgendwie das Gefühl: Er steht hinter mir, hält mir den Zeigefinger in den Nacken und sagt: „UND DU VERSUCHST ES TROTZDEM!“ Und ohne nachzudenken wusste ich in diesem Moment: „Ja, ich befolge seinen Auftrag.“ Ich sagte mir: „Jetzt nimm die Beine in die Hände und beweg deinen Hintern hier raus.“ So nahm ich die Verlustmeldung und rannte los, aus dem Keller in die Schalterhalle. Puh. 15:15 Uhr und nun ab zum Taxi. Mist. Die Adresse der Botschaft - der Zettel war weg!!! Die Verzögerungen rissen nicht ab. Ich fragte mich, wer denn wohl auf der Leitung stehen würde. Die liebenswürdige Air New Zealand Mitarbeiterin schrieb mir nochmals die Adresse auf. Die Minuten verrannen… Dennoch rannte ich wieder zum Quantas Schalter und teilte mit: „Ich versuche, mein Dokument zu besorgen. Darf ich meinen Koffer hierlassen?“ „Das geht nicht“, sagte die nette Quantas Dame, „Sie haben keinen Reisepass…“ Nun gut, dann musste er halt mit. Immerhin war der Schalter am Ausgang und da stand auch ein Taxi. Doch, das wäre wohl zu einfach gewesen…, denn nun erzählte mir der erstbeste Taxifahrer: „Hier ist der Eingang. Wir dürfen hier niemanden aufnehmen, dann verlieren wir die Zulassung.“ Dass ich so schreckliche Zeitnot hatte, machte dabei keinen Eindruck… Also, ab zum Ausgang. Rein in den Flughafen. Runter mit der Rolltreppe und wie soll es anders sein… sie war defekt. Also: 23 kg die Rolltreppe hinuntertragen. Der Stau auf der Rolltreppe war fast schon normal. Und weiter ging es, ab ins Taxi - und hier durfte ich nun einsteigen… Ich erinnerte mich, Neuseeland lebt von den Gastarbeitern, vor allem im Taxigeschäft. Mein Fahrer sprach sicherlich nicht mehr Englisch als ich. Doch irgendwie verstand er, was ich wollte, denn ich brauchte ja noch Passfotos. „Passfotos machen hier Apotheken und Drogerien." Ich glaubte ihm irgendwie, denn ich erinnerte mich, dass dies in der Eifel früher auch so war. Und dort lebten wir ja auch Jahrzehnte hinter der Zivilisation. Er, der Araber, hatte auch verstanden, dass ich eigentlich schon vor Stunden an der Botschaft sein musste. Und so tuckerten wir los. Anders konnte man das nicht nennen. Ein Stopp nach dem anderen. Es war fast 15:30 Uhr, und da sollten wir doch schon da sein. „Es ist Berufsverkehr", hatte der Beamte gesagt… Doch ich konnte selbst darüber nicht mehr nachdenken. Mein Kopf war leer. Nicht ganz, denn ich begann zu überlegen… „Fotos in der Drogerie am Bahnhof", hatte der Taxifahrer gesagt… Er telefonierte, und dann bestätigte er das: „Apotheke." Ich überlegte, was ich denn mit dem Koffer machen sollte: „Lass ich ihn mit all den Sachen bei einem Fremden, noch dazu einem Araber, im Taxi?" Nun, in diesem Chaos… „Was hatte ich noch zu verlieren?" Ich rannte aus dem Taxi in die Apotheke. „Hallo", rief ich, als ich erst einmal niemanden sah. Unaufgeräumt sah das alles aus. Geschockt waren die beiden Angestellten, als ich ihnen mein Missgeschick erzählte. „Ich brauche dringend Fotos für einen neuen Reisepass. Um 17 Uhr geht mein Flug…" Während die eine mich in eine Abstellkammer mit viel Chaos schob, suchte die andere im Internet nach dem Format der Fotos in deutschen Reisepässen. Ich dachte an Boris Becker in der Besenkammer, während ich in diesem Chaos saß. Die kleine Kamera, mit der die Fotos ohne Stativ gemacht wurden, erinnerte mich an den Fotoapparat, den ich zu meiner Erstkommunion bekommen hatte. „Und das sollen Passfotos werden?", fragte ich mich. So etwas Durchgeknalltes. Ja, ich gebe zu, ich hatte darüber nachgedacht, ob es vielleicht nur ein Traum sei. Doch es kam mir eher vor wie eine Art Prüfung: „Was ist mit deinem Vertrauen?"… Während die Fotos aus dem Drucker liefen, der überdies noch angeschlossen werden musste, hatte ich das Gefühl, als veränderte sich etwas, als würde eine Art Schalter umgelegt. Ich wiederholte nochmals meine klare Aussage nach

„oben“: „Wenn das hier noch klappen soll, dann übernehmt die Führung und nehmt endlich den Fuß von der Bremse (ich dachte an die Rolltreppe, die roten Ampeln, usw.).“ Ich fragte die Angestellten, ob sie Visa nehmen. Warum eigentlich? Ich hatte doch vorher immer mit Dollar gezahlt. Aber sie nahmen Visa, wer weiß, wofür es gut war... Der Taxifahrer war währenddessen direkt vor die Tür gefahren und fuhr sofort los. Recht flott ging es nun voran, und kurz vor 16 Uhr standen wir vor der Botschaft. Ein Mann in Uniform stand auf dem Bürgersteig, schaute ins Taxi und fragte nach einem Herrn Leuwer. „Das ist nun wirklich fast filmreif“, dachte ich. Auch der Taxifahrer nahm Visa, wieder dachte ich nicht über die Alternative Bargeld nach. „Ich passe auf Ihren Koffer auf“, sagte der nette Uniformierte und schickte mich zum Pförtner. Dieser klärte nochmals meinen Namen und schon stand ich vor dem Mitarbeiter der Botschaft, der mir wie zuvor wieder erklärte: „Das kann doch alles nicht gehen. Um 17 Uhr geht Ihr Flugzeug... Füllen Sie diese zwei Formulare aus, lassen Sie alles offen, was Sie nicht wissen...“ Just in diesem Moment erinnerte ich mich an Träume, bei denen ich Prüfungen schrieb und vor lauter Angst nicht mehr schreiben konnte. Und wie bei der Polizei dachte ich mir: „Und nun erst recht!“ Der Beamte fragte zwischendurch: „Sagen Sie mal, woher nehmen Sie eigentlich das Vertrauen, dass dies trotzdem gelingen könnte?“ Darauf sagte ich: „Sie kennen doch unser deutsches Wort Wunder. Wir sind selbst verantwortlich dafür, dass sie geschehen...“ Er ergänzte die Formulare, die ich in etwa 3 Minuten ausgefüllt hatte, während ich ihn fragte: „Entschuldigen Sie, darf ich eine dumme Frage stellen? Wie lange dauert es denn wirklich, dieses Dokument zu erstellen?“ „Nun, im Normalfall 2 bis 4 Stunden. Die Daten müssen ja übermittelt werden. Manchmal dauert das länger. Wenn es sehr gut läuft, kann es auch in 20 bis 40 Minuten fertig sein.“ 16:05 Uhr zeigte meine Uhr. Puh. 55 Minuten. Nicht eingecheckt. Berufsverkehr... „Bestell schon mal ein neues Taxi“, sagte die innere Stimme. „Kann ich denn schon ein Taxi bestellen?“, fragte ich den

Beamten, als dieser erklärte, dass er jetzt zur Datenübermittlung gehe… Gut. „Das können Sie machen, doch wenn es wartet, müssen Sie die Wartezeit zahlen." Wie sehr ich mich über diesen überaus positiven Menschen freute… So bestellte ich beim Pförtner ein neues Taxi und wartete. „Prüfen Sie alle Daten und unterschreiben Sie hier", war die Aussage, als der Beamte wieder auftauchte. Schnell hatte ich unterschrieben, während ich ihn fragte: „Wäre es Ihnen möglich bei meiner Fluggesellschaft anzurufen und auszurichten, dass ich unterwegs bin?" „Also, ich habe für Sie so viel mehr gemacht als es üblich ist. Und das werde ich ganz sicher nicht tun. Sie müssen das Dokument noch bezahlen", teilte er noch mit… „Nehmen Sie Visa?", fragte ich, denn mittlerweile war mir eingefallen, ich konnte ja kaum noch Bargeld haben. Und für diesen Pass konnte das nie reichen. „Im Prinzip ja, doch ist unser Lesegerät defekt." „Nehmen Sie denn Euro?", fragte ich, denn ich war ja in der deutschen Botschaft. „Nein, ganz sicher nicht, denn wir sind in Neuseeland, und da zahlt man mit Neuseelanddollar. 32 Dollar bekomme ich von Ihnen." Irgendwie wunderte ich mich immer wieder selbst über meine Ruhe und dass ich selbst bei dieser oberlehrerhaften Verhaltensweise gelassen blieb. Also nahm ich meinen Geldbeutel, zog mein Bargeld heraus und hatte 30 Dollar in Scheinen. Ich nahm den Rest Münzen. Und - ein 2 Dollar Stück. Rest 40 Cent. Ich lachte und wusste, dass das schon sehr durchgeknallt war. Ich bedankte mich freundlich bei dem Beamten. Ich weiß nicht einmal, ob er antwortete, mir Glück wünschte und was auch immer. Aber wozu sollte er dies auch tun? Er hatte mir mindestens fünfmal mitgeteilt: „Das kann nicht gehen…" Ich blickte nach oben und lachte... So rannte ich um 16:15 Uhr aus dem Gebäude und sah, dass das Taxi gerade vorgefahren war, während der uniformierte Botschaftsmitarbeiter meinen Koffer einlud. Was der eine an Bürokratismus lebte, lebte dieser an Mitgefühl und Liebenswürdigkeit. Er gab offensichtlich bereits Anweisungen an den Taxifahrer, sodass ich beruhigt einstieg. Das was geschehen sollte, würde geschehen.

„Airport“, war die klare Bestimmung. So tat der Fahrer sein Bestes und meinte: „Wenn alles gut läuft, können wir um 16:45 Uhr ankommen. Doch es ist Berufsverkehr…“ Der Weg von der Botschaft, also aus Wellingtons City, zum Flughafen ist traumhaft. Eine schöne Bucht nach der anderen. Doch genießen konnte ich nicht wirklich. Und trotz kleiner Verzögerungen stieg ich um 16:42 Uhr aus. Liebenswürdigerweise nahm der Fahrer Euro als Bezahlung an, ich zahlte sehr großzügig! Und so stand ich nun um 16:45 Uhr vor der netten Quantas Dame. Sie sah mich bereits durch die Tür kommen und schien, eine Art Geist zu sehen. Große Augen, weit aufgerissener Mund… „You remember me, the lost Passport???“ Es folgte eine kurze Pause. „Yes.“ Ich sah in ihrem Gesichtsausdruck: „Das kann doch niemand schaffen...“ Ja, sie erinnerte sich. Meine Frage, ob ich früh genug sei, wurde verneint, woraufhin ich sie doch sehr konkret und direkt bat, anzurufen, beispielsweise das Gate oder gar den Piloten. Offensichtlich völlig verwirrt nahm sie den Hörer, tippte weiterhin auf ihrem Keyboard und sagte nach längerer Pause: „Yes.“ Wieder vergingen Momente bis ich nochmals fragte, ob ich früh genug sei. Es folgte die klare Ansage, ich solle mich beeilen… Der Pass wurde kopiert, ich nahm die Boardingpässe und rannte los. „Der Koffer wird nicht rechtzeitig am Zielort sein“, teilte mir die immer noch geschockte Dame mit, während ich schon losrannte. Die Zoll- und Sicherheitsbeamten wussten vom Vorgang wohl nichts, ließen mich aber dennoch zackig durch, trotz Wasserflasche im Rucksack. Nun, sie (die Quantas Dame) würde mich ja nicht durchlassen, wenn es zu spät wäre, doch war ich irritiert als eine Masse von Leuten an meinem Gate stand. „Was mache ich, laufe ich an denen vorbei? Vordrängeln? Vielleicht wird ja schon der nächste Flug abgefertigt? Hm, der Mann da sieht aus wie ein Deutscher, den frag ich…“ „Tschuldigung, fliegen Sie auch nach Melbourne?“ Er: „Ja, wir stehen seit etwa einer Dreiviertelstunde hier. Es sollte um 16:15 Uhr geboardet werden. Niemand weiß, was los ist…“ „Ich weiß was los ist“, denke ich und lache

innerlich. Eine Glanzleistung... Wie sollten sie boarden? Ich war ja noch nicht da. 17 Uhr und ich war rechtzeitig! Viel Erleichterung machte sich breit, während ich meine Tochter Eva am Telefon hatte. Sie war sich immer sicher, dass es klappt. Ich auch - etwas! Und so telefonierten wir, während wie aus dem Nichts die Quantas Dame vor mir auftauchte. Und - was hielt sie mir entgegen? Meinen verlorenen Reisepass. Er war gefunden worden. Und ich hatte mittags das Gefühl: „Er wird rechtzeitig auftauchen..." Das war nicht alles, was an diesem Tag passierte, noch einige andere Dinge waren merkwürdig: heiß gelaufene Bremsen am A380, 2 deftige Verspätungen. Und - am Zielort war auch mein Koffer auf dem Gepäckband! Zeit ist relativ, und es gibt nichts, was nicht geht. Diese knapp 2,5 Stunden hatten mir all das bewiesen, obwohl ich doch eigentlich keine Beweise mehr brauchte (dachte ich). Viele Bekannte sagen seither: „Immer wenn ich denke, das geht nicht, denke ich an deinen Reisepass - und versuche es trotzdem." Und so dachte ich an den Klienten, der vor Jahren zu einer Sitzung kam und mir eine Postkarte mitbrachte, auf der stand: „Alle sagten das geht nicht, und dann kam einer, der wusste das nicht und hat es trotzdem gemacht..."*
Soweit die Kurzfassung einer besonderen Geschichte.

Diesen Erfahrungen könnte ich sehr viele hinzufügen. Der ein oder andere Leser dürfte angesichts solcher Inhalte schlucken oder gar kopfschüttelnd das Buch beiseitelegen. Ja, ich kann das gut verstehen, denn mein Kopf hätte solche Geschichten früher ebenso abgelehnt oder an der Wahrheit gezweifelt. Oder ich hätte gedacht: „Das ist einfach Zufall."

Doch kann ich auch den Zweiflern versichern: „Es ist die Wahrheit." Dazu fällt mir spontan Folgendes ein:

- In der Hirnforschung sagen viele Wissenschaftler seit Jahrzehnten, dass Erfahrungen, die mit Visualisierungen, Phantasiebildern und Gestalten wie Engeln, Geistern… einhergehen, in bestimmten Hirnarealen produziert werden. Auch Eben Alexander, ein bekannter Hirnforscher, dachte so. Er trat vehement für diese Ansichten ein, forschte, um zu beweisen, dass die vielen beschriebenen „Geschichten" aus Nahtoderfahrungen, wie beispielsweise Licht und Tunnelerlebnisse, Engelerfahrungen, Begegnungen mit Verstorbenen und so weiter, nur die Produkte unseres Gehirns seien. Ein bestimmter Teil unseres Gehirns wurde als Geburtsstätte solcher Phantasien entdeckt. Zahlreiche Beweise führte Alexander in seinen Vorträgen und Schriften an. Doch dann ereilte ihn selbst eine tragische Erkrankung des Gehirns. Eine schwere Entzündung führte zum Koma und zum nachgewiesenen Untergang eines Hirnareals - und zwar des Bereiches, den Eben Alexander für die „Phantasien" verantwortlich machte. Die behandelnden Ärzte machten der Familie keine Hoffnung auf Genesung. Alexander würde die Erkrankung nicht überleben, wenn doch, dann nur schwerstbehindert oder komatös. Völlig überraschend erholte er sich innerhalb kurzer Zeit und beschrieb sehr detailgetreu seine Nahtoderfahrungen. Er schrieb ein Buch darüber, das sich monatelang in den Bestsellerlisten vieler Länder befand. Er beschrieb seinen Übergang auf die lichtvolle Seite, die Begegnung mit vielen Wesenheiten und vieles mehr.

- Eine von vielen eigenen Erfahrungen ist eine Rückführungssitzung, in der eine Klientin bereits bei der Begrüßung sagte: „Ich sage Ihnen eines - und zwar: Hätte ich vor einem Jahr Ihr Rückführungsbuch gelesen, ich hätte es sofort in die Tonne geworfen. Und noch eines: Bleiben Sie mir weg mit Engeln…." Da der Auftrag der Klienten immer oberste Priorität hat, wurde die Sitzung unter dieser Prämisse begonnen. Die überaus kritische Klientin wurde jedoch nicht davon verschont, ungewöhnlichen Gestalten zu begegnen. Immer wieder hinterfragte sie: „Das kann doch nicht sein, es gibt solche Wesen nicht…“ So tauchte ein Drache auf, der sie eindringlich aufforderte, aufzusteigen. Dann stand sie vor einer Hütte und sah ein Familienmitglied in dieser Hütte. Sie hatte das dringende Bedürfnis, diesem Menschen zu helfen, kam jedoch nicht in die Hütte. Was sie auch versuchte, sie konnte nicht hinein. So bat sie um Hilfe und sah zwei Männer auf sich zukommen, kraftvolle Muskelpakete, die zwei Boxern ähnelten, die sie kannte. Plötzlich begann sie lauthals immer wieder zu wiederholen: „Nein, das glaube ich nicht, nein das glaube ich nicht…“ Nach Minuten voller „Bestürzung“ sagte sie dann: „O.K., O.K., ich weiß, dass ich das immer abgelehnt habe, aber ihr habt mich überzeugt.“ Diese beiden Gestalten hatten ihr einige Dinge mitgeteilt, die niemand wissen konnte, und sie hatten die Klientin Bilder sehen und Emotionen fühlen lassen, die sie annehmen konnte. Die beiden gaben sich als ihre Engel zu erkennen und halfen ihr, während der Sitzung viele Altlasten zu transformieren. Für diese Klientin änderte sich sehr viel im Alltagsleben, sie spürte fortan diese Begleitung und erlebte viele positive Veränderungen. Jahre später kam sie wieder und machte weitere für sie wichtige Erfahrungen. Sie berichtete, wie sehr das Annehmen der Geistigen Welt ihr Leben bereicherte.

- Eine weitere Erfahrung, der etwa 20 bis 25 Personen beiwohnten: Mit einem peruanischen Schamanen führten wir ein Ritual in einem großen Kreis auf einer Wiese durch, viele Obstbäume, wundervolle Natur, aber kein Gewässer in der Nähe. Wir wirkten nach den Anweisungen des Schamanen und ließen Energien im Kreis fließen. So wie alle anderen, hatte auch ich meine Augen geschlossen. Einem inneren Impuls folgend, öffnete ich meine Augen und schaute einer Libelle zu, die in den großen Kreis flog und zügig ihre Runden drehte. Im

> Minutenabstand folgten drei weitere Libellen, die ebenfalls ihre Kreise zogen. Während die Libellen im Kreis waren, war eine unglaubliche Energie zu spüren. Es schien als würden wir alle den Boden verlassen können. Eine solch intensive Leichtigkeit und Schwingung hatte ich selten erlebt. Glücksgefühle, Freude und gleichzeitig Erhabenheit waren zu spüren. Bevor das Ritual beendet wurde, verließen die Libellen nacheinander in gleichen Zeitabständen den Kreis - als seien sie nie dagewesen. Fast alle hatten die Augen geschlossen, doch spürten alle die Energien, die ich zuvor beschrieben habe. Es war eine von Hunderten wundervollen Begebenheiten der letzten Jahre.

Was bedeuten solche Erfahrungen heute für mich?

Auf der einen Seite sind all diese Erlebnisse für mich mittlerweile fast zur Normalität geworden, auf der anderen Seite „beglücken" sie mich immer wieder. Ich nehme mein Leben heute einfach anders wahr. Ich spüre oft, dass „die da oben" aktiv sind und mich unterstützen, freue mich darüber, schaue nach oben und bedanke mich dafür. Ich bitte, wenn ich Hilfe benötige und danke für das, was ich erhalte. Ich muss an diesem Punkt nochmals auf das eigentliche Thema Rückführung im Kontext „Geistige Welt" eingehen. Rückführung ist vom ursprüngliche Ansatz keine spirituelle Handlung oder Arbeitsweise, denn der Ansatz war, die Menschen zum Ursprung ihrer Traumata in Kindheit oder Jugend zu führen. Doch erlebten auch Tiefenpsychologen wie Jung oder Freud bereits vor weit über hundert Jahren, dass Menschen zutiefst spirituelle Erfahrungen machten. Vor allem Carl Gustav Jung begann, die Tiefenpsychologie mit dem Blick auf die Geistige Welt zu erforschen und veränderte seinen Blick auf die Zusammenhänge von Körper, Geist und Seele, Krankheit und Gesundheit.

Ich weiß nach weit über tausend Rückführungen und unzählbaren Begegnungen mit der Geistigen Welt, dass sich Rückführung und Spiritualität ebenso wenig trennen lassen wie die Geistige Welt von der Materiellen Welt. Mehr noch: Da alles eins ist, fließen die Erfahrungen „der Welten" hin und her, sie schwingen ohne Unterlass, ohne

Begrenzung durch Zeit und Raum in alle gleichzeitig stattfindenden Erfahrungen. So schwer das für viele Menschen zu begreifen ist, so oft erleben wir Momente, in denen wir dies mit entsprechender Aufmerksamkeit und Achtsamkeit wahrnehmen könnten, denn alles ist miteinander verbunden.

Jopie Bopp©

„Herz-Kreis-Lauf System"

Untrennbar mit der Quelle verbunden – alles dreht sich im Kreis der Liebe. Nichts hat einen Anfang und nichts hat ein Ende – Hier und dort meine Spuren hinterlassend bin ich mit allen meinen Lebenslinien Im Herzen vereint.

Alles ist miteinander verbunden.

Viele Begebenheiten der letzten Jahre ließen mich das zuvor erlangte Wissen verinnerlichen, gewahr werden. Vielen meiner Klienten wurde in ihren Rückführungen vor Augen geführt, dass ihre persönlichen Erfahrungen, Dramen, Verletzungen... nie von anderen Menschen, Tieren, der Erde und so weiter losgelöst oder getrennt sind. Auch können wir Zeiten nicht voneinander trennen. Lebenserfahrungen fließen ineinander über und dies nicht nur im aktuellen Leben. Nein, vieldimensional betrachtet, finden alle Leben gleichzeitig statt, so können Erfahrungen einer früheren Inkarnation automatisch in das aktuelle Leben hineinschwingen. Auch spielen Ahnen eine große Rolle, da sie gemeinsam mit uns Themen bewältigen. Oft kommt es zu Vereinbarungen, in denen eine bestimmte Seele im richtigen Moment ein Problem für alle Ahnen lösen kann. Manchmal spricht man hier vom Familienkarma. Ebenso ist es möglich, dass ein solches Karma weit größere Gruppen wie Orte oder Länder betrifft. So wurden oft Ursachen in Streitigkeiten, Machtkämpfen, ethnischen Auseinandersetzungen und so weiter gesetzt, die im Heute nach Auflösung schreien. Kriegerische Auseinandersetzungen, wie die im nahen Osten, die Auseinandersetzungen der Bevölkerungsgruppen in Nordamerika oder auch aktuell in Europa, haben ebenso vielfältige Ursachen.

Gab es ein bestimmtes Ereignis, das mir zeigte, wie sehr alles miteinander verbunden ist? Ja, das gab es zu Anfang meiner Rückführungspraxis: Ich hatte einen Termin mit einer Klientin, die ich vorher nicht kannte. Am Vormittag ging ich meiner damaligen Hauptbeschäftigung - Qualitätsmanagement in einer Klinik - nach. Beim Betreten meines Büros begannen Bauchweh, Blähungen, später auch Durchfall den Tag zu erschweren. „Wie soll ich heute Nachmittag mit meiner Klientin entspannt arbeiten?“, dachte ich. Da ich keine Kontaktdaten von ihr hatte, konnte ich sie nicht erreichen, um den Termin abzusagen. So begrüßte ich nachmittags eine Klientin, die mir bereits an der Haustüre mitteilte, dass sie eigentlich den Termin stornieren wollte. Sie hatte seit morgens Bauchweh, Durchfall... Ich dachte mir in diesem Moment noch nichts bei dieser Information. Ich saß während der Entspannungsarbeit und der ersten Stunde unserer Sitzung recht angespannt auf meinem Stuhl. Dabei drückte ich ein dickes Kissen auf meinen Bauch, da dieser sehr laute Geräusche machte. Immer wieder hoffte ich, dass meine Klientin nicht gestört würde, doch war ihr Bauch mindestens genauso laut. Doch dann geschah etwas, was ich bis heute nicht vergessen habe. Sie erlebte eine Erfahrung in ihrer Kindheit, in der sie Stress hatte. Und dieser Stress führte wie so oft zu Bauchschmerzen und Durchfällen. Eine weitere Situation als Ursprungserfahrung in einem früheren Leben zeigte sich, und prompt war ihr Bauch still. „Ach, was fühlt sich das gut an, Bauchweh und Völlegefühl, alles ist wie auf einen Schlag weg!", sagte sie. Und erst jetzt bemerkte ich: Bei mir waren ebenfalls genau im selben Moment alle Bauchbeschwerden verschwunden. In der Nachbetrachtung fiel mir dann auf, dass ich oft vor den Sitzungen körperliche Beschwerden (Kopfschmerzen, Unruhe…) oder Hinweise spürte, die zu den Klienten gehörten. Nur hatte ich es nie beachtet.

Heute ist dies völlig normal. Ich spüre oft die Dinge, die den Klienten beschäftigen einige Stunden oder auch einen Tag vorher. Würden wir achtsamer sein, würde jeder von uns Energien anderer Personen oder auch Ereignisse bewusst erfühlen. Manche betrachten es als Zufall, wenn man aneinander denkt, und das Telefon klingelt oder wenn man sich unterhält und dabei bemerkt, dass man zeitgleich ähnliche Erfahrungen gemacht hat. So hat man festgestellt, dass nicht selten gleichzeitig an unterschiedlichen Punkten der Erde gleiche Erfindungen gemacht wurden. In einem meiner Bücher habe ich etwas über die sogenannten morphischen Felder geschrieben. Im Versuch, auf einfache Weise auszudrücken was morphische Felder sind, vergleiche ich diese einmal mit der Gruppe aller Sportler, die bei einer Olympiade mitmachen. Viele verschiedene Sportarten, Athleten aus vielen Ländern, auch sehr exotische Sportarten und Menschen, viele Interessen und politische Systeme… nehmen teil. Jeder hat eigene Interessen, jeder will aber auch für sein Land erfolgreich sein oder für seine Mannschaft. Und dennoch sind sie alle eins, nämlich eine wundervolle Gruppe an Sportlern, denen es wichtig ist, besondere Erfahrungen zu machen. So ist es auch mit unseren Lebenserfahrungen. Als Seele sammeln wir solche, die in unser Seelenbewusstsein fließen, aber auch in die Gesamterfahrung dessen, was wir als Schöpferenergie bezeichnen könnten. Und so wie alle Judoka, alle Sprinter, alle Speerwerfer ihre eigenen Disziplinen spielen und erfahren, so versucht sich auch jede Seele in ihrer Disziplin. Als Beispiel nehme ich einmal die Erfahrung rund um das Thema Macht und Ohnmacht. Ganz sicher kennen wir alle diesen Themenkreis: die Ohnmacht des Kindes einem dominanten Elternteil gegenüber, des Schulkindes einem dominanten Lehrer gegenüber, der dominante Partner, der rüpelhafte Vorgesetzte und so weiter. So sammelt eine Seele unbegrenzt Erfahrungen und damit Informationen/Energien und speichert diese in ihren eigenen Energiefeldern ab. Nun hat jeder solche Informationen in eigenen Energiefeldern. Da Energie niemals ruht, sondern immer schwingt, macht diese natürlich nicht halt bei der Aura einer anderen Person oder eines Tieres... Hast du schon einmal einen ängstlichen Menschen beobachtet, der einem scheinbar aggressiven Tier begegnet? Oft sieht man dabei ungewohnte Verhaltensweisen beim Tier, denn es spürt die Angstschwingung des Menschen. Würde es jedem anderen Menschen aus dem Weg gehen, wird es sich diesem gegenüber „groß" machen. Unterbewusst spüren auch wir Menschen solche Schwingungen wie Angst, Wut, Aggression, Ohnmacht und Macht und so weiter. Je mehr Menschen mit ähnlichen Schwingungen ihre Energie abgeben, desto mehr schwingungsgleiche Energie „versammelt" sich in Energiefeldern. Welche Energien können dies sein? Letztlich alle. Beispielsweise erlebt man immer wieder, dass angstvolle Energien bei drohender Gewalt (Terrorismus, Krieg), Aggressionen gegenüber Fremdheit (Flüchtlinge), Traurigkeit und Trauer beim Tod einer Berühmtheit (Diana)... regelrechte Massenenergien freisetzen. Wenn es um Ängste geht, spricht man beispielsweise von den Massenhysterien. Aber auch ganz anders gelagerte Energien wie Wissen (Mathematik...), Weisheit (Philosophie...), spezielle Fähigkeiten (Künste...), aber auch Freude (Sommermärchen bei Fußball- WM...) haben besondere Wirkung auf viele Menschen gleichzeitig, ohne dass sich diese am gleichen Ort befinden müssen. Schon einmal kurz als Beispiel erwähnt war die gleiche Erfindung zweier Forscher zur gleichen Zeit an weit voneinander entfernten Orten, ohne dass diese voneinander wussten. Heute wissen wir unter anderem aus der Quantenphysik, dass solche Informationen allen gleichzeitig zur Verfügung stehen. Jeder kann bei entsprechenden Bedingungen darauf zugreifen. Ein englischer Biologe beschrieb in einem Vortrag einmal scherzhaft die Idee seines Sohnes vor der Abiturprüfung: „Papa, wir werden mit den letzten Fragen beginnen. Dann verbinden wir uns mit den morphischen Feldern und beginnen etwa zehn Minuten später als alle anderen Abiturienten in England mit Frage eins. So haben wir dann die Information aller Schüler zu jeder einzelnen Frage, da ja alle Infos in die gemeinsamen Felder fließen..." Cleverer Jüngling. Leider weiß ich nicht, ob es erfolgreiche Tests zu solchen Theorien gibt. Jedoch habe ich selbst viele Situationen erlebt, in denen ich Informationen wie aus dem Nichts erhielt. Und ich bin mir sicher, dass diese aus gemeinsamen Feldern stammen.

Wir bedienen uns immer wieder Informationen, die in diesen Feldern enthalten sind. Oft wundern wir uns über Blitzideen und woher wir eine bestimmte Information bekommen. Antwort: Alles ist da und zwar gleichzeitig, und wir haben die Verbindung, den Zugriff, ähnlich wie der Computer den Zugriff auf das World-Wide-Web hat.

Was hat dies mit der Geistigen Welt zu tun? Nun, sie ist natürlich von diesem „Alles ist miteinander verbunden" nicht ausgeschlossen. Wir alle könnten die Energien der feinstofflichen Wesen um uns herum oder mit allen, die mit uns verbunden sind, fühlen oder sehen, riechen... Wir haben jedoch fast alle diese Fähigkeiten vergessen.

Dieses Vergessen geschieht spätestens wenn das Kind hört: „Das gibt es nicht, das bildest du dir ein!". Mir fällt dabei die Autorin eines Bestsellers („Engel in meinem Haar"), *Lorna Byrne,* ein. Sie beschreibt in ihrem millionenfach gelesenen Buch wie sie als Kind Engel und andere Wesen erlebte und mit ihnen kommunizierte. Sie ließ es sich von nichts und niemandem verbieten, den Kontakt mit der Geistigen Welt bewusst zu leben. Sie entwickelte sogar den Mut, darüber zu sprechen und zu schreiben.

Ich habe heute ebenso den Mut, über meine vielfachen Erfahrungen zu sprechen und zu schreiben. Wir alle sind dazu aufgerufen, dies zu tun. So verändern wir diese kopfgesteuerte Welt.

Erfahrungen in der Rückführungstherapie

Der Wandelprozess - Das Ankommen in der Geistigen Welt…

Ich habe auf den Einführungsseiten mehrfach betont, dass sich seit meiner Rückführungsausbildung mein Leben gänzlich verändert hat. Besonders trifft diese Feststellung auf mein Weltbild zu. Vom absoluten Kopf- und Vernunftmenschen, dem Denker und Strategen, zum genauen Gegenteil. Heute sage ich: „Die Wahrheit liegt nie im Kopf, du musst die Wahrheit fühlen…"

Selbstverständlich ist dies nicht leicht. Ich selbst hatte den Vorteil, dass ich viele Dinge erleben durfte, die der Mensch in der „Normal-Gesellschaft" so kaum erlebt oder zumindest nicht wahrnimmt. Ich glaube heute, dass meist Letzteres zutrifft. Wenn ich die vielen Berichte und Rückmeldungen von Lesern meiner Bücher betrachte, viele Zuschriften von Klienten, vor allem aber die oft sehr tiefen Erfahrungen meiner Klienten, dann bin ich mir sicher, dass es niemanden gibt, der keine Erfahrungen mit der Geistigen Welt gemacht hat. Ich führe ein paar Beispiele solcher Berichte auf:

- Eine Frau, etwa fünfzig Jahre alt, meldete sich vor einigen Jahren, weil sie schreckliche Angst vor den Dingen hatte, die sie seit einigen Monaten wahrnahm. Immer wieder sah sie, vor allem in der Natur, Gestalten die offensichtlich keinen feststofflichen Körper hatten. Auch bei Menschen, die ihr begegneten, waren solche Gestalten manchmal als Begleiter anwesend und für sie sichtbar. Diese Menschen sahen die Gestalten aber offensichtlich nicht. Ferner berichtete sie, dass sie dann und wann beim Blick in die Augen von Menschen sah, dass diese bald sterben würden beziehungsweise etwas Schwerwiegendes erleben würden. Und immer war dies dann auch so. Dass diese Frau große Angst hatte, kann man sich vorstellen. Nach einem langen, ausführlichen Gespräch war diese Angst verschwunden. Ich konnte ihr erklären und anhand von vielen Beispielen belegen, dass ihre Erfahrungen die Realität widerspiegeln. Heute lebt sie ein angstfreies Leben und bindet all diese Erfahrungen in ihren Alltag ein.

- Eine Jugendliche von etwa vierzehn Jahren suchte mich auf, weil sie immer wieder Seelen wahrnahm, die nicht ins Licht gehen konnten. Nachdem sie verstand, dass es etwas Normales ist, begann sie, diesen Seelen ins Licht zu helfen. Sie konnte ihnen klar und deutlich Hilfe geben und Worte an sie richten.

- Immer wieder melden sich Menschen, die in ihren Räumen und Häusern Energien hören, fühlen, erleben. Sehr oft sind es Seelen, die aus früheren Zeiten an Grundstücken und Räumlichkeiten festhalten und diese nicht verlassen wollen. Auch hier hilft es, angstfrei in die Kommunikation zu gehen.

- Auch erzählen immer wieder Menschen über ihre Kinder oder Enkel. Eine Klientin erzählte: „Mein vierjähriger Sohn erzählte eines Tages von seinem Opa, dass dieser immer wieder bei ihm sei, mit ihm spreche usw. Ich fragte nach, und dann beschrieb mein Sohn mir seinen Opa, der vor seiner Geburt gestorben war, detailliert: wie er aussah, was er an Kleidung trug… Und alles passte bis ins kleinste Detail." Und der Kleine wusste auch, dass Opa ihn besucht, um Freude zu bringen…

- Eine Klientin meldete sich mehr überrascht als besorgt: „Meine Schwiegermutter ist gestorben. Letztlich war unser Verhältnis nicht nah. Beim Gespräch mit dem Bestatter waren mehrere Mitglieder der Familie dabei. Dann klopfte es an die Tür. Doch niemand reagierte. Ich schaute die anderen an, doch verzog niemand eine Miene. Wieder klopfte es, zögerlich stand ich auf und ging in den Flur. Doch ich sah nichts. Ich tat, als ginge ich zur Toilette. Als ich mich wieder hinsetzte, hörte ich wieder ein Geräusch und hörte eine innere Stimme, die sagte, ich solle das Fenster öffnen. Ich folgte dieser Stimme und spürte, wie etwas den Raum verließ. Ich fühlte eine solche Freude und Dankbarkeit…" Auch solche Erzählungen kenne ich viele. Oft warten Verstorbene auf das bewusste Öffnen eines Fensters, sodass sie gehen können…

- Schon oft habe ich von der dreijährigen Tochter einer Freundin erzählt. Diese antwortete ihrer Mutter in einer Diskussion, in der es ums Aufräumen ging: „Mama, früher als ich deine Mutter war, da war es auch nicht anders…“

- Eine Klientin, deren Vater ich kannte, erlebte tief berührende Dinge. Ihr Vater starb vor einigen Jahren. Innerhalb ihrer Rückführung war sie anfangs sehr blockiert, obwohl ich schon sehr intensive Energien wahrnahm. Plötzlich sagte sie: „Es steht jemand neben mir, ich spüre Papas Kragen. Er umarmt mich, und ich rieche sein Rasierwasser. Es ist so unglaublich real…“ Nun antwortet er: „Ich bin doch immer da. Auch wenn du meine Anwesenheit bisher nicht wirklich wahrgenommen hast, ich war da. Doch jetzt sage ich: Höre auf deinen Körper und gehe jetzt aufs Klo…“ Meine Klientin und ich lachten, denn sie wollte eigentlich nicht unterbrechen, obwohl ihre Blase drückte…
  Nachdem sie wieder eingestiegen war, beschrieb sie weiter: „Wir stehen mitten im Weltall, und es fühlt sich alles so wundervoll an. Tiefe Ruhe, Frieden…“ Er: „Spüre, wie schön, wie weit, unendlich, vergänglich und ewig! Kein Anfang und kein Ende, und du bist ein Teil davon…“ Meine Klientin war tief ergriffen. Er weiter: „Seit ich gegangen bin, bin ich da, wo immer ich sein will, unendlich, göttlich, da wo keine Grenzen sind, da wo alles möglich ist; und da, wo du bist, ist auch alles möglich. Löse deine Grenzen auf, bitte und dir wird gegeben! Du hast einige Beispiele in den letzten Jahren erlebt und du weißt, dass dies kein Zufall ist…“

- Ich könnte hier Hunderte solcher Berichte beschreiben. Dabei fällt mir ein Zitat aus dem Neuen Testament ein: „Und der, der es beschreibt, der weiß, dass es wahr ist…“ Ja, ich weiß, dass es wahr ist, auch wenn vieles unglaublich klingt.

Bei solchen Kontakten ist es allen Beteiligten klar, dass es keine Trennung zwischen unserer Welt und der Geistigen Welt gibt, zwischen dem Diesseits und dem Jenseits.

Wussten die Menschen der vergangenen Jahrhunderte auch von solchen Erfahrungen? Ja, denn es gibt sehr viele Bücher und Schriften dazu.

Für mich ist es wunder-voll, alte Schriften der vergangenen Jahrhunderte zu lesen und dabei zu sehen, dass diese Autoren, Philosophen, Psychotherapeuten, Gelehrten… bereits das beschrieben haben, was meine Klienten und ich erfahren dürfen. Zu diesen gehören beispielsweise: Jakob Lorber, Jozef Rulof, Johannes Greber, Carl Gustaf Jung, Helena Blavatsky, Rudolf Steiner, Johann Wolfgang von Goethe, Baird T. Spalding und so viele mehr. Einige beschrieben die Geistige Welt bis ins Detail, andere die Zusammenhänge der Psyche, des Geistes und des Körpers und die Verbindung mit der Geistigen Ordnung, wieder andere beschrieben die philosophische Betrachtung von allem was ist. Wenn man beispielsweise die vielen Aussagen von Goethe zur Wiedergeburt, der Schöpfung und vielem mehr betrachtet, dann kann man nur staunen. Und dabei spreche ich nicht nur vom genialen Werk des Faust.

Was erfahren die Menschen in einer Rückführung über die Geistige Welt? Natürlich erleben nicht alle Klienten tiefe spirituelle Dinge in ihren Rückführungen. Ich schätze, dass etwa 30 bis 50 % meiner Klienten Erfahrungen mit Geistwesen, Verstorbenen, dem Jenseits/der Zwischenebene, Gott, feinstofflichen Erdwesen, Krafttieren usw. machen.

Ich habe 2011 mein Buch „Lucias wunderbare Seelenreise“ geschrieben, in dem es um unsere Nähe zur Geistigen Welt geht. Die Grundlage des Buches waren die vielen glücklichen Menschen, die mir nach einer Rückführung, in der sie ihr eigenes Sterben in einem früheren Leben erlebten, sagten: „Nun habe ich keine Angst mehr vor dem Sterben, es ist wie nach Hause kommen…“ So überlegte ich einige Monate wie ich es den Menschen näherbringen könnte, dass die Angst vor dem Unbekannten, dem Sterben, so überflüssig ist. Und dann lag ich im Urlaub auf einer Sonnenliege, war kurz eingenickt und plötzlich hellwach und hatte das komplette Buch im Sinn. Lucia beschreibt in diesem Buch die Geistige Welt aus Sicht einer Seele, die nach einem tragischen Unfall den Körper verlässt. Erste Begegnungen mit einem Schutzengel, weiteren Lichtwesen und Seelen folgen, bevor Lucia verblüfft fühlt, dass die Geistige Welt ihr Zuhause ist. Sie begegnet Wesen, die mit ihr Rückblick auf das vergangene Leben halten, Ausblicke auf ein künftiges geben und mit ihr das kommende detailliert planen.

Natürlich werden viele sagen: „Das klingt mir doch zu sehr nach Märchen…" Doch gibt es millionenfache Erfahrungen dazu. Tausende Rückführer mit ihren Klienten, viele Nahtoderfahrene, Sterbeforscher und viele mehr haben Informationen zusammengetragen, die ein „rundes Gesamtbild" zulassen.

Das, was Lucia beschreibt, ist in Kürze das, was viele meiner Klienten erleben. Schon Tage vor dem Sterben hat die Seele den Kontakt mit der Geistigen Welt, mit Schutzengeln, Geistführern, Seelenverwandten. Und dies gilt auch für scheinbar plötzliche Todesfälle, Unfälle…, denn es gibt keinen unvorhergesehenen Tod. Immer erhalten wir vorher Zeichen, Hinweise.

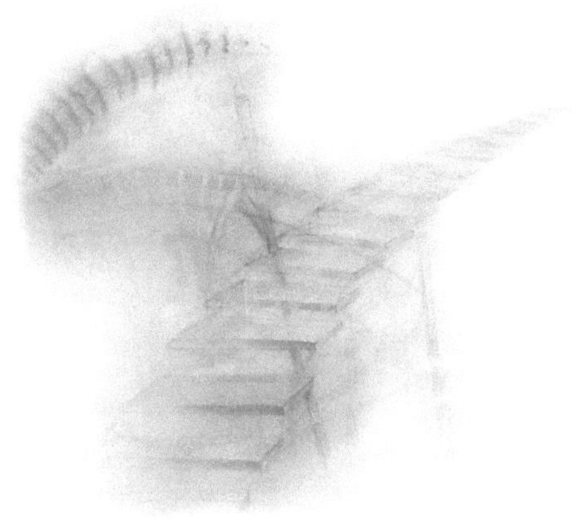

Sabine Kathriner©

Das Sternentor aus Lucias wunderbare Seelenreise

Ich selbst habe Menschen in Sterbephasen erlebt, die ihren verstorbenen Angehörigen, die sie abholen kamen, gewunken haben. Manche sprachen sogar mit solchen Helfern. Würden wir uns öffnen, erlebten wir das Leben mit ganz anderen Augen. In dieser Phase des „sich Wandelns" verändert sich die Dimensionsschranke, die normalerweise das Fühlen und Sehen in die anderen Dimensionen verhindert. Der Sterbende beginnt, die anderen Dimensionen zu spüren und zu sehen und etwas in ihm erinnert sich an seine Heimat. Die Seele übernimmt langsam das System, der Kopf, der Verstand wird vom höheren Bewusstsein abgelöst, wenn... ja wenn der Mensch dies zulassen kann. Doch können viele Menschen in unserer heutigen Zeit dies nicht mehr. Sie können nicht loslassen. Die Seele, die Geistige Welt, viele Helfer versuchen, den Sterbenden zu erreichen, kommen aber nicht durch, weil es zu viele Dinge gibt, die den Kontakt blockieren. Was sind dies für Dinge? In allererster Linie sind es Ängste, die uns nur noch in einer Art dunklem Tunnel sein lassen: Ängste vor dem Unbekannten, vor dem Gericht, vor dem Nichts, vor dem Alleinsein, vor Schmerz und so weiter, aber auch das Gefühl, noch so viel regeln zu wollen, für sich, für die Lieben... Dann sind da noch die vielen Dinge, die man sich selbst und anderen - oder auch umgekehrt - nie verziehen hat sowie die Schuldgefühle anderen Menschen gegenüber.

All diese Ängste, Sorgen, Illusionen und Vorstellungen produzieren so viel Energie, dass selbst geistige Wesen es schwer haben, den Sterbenden zu erreichen. Wir können uns solche Energien vorstellen wie dichte Nebelschwaden, die immer dichter und kompakter werden. Es ist, als würden wir uns stetig Wände aufbauen durch die nichts und niemand hindurchkommt. Ich nenne solche Energien heute Elementale, sie haben sehr viel Macht über uns. Sogyal Lakar Rinpoche drückte es in seinem Buch „Das tibetische Buch vom Leben und vom Sterben" etwa so aus: „Wir tibetischen Buddhisten bereiten uns zeitlebens darauf vor, befreit sterben zu können. Wir legen die Illusionen des Lebens, das Leid, die Ängste und Sorgen ab, damit sie uns nicht am freien Weg ins Jenseits hindern und wir uns sogar dort noch mit all diesen Dingen beschäftigen müssen..."

Er fasst damit knapp zusammen was eine der wichtigsten Berufungen unseres irdischen Lebens ist: Illusionen, Leid, Glaubenssätze und Vorstellungen möglichst früh zu entlarven, zu entdecken und aufzulösen.

Auch dazu fällt mir eine Ergänzung ein: Ich habe einige Menschen erlebt, die „auf den Punkt genau" gestorben sind. Sie wussten, wann der Moment da ist. So sagte vor vielen Jahren mal ein Patient (in meiner Arbeit als Krankenpfleger), dass er morgen nicht mehr da sei. Ich registrierte das gar nicht, weil er überhaupt nicht „sterbenskrank" war. Er starb still und leise und wurde tot in seinem Bett gefunden. Ein weiterer älterer Herr bat mich darum, sein Hab und Gut (er hatte sein Bargeld und ein paar Papiere in seinem Nachtschrank versteckt) im Safe des Krankenhauses einschließen zu lassen. „Es muss jetzt sein", sagte er. Am nächsten Morgen fand eine Kollegin ihn tot. Wir wissen, dass viele Naturvölker, Indianer etc. sich von der Gruppe lösen, sich in die Berge oder unter einen Baum zurückziehen und binnen kurzer Zeit sterben. Auch Klienten erlebten sich in früheren Leben dabei, dass sie einfach aus dem Körper austraten und nach Hause gingen…

Wenn wir alles geklärt haben, können wir sprichwörtlich betrachtet in Frieden gehen…

Nun weiter zu der Frage: Wie erleben die Rückgeführten die Geistige Welt?

„Das Abholen" habe ich angedeutet. Ist also der Sterbende bereit zu gehen, nimmt er oft die Helfer aus der Geistigen Welt wahr. Diese Seelen oder auch Engel oder andere Wesen (siehe Protokolle) nehmen die Seele des Sterbenden in Empfang und begleiten diese. Sie spenden Trost, umarmen den Sterbenden und so weiter, damit sich die Seele von den Trauernden, den materiellen Dingen und so weiter trennen kann. Sodann beginnt die Reise ins Licht, die viele Menschen schon als den Lichttunnel beschrieben haben. Die Beschreibungen ähneln sich meist, sind aber auch von der individuellen Energie der Sterbenden abhängig. Oft wurde beschrieben, dass sich die losgelöste Seele im Universum dabei beobachtet, wie sie an den Sternen vorbeifliegt und unendliche

Freiheit und Leichtigkeit fühlt. Viele erleben das Eintreten durch ein riesiges Sternentor bevor sie in einer lichten Energie ankommen. Langsam scharen sich vertraute Energien um die Seele. Alle Klienten, die während meiner Arbeit solche Erfahrungen machten, begegneten immer vertrauten Energien, Seelen oder Lichtwesen. Viele waren darüber erstaunt, weil sie eigentlich nicht an solche Dinge glaubten. Für viele andere war es ebenso überraschend, weil sie es in ihrem Leben immer nur als Wunschtraum betrachteten, „dort drüben" die Lieben wieder zu treffen.

Da unsere Seele keine Trennung von der Geistigen Welt kennt, sie diese folglich auch nie erlebt, ist es für sie völlig normal, mit den Seelen in Kontakt zu sein, die ihr nah sind. Deshalb begrüßen uns dort unsere Verwandten, Freunde, Lieben. Auch die, die immer mit uns verbunden sind, wie helfende Engel, hochbewusste Seelen, Aufgestiegene Meister sind anwesend. Viele Verstorbene begegnen ihren Haustieren…

Das Ankommen ist immer bestimmt von der Situation, aus der die Seele sich gelöst hat. War diese sehr belastend, wird sie erst einmal Ruhe erfahren, Heilung, Nähe und so weiter. Kommen die Seelen in absoluter Leichtigkeit und Befreiung an, dann ist oft „richtig was los". Mir kommt dazu das Bild von einer Ankunftshalle in einem Flughafengebäude in den Sinn. Einige Fluggäste kommen im Loslassschmerz, weil sie woanders einen lieben Menschen zurücklassen mussten. Sie werden behutsam von einem lieben Menschen umarmt, gehegt und gepflegt… Andere kommen nach tollen Erfahrungen zurück und werden mit Bannern und Begrüßungsgeschenken empfangen. Die riesige Freude ist für alle Beobachter spürbar... So erleben es auch viele Seelen bei ihrem Ankommen im Licht. Viele müssen erst einmal gepflegt, umsorgt werden. Andere haben so viel zu erzählen. Die Energien, die für mich dabei oft wahrzunehmen sind, sind wunderschön. Und wie gesagt: Alle sagen oder wissen anschließend: „Das ist mein Zuhause. Wenn ich dies gewusst hätte, hätte ich keine Angst vor dem Sterben gehabt…"

Was geschieht weiter?

Die Seelen halten Rückschau, dies kannst du in den Protokollen erleben. Dabei ist es „eigentlich" eine völlig wertfreie und objektive Betrachtung der Seele zusammen mit Helfern wie Engeln, Geistführern, nahen Seelen…

Ich sage „eigentlich", weil viele Seelen noch von den Eindrücken des Lebens, das hinter ihnen liegt, beeinflusst sind, denn noch hat die reine lichtvolle Seele das Gesamtbewusstsein im Gepäck. Und dazu gehören alle Erfahrungen des Lebens verbunden mit den Emotionen, den Gedanken, den Sorgen und Ängsten. Und dies alles ist ein mächtiges Sammelsurium an verschiedensten Energien, Schwingungen, Frequenzen.
Hat die Seele beziehungsweise der Mensch sich, wie zuvor beschrieben, bereits während des Lebens von diesen Dingen befreit, ist es nun recht entspannt - wenn nicht, beginnt nun hier das Transformieren, Aufarbeiten, Klären, Verstehen… Und dies dauert oft sehr lange, obwohl: Zeit und Raum spielen ja dort keine Rolle. Nach menschlichem Ermessen könnte man sagen: Was wir uns in Jahrzehnten an Schmerz, Leid und so weiter aufgeladen haben, dauert manchmal Hunderte von Jahren der Heilung bis wir wieder bereit sind, neue Erfahrungen zu machen. Auch aus diesem Grunde lohnt es sich, bewusster zu leben…

Ich erinnere mich an eine sehr spezielle Sitzung mit einer Klientin. Sie hatte sich ein sehr anstrengendes früheres Leben angeschaut. Einige Personen, die sie im jetzigen Leben ebenfalls kennt, hatten ihr damals übel mitgespielt. Außerdem gab es Menschen, bei denen das Gefühl stark war, sie müssten von der Klientin dauerhaft beschützt werden. Das Sterben war unsanft, unfreiwillig - man hatte sie sozusagen „um die Ecke gebracht". Als sie nun auf der Zwischenebene ankam, war sie zuerst erleichtert und froh, dass das Drama ein Ende hatte. Sie wollte erst einmal die Ruhe genießen. Doch kaum hatte sie dies ausgesprochen, begann sie sich an all die Unstimmigkeiten zu erinnern. Auch hatte sie Angst um die geliebten Menschen, die ihren Schutz benötigten, und die vielen nicht geklärten Dinge… Im dem Moment als sich ihr Geistführer und ihre Schutzengel zeigten, begann sie, sehr energisch zu versichern: „Ich kann nicht hier bleiben..." Diese Aussage wiederholte sie in allen möglichen Varianten und Erklärungen, ohne dabei einmal Luft zu holen. Ihren Helfern gab sie nicht die Spur einer Chance, irgendetwas dazu zu sagen. Als sie sich nun einen Moment lang beruhigt hatte, erwiderten ihr Geistführer und einer der Engel: „Du weißt, dass dies nicht geht. Jede Seele, die eine Inkarnation hinter sich hat, ruht hier aus, sie sammelt sich, erfährt Heilung, löst und klärt noch vieles, sammelt weitere Weisheit und Einsicht, tauscht sich mit ihren Helfern aus und bereitet sich - wenn der Weg es vorsieht - behutsam auf eine neuerliche Inkarnation vor. Außerdem lernt sie, trifft viele Seelen, lebt mit ihren Seelenfamilienmitgliedern und so weiter. Du siehst, es ist ausgeschlossen, dass du sofort wieder gehst." Und wieder holt sie tief Luft und redet auf den Geistführer und den Engel ein. „Ich weiß dies alles, doch interessiert es mich jetzt nicht. Ich will sofort in ein neues Leben und dabei die Möglichkeit haben, nochmals mit den Seelen zusammenzutreffen mit denen so vieles ungeklärt blieb." Der Wortwechsel ging einige Zeit hin und her bis die Geistwesen sahen, dass diese Seele in dieser Situation völlig unbelehrbar war. Ich war sehr erstaunt über dies alles, hätte ich doch nie gedacht, dass sich eine Seele auf solche Weise gegen ihre Helfer durchsetzt. Ihr Geistführer und ihr Engel teilten nun mit: „Wir sehen, dass wir dich nicht umstimmen können, gleichzeitig wissen wir auch, dass du dir selbst Schaden zufügst und dass es eine sehr anstrengende Erfahrung werden wird. Außerdem wäre es überaus wichtig, das neue Leben detailliert und behutsam vorzubereiten. Auch dies ist fahrlässig von dir. Wir haben dich darauf hingewiesen, doch ist dein Wunsch zu respektieren. Wir können dich nicht umstimmen." Die Seele, also meine Klientin, bestätigte dies nochmals und machte sich sofort auf den Weg in ein neues, ihr jetziges Leben. Und dies begann genau so intensiv und heftig wie es ihr angekündigt worden war. Nach der Sitzung sagte die Klientin: „Nun verstehe ich, warum mein Leben einen solchen Verlauf hatte. Ich hätte wohl besser auf die beiden gehört..."

Anhand dieser Klientenerfahrung wird deutlich, dass es auf der Lichtebene ähnlich ist wie in unserem Dasein. Haben wir etwas beendet, lohnt es sich, zur Ruhe zu kommen, zu reflektieren, vielleicht die ein oder andere Wunde zu heilen, sich zu informieren, „schlau zu machen“ und sich letztlich gut auf Neues vorzubereiten…

Klienten, die sich die Zwischenebene detaillierter betrachteten, kamen wie einige Autoren, die die Geistige Welt beschrieben, zum Fazit: „Dort ist es so wie in unserer Welt. Unterschiede bestehen in der Feinstofflichkeit, dem Nichtvorhandensein vom Ego und dem Leben in absoluter Bedingungslosigkeit und Liebe.“

Nach den vielen Erfahrungen der letzten zehn Jahre kann ich dies unterstreichen.
Die Tatsache, dass sich die feststoffliche Welt und die Geistige Welt ähneln, betrachte ich als sehr hoffnungsvolle Botschaft. Zeigt sie doch, dass die Wesen der Geistigen Welt genau wissen, was wir erleben. Im nächsten Abschnitt folgen Erfahrungen, die wohl alle Seelen gemacht haben, vor allem wenn sie sich während ihrer Lebenszeit nicht von den Ängsten, Dramen, Sorgen und den Illusionen des Lebens befreit haben. Menschen, Seelen, die sich während des Lebens von allem befreien, gehen entspannt, ja, gar freudig ins Licht als sei es das Selbstverständlichste.
Viele andere gehen einen Umweg...

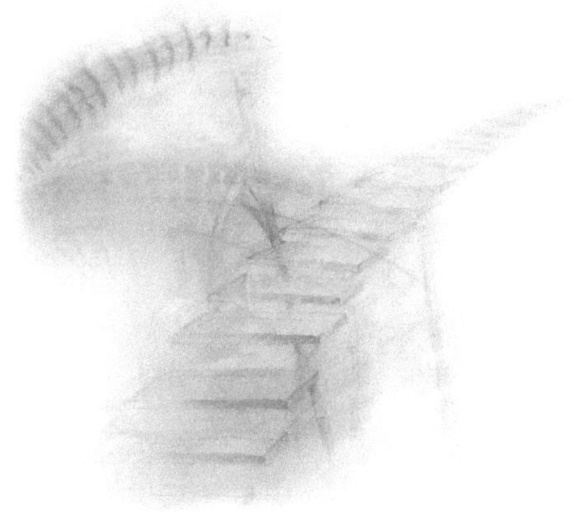

Die Illusionsebene

An dieser Stelle folgt ein Abschnitt, der in den vielen Werken spiritueller Literatur kaum benannt oder erwähnt wird. Doch halte ich es für sehr wichtig, dass wir uns mit dieser Thematik befassen. Ab und zu erleben Klienten einen, ich nenne es einmal, „verzögerten Einzug" ins Licht, auf die Lichtebene. Sie finden sich dann manchmal auf einer Ebene wieder, die manche Rückführer „Illusionsebene" nennen. Aus meiner Sicht wird diese Ebene von vielen fälschlicherweise auch Astralwelt genannt. Ich nenne sie jetzt einfach einmal die Orientierungsebene. Der Name „Illusionsebene" entstammt folgender Tatsache: Am Anfang des Buches habe ich beschrieben, dass sich meine Betrachtung des Lebens seit meiner Ausbildung zum Rückführer komplett veränderte. So hatte ich mir über etwa 30 Jahre sehr klare Vorstellungen (ja fast innere Gesetze) zu Gerechtigkeit, Gewissen, Moral, Religion und vielem mehr geschaffen. In etwa zehn Jahren Bewusstseinsveränderung bedurfte es zum Teil schmerzhafter Erfahrungen, intensiver Transformations- und Auflösungsarbeit, Wachheit, Aufmerksamkeit, Beobachtungsgabe und Achtsamkeit, um viele Muster, Rollenbilder, Glaubenssätze, Programmierungen, Schatten, karmische Verstrickungen, Verträge und so weiter nach und nach zu klären. Heute weiß ich, dass die Vergangenheit mich zu jemandem werden ließ, der ich nicht bin. Und genauso geht es vielen Menschen, wenn sie an ihrem Lebensende sind. Sie haben sich mit so vielen Rollen, Sorgen, Vorstellungen, Ängsten und Prägungen beladen, dass sie sich selbst nicht mehr wahrnehmen. Und so verlassen sie ihren Körper ohne eine Ahnung davon zu haben, dass sie als Seele in ihr Zuhause zurückkehren werden. Doch alles, was ihnen hilfreich den Weg nach Hause zeigen will, nehmen sie nicht wahr, denn sie sind komplett zugeschüttet („zugemüllt") mit den Illusionen des Lebens.

Jopie Bopp©

„Der Schwertkämpfer"

Angst und Wachsamkeit erfüllt mein Herz und ich kämpfe – ich schütze mich durch das Schwert der Trennung – ich bin geübt und gut trainiert, um nicht zu verlieren im Kampf des Lebens – ich schaue der Gefahr genau ins Auge und bin gewappnet für den Ernstfall – ich kämpfe – ich kämpfe meist doch nur gegen mich selbst.

Illusionen des Lebens sind beispielsweise:

- Ich bin Partner, Vater, Familienoberhaupt, ich muss für alle sorgen.
- Ich bin Banker, ich muss für ein gutes Jahresergebnis sorgen.
- Ich bin Sünder, ich werde in die Hölle gehen.
- Ich war immer das Opfer, warum haben sie mir das angetan?
- Nie hatte ich genug, allen anderen ging es immer besser.
- Ich bin Soldat, ich muss mein Vaterland retten…

Du glaubst, solche Dinge würden am Lebensende keine Rolle mehr spielen? Das hätte ich auch gedacht, wenn ich als Krankenpfleger nicht immer wieder erlebt hätte, dass Menschen oft einen qualvollen Tod erfuhren. Manche vegetierten entgegen jeglicher medizinischer Erklärung viele Tage vor sich hin, obwohl der Körper lange am Ende war. Andere zeigten die pure Angst im Gesicht und so weiter. Doch hatte ich keine Ahnung, warum dies so ist. Heute weiß ich es… Ich erlebte etliche Rückführungssitzungen, in denen Klienten beobachteten, dass all die vorher beschriebenen Illusionen sie daran hinderten, „ihren Weg" zu gehen. Ich beschreibe ein Beispiel, das es sicher verständlicher macht.

Ein Klient erlebt sich als Soldat. Nicht, dass er aus Überzeugung Soldat wird, dennoch glaubt er, dass er den Feind von seiner Heimat fernhalten müsse. „Ich kann es nicht zulassen, dass der Franzose in meine Heimat kommt und meine Familie tötet…" Völlig unerwartet beendet ein Kopfschuss sein Dasein. Zuerst erlebt er sich orientierungslos auf dem Schlachtfeld. Er rennt ohne seinen Körper umher und versucht, den Feind zu stoppen. Lange dauert es, bis er versteht, dass sein Körper tot ist. Erst dann kann seine Seele gehen. Und wieder zeigt er sich orientierungslos. Diesmal sieht er sich in einer düsteren Landschaft. Nach und nach sieht er immer mehr Menschen, alle scheinen umherzuirren, die meisten mit Waffen, vom Gewehr bis hin zu Lanzen und Schwertern. Alle scheinen irgendwie zu kämpfen, doch fühlt sich alles so düster, bitter, trist und hoffnungslos an. Der Klient weiß, dass er hier lange Zeit verbracht hat. „Ich habe kein Zeitgefühl, aber es fühlt sich so an, als hätte ich hier Hunderte von Jahren verbracht…“, sagt er. Immer wieder hellt sich die Situation auf, er sieht Lichtgestalten, teilweise strecken sie ihm lächelnd die Hände entgegen, doch kann er sich ihnen nicht widmen, er kann sich nicht öffnen. So gehen sie wieder, ohne dass es einen wirklichen Kontakt dieser Wesen mit dem Verstorbenen gibt. Doch irgendwann erreicht ihn ein Wort einer solchen Lichtgestalt. Er hört sie sagen: „Franz, nun schau dich doch mal um, schau dich an, erkenne doch endlich, der Krieg ist vorbei und das Leben, in dem du Soldat warst, es ist ebenfalls vorbei…“ Franz hält inne, und augenblicklich scheint es ihm wie Schuppen von den Augen zu fallen. Er erinnert sich an sein Lebensende, er sieht, dass diese Lichtgestalt seine Frau aus dem damaligen Leben ist und dass sie ihm die Hand reicht. Sie hatte dies so oft versucht, doch sie konnte ihn nicht erreichen. All seine Illusionen, Soldat zu sein, seine Familie schützen zu müssen, den bösen Feind stoppen zu müssen… vernebelten ihn so sehr, dass er nicht einmal seine eigene Frau erkannte.

Das klingt hart und vielleicht unglaublich… Und dennoch: Es ist das, was wir uns erschaffen! Wir schaffen uns nicht nur im Leben unsere Realität, sondern auch über das Sterben hinaus. Und nun geht Franz an der Hand seiner geliebten Frau den Weg ins Licht…

Für mich ist diese Ebene das, was manche Religionen unter der Ebene der Läuterung kennen, das Fegefeuer etc. Ich halte die vielen angstbeladenen Vorstellungen für unsinnig, denn sie entstammen nur den machtbezogenen und angstmachenden Drohungen von Institutionen, die die Menschen der vergangenen Jahrhunderte hörig machen wollten. Das was sie erreichten war Angst. Und diese Angst führte die Menschen in die beschriebenen Illusionen. Sobald der Mensch verinnerlicht, dass die Grundschwingung der Schöpfung die bedingungslose Liebe ist, wird der Illusion die Grundlage entzogen. So werden sie diese Ebenen in der Geistigen Welt nicht mehr erleben. Seele und Gesamtbewusstsein des soeben Verstorbenen wissen, dass sie göttlichen Ursprung haben und von einer Erfahrungsreise zurückkehren. Die Seele ist ohne Illusionen und muss keine Ebene aufsuchen, um Orientierung zu finden. Sie weiß, woher sie kommt und dass sie in dieses Zuhause zurückkehrt.

Nun weiter zu der Frage: Was geschieht nach dem Ankommen? Wir sind an dem Punkt, an dem sich die Seele von den Illusionen befreit hat (gleich ob im Leben oder auf der „Orientierungsebene“). Du, lieber Leser, musst über das Beschriebene nicht erschrocken sein, es ist der Weg des „unbewussten zum bewussten Sein“. Wir alle haben viele Phasen auf der „Orientierungsebene“ erlebt. Solange wir immer wieder vergessen, wer und was wir sind, was unser Weg ist, bedarf es dieser Orientierung, um bewusst unterwegs zu sein. Wie oft geht es uns im normalen Leben so? Oft benötigen wir Schulen, Arbeitsstellen, Partner, Wohnorte und so weiter um festzustellen, wo wir nicht hingehören. Oft sind diese Irrwege sehr zeitintensiv. Der Grund dafür ist meist, dass wir nicht wissen, wo unser Weg ist und wer wir sind. Wenn dies klar wird, startet die Rakete…

Auch wenn es eine weitere Wiederholung ist: Es ist wichtig, dass wir uns von allem befreien, was wir nicht sind!

… denn dann erschaffen wir uns in der bewussten Klarheit das, was uns und unserem Weg entspricht.

Wird uns also auf der Zwischenebene während unseres Rückblickes auf unser Leben klar, wie der Erreichungsgrad unserer Lern- und Lebensaufgaben war, bewerten wir als Seele das Erfahrene. Auch wenn wir gemeinsam mit Geistführern, nahen Seelen, Meistern... Rückblick halten, bewertet niemand außer wir selbst.

So ist die Geschichte des Gerichtes ein wundervolles, nein, es ist ein böses Märchen von Religionsverdrehtern (dieser Fehler ist Absicht).

Wir selbst messen uns an den Absichten, die wir vor einer Inkarnation hatten. Und diese Absichten orientieren sich immer an folgenden Dingen:

- Unsere Seele will Erfahrungen sammeln.
- Sie will sich selbst erfahren.
- Sie will sich als göttliches Wesen erfahren...
- Hat sie bedingungslose Liebe gelebt?
- Hat sich die Seele entschieden, als Mensch zu inkarnieren, wird sie das Menschsein in allen entsprechenden Facetten erfahren. Und dabei stehen das Erfahren von Gefühlen und das Unterscheiden im Zentrum des Lebensplanes. Was will die Seele unterscheiden? Sie will beispielsweise Gefühle von Emotionen unterscheiden. Sie will die göttliche Wahrheit von der Wahrheit des Egos unterscheiden. Sie will Zeit und Raum und das Zeit- und Raumlose unterscheiden. Dazu gehört es natürlich auch, alles anzunehmen, was zum Menschsein dazugehört (kindliche, weibliche und männliche Anteile, das Ego, Erfahrungen früherer Leben, Schattenanteile…). Warum die Seele dies alles will? Weil sie weiß, dass es keine Trennung gibt – dass sie mit allem verbunden ist, deshalb ist eine Aussöhnung und Heilung mit all unseren Anteilen so wichtig.

Vielleicht stellt die Seele fest, dass sie sich im vergangenen Leben ganz und gar nicht göttlich verhalten hat… Auch hier ist festzustellen, dass nicht nur die Seele den Rückblick hält. Das Gesamtbewusstsein mit allem, was in diesem Moment noch mitschwingt, betrachtet die Erfahrungen.
Auch dazu eine erklärende Beschreibung: Vor wenigen Tagen erlebte eine Klientin eine ungewöhnliche Sitzung. Sie betrachtete, wie sie im Affekt von ihrem Mann erschlagen wurde. Sie konnte lange Zeit nicht ins Licht gehen, zum einen weil dieses Lebensende so abrupt kam, zum anderen weil sie in der Illusion war, sie müsse noch etwas klären. So erlebte sie in der Folge, dass dieser Mann auch andere Frauen tötete. Und sie hatte immer das Gefühl, sie müsse oder könne etwas tun, um weiteres Unglück zu verhindern. Sie erlebte ihren Rückblick voller

Schuldgefühle den anderen Opfern gegenüber, da sie nicht in der Lage gewesen war, sie zu warnen. Ihr Geistführer versuchte mit vielen Erklärungen, sozusagen mit Engelszungen, sie zu überzeugen, dass es erstens keine Schuld gibt und dass sie zweitens nicht für die anderen Frauen verantwortlich war. Erst als ihr der Geistführer viele weitere Situationen des Lebens und weiterer Leben zeigte, begann sie zu verstehen, warum dies alles geschehen war. Ein Grund für diese Verbrechen war unter anderem, dass der Mann von seinem Vater massiv missbraucht worden war. Seine Mutter hatte diesem Missbrauch immer zugeschaut und sich nicht getraut, ihrem Sohn zu helfen. Und nun rächte er sich an Frauen, die „inaktiv" waren und sich nicht wehrten. Obwohl dieser Seele in ihrem Rückblick klar wurde, dass alles seinen Sinn, Ursache und Wirkung hatte, drückte sie (die Klientin) weiterhin deutlich aus: „Und dennoch empfinde ich ein Schuldgefühl." Aus diesem Schuldgefühl heraus sagte sie: „Ich muss diese Schuld in anderen Leben ausgleichen."
Dies nennen wir dann „Karma".

Unser Rückblick kann also viele Erkenntnisse bringen:

- Ich habe alles erreicht, erfahren… Alles gut.
- Zum Teil habe ich meine Ziele erreicht, einige Dinge mache ich einfach nochmal, das geht noch besser.
- Das war „daneben". Ich muss meine Verfehlungen ausgleichen. Dazu werde ich mir das gleiche noch x-mal vornehmen.
- Ich habe jemand anderem geschadet - ich will es ihm gegenüber wiedergutmachen…

Interessant ist es, wenn unsere Helfer objektiv betrachtend sagen: „Das war doch alles gut, du hast das Beste aus den Situationen gemacht, du hast das erfahren, was du erfahren wolltest. Lass es einfach gut sein…" und die Seele - also besser gesagt das Gesamtbewusstsein - sagt: „Nein, das war nicht richtig, ich muss es noch mal machen…"

Für mich als Rückführer klingt dies dann oft wie das bockige Kind, das seiner Mutter sagt: „Ich will aber…“

Auch dazu kann man sagen: Wenn die Seele ohne die angehäuften Illusionen ins Licht geht, wird sie diese „bockigen Anwandlungen“ nicht haben. Sie wird klar und objektiv und wertschätzend ihre Erfahrungen betrachten.
Sie weiß, warum die Dinge so waren wie sie waren und warum manches anders lief als erwartet, dass jeder Beteiligte seine Erfahrungen benötigte. Sie erkennt die Wechselspiele und Wechselwirkungen. Sie versteht Ursache und Wirkung, und sie verinnerlicht mehr und mehr, dass alles eins ist und sie selbst göttlichen Ursprungs ist.

Wie sagte ein Freund in einer Sitzung beim Rückblick auf sein Leben: „Ich stelle fest, ich habe wieder nicht verstanden, worum es geht. Was ich mir vorgenommen hatte, hatte ich vergessen, vor allem das, was ich eigentlich schon wusste. Außerdem habe ich mich immer anders verhalten, als es mir mein Herz sagte. Also weiß ich, ich mache es nochmal, wieder mit den gleichen Seelen, denn die haben ihre Lektionen ebenso wenig umgesetzt. Und ich weiß, das ist gar nicht schlimm, wir machen es halt einfach nochmal und haben hoffentlich mehr Erfolg und viel Spaß dabei…“

Zu diesem „Rückblick halten“ könnte ich noch vieles schreiben, doch denke ich, du ahnst wie dieser Rückblick aussehen kann…

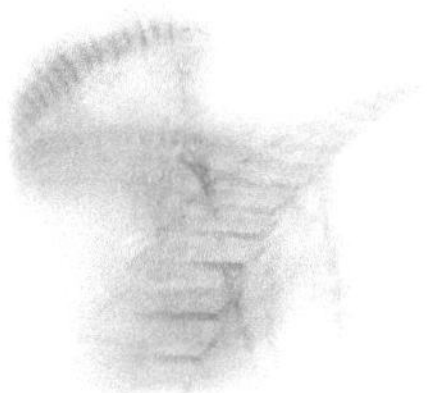

Die Sphären/Ebenen der Geistigen Welt

Unterschiedliche Quellen berichten von unterschiedlich vielen Stufen der Bewusstwerdung der Seelen und Wesenheiten der Geistigen Welt. Manche Quellen berichten von 7 Sphären, andere auch von viel mehr… Wieder andere berichten, dass auch dies nur Erklärungen der Geistigen Welt seien, um uns bildhaft darzustellen, was die Geistige Welt ist. So seien diese Vorstellungen letztlich nur eine Illusion, denn die Geistige Welt, Gott, die Schöpferenergie, der große Geist (…) benötige keine Stufen, Sphären… Er ist sich seiner Unendlichkeit bewusst, des reinen Seins, und warum sollte man dies alles unterteilen?!? Fühle dich selbst hinein...

Auch dazu gab es viele Beispiele in den Sitzungen.

Mit jeder weiteren Erfahrung erlangt eine Seele Weisheit, Klarheit und Bewusstheit. Sie wird vollkommener in Bezug auf Demut, Hingabe, bedingungsloser Liebe, und so wird sie eine Stufe nach der anderen dieser Sphären gehen. Dabei schwingt jede Sphäre höher und wird lichtvoller.
Dementsprechend sind in jeder Sphäre Wesenheiten präsent, die diesen Schwingungen entsprechen.

Selbstverständlich gibt es Sphären in allen Frequenzebenen, also Frequenzen die den niedrigschwingenden Wesen zugedacht sind und Frequenzen, denen höchste Engelswesen und Lichtgestalten angehören. Demzufolge finden wir auch hier die Ausprägungen der Dualität bis sich alles ins EinsSein zurückbewegt. Nachfolgend beschreibe ich Erfahrungen mit Wesenheiten, beginnend mit der göttlichen Ebene.

Gebet zum Engel der Liebe Gottes:

Lieber Engel zum Tor der Liebe Gottes,
ich stehe vor dir, so wie ich bin,
und gib mich mit all meiner Liebe
deinem Herzen vollkommen hin.

Bitte halte mich sicher in deiner zarten Hand,
damit ich aufrecht steh mit Geist, Seele und Verstand.
Führe meinen Kopf zur Quelle der Liebe hin
Und nimm mich an so wie ich schon immer bin.

Ich bin willig und bereit, deine Güte zu erfahren,
und lass alles los, was nicht den Namen der Liebe trägt,
damit die hellsten Sterne in mir zum Leuchten kommen,
gebe ich mich dir als Gefäß für Gottes Liebe hin.

Blick ich zurück, so war es schwer, all die Stufen meiner Gefühle zu erklimmen.
Doch reinigten sie mich und die Kristalle wiesen mir den Weg.
Jetzt bin ich bei dir und will auch nicht mehr weichen,
bin nun im Fluss der Quelle aus dem alles Leben stieg.

Du ließest durch mich tiefe Gefühle des heiligen Wassers fließen,
nahmst mich auf und zeigtest mir die Liebe, die einfach ist.
Jetzt bin ich vollkommen leer und doch erfüllt mit zarter Menschenseele,
ein Hauch von Nichts und doch alles was ich zu geben hab.

Dies biete ich dir und du nimmst mich auf in bedingungsloser Liebe.
Gibt's etwas Schöneres als im freien Willen bei der Liebe angekommen zu sein?

Ich danke Gott und dir, für das höchste aller Gefühle.
Und gib mich dir bereitwillig in meiner Liebe hin,
beginne jeden Tag jetzt nur noch mit dir mein neues Leben,
und lebe in dir, der Liebe bis zum Ende am letzten Tag.

(Gebet nach einer Bildmeditation von Monika Bopp)
Bild Vorderseite Jopie Bopp© Titel: „Lichttor zur Liebe Gottes" Seraphim-Engel

Erfahrungen mit den verschiedenen „Wesenheiten“ der Geistigen Welt:

Gott (in allen möglichen Namen der verschiedenen Religionen), Schöpfer, Alles in Allem, Ursprung, Ewiger Geist …

Ach, du denkst Gott kann man nicht entdecken, sehen, er sitzt so weit dort oben, unnahbar!?

Den Zahn darf ich dir ziehen: Nicht nur, dass wir in unserem Herzen, dem Herzchakra, mit Gott verbunden sind, er ist immer präsent. Wir können ihn immer „erfahren“. Vielleicht behindern uns dabei unsere Erwartungen, Vorstellungen und Begrenzungen. Zu Beginn habe ich kurz beschrieben, wie mich meine Erwartungshaltung in meinen ersten Rückführungen blockierte. Nachdem ich diese über Bord geworfen hatte, erlebte ich vieles, auch die Gotteserfahrung, beispielsweise im Urlicht.
Erwarte ich eine pompöse Lichterscheinung wenn ich göttliche Erfahrungen machen möchte, muss ich eventuell lange warten. Schließe ich mich jedoch den Menschen an, die sagen: „Man kann Gott in der Natur, in jedem Wesen, in jedem Ereignis erfahren“, wird es leichter. Ich lebe seit 55 Jahren in einer Gegend, wo andere Menschen Urlaub machen, der Vulkaneifel. Etwa drei Jahrzehnte habe ich die Natur nicht mehr wirklich wahrgenommen. Heute erlebe ich viele Momente, in denen ich die Schöpfung fühle und mich an ihr und dem Schöpfer erfreue, beispielsweise wenn mir mal wieder eine Libelle begegnet, die Wolken feuerrot leuchten, sich Äste federleicht im Wind bewegen, die Greifvögel durch die Luft schweben und so weiter. Im letzten Frühling war ich damit beschäftigt, mein Brennholz im Wald zu stapeln. Ich hatte immer wieder den Impuls, mich auszuruhen und Pause zu machen, die Natur zu fühlen und die Ruhe zu genießen. Ich schob die Pause immer weiter auf und hörte seitlich von mir etwas, als würde ein Ast auf die Erde fallen. Ich schaute dorthin und sah etwas Interessantes. Eine kleine, junge Buche, etwa 1 m hoch, wackelte im Wind. Das hätte man denken können. Doch nichts im Umkreis bewegte sich, und es war windstill! Doch die Äste dieser Buchenhecke wedelten intensiv als wäre Sturm. Ich

beobachtete dies einige Momente, lachte und sagte: „O.K., ich habe verstanden." Ich setzte mich hin und nutzte die Ruhe, um einige Minuten zu meditieren. So einfach kann es sein.

Und dann sind da die vielfachen Erlebnisse in Rückführungssitzungen (meine eigenen und die der Klienten), Meditationen und Energiearbeit. Nicht wenige meiner Klienten erfuhren die Gegenwart Gottes. Als ich zum ersten Mal eine solche Sitzung erlebte, war ich überrascht und zögerte einen Moment das anzunehmen, was mein Klient beschrieb, denn ab und zu mischen sich Ego und Verstand ein. Doch bekomme ich in den Sitzungen vieles mit, spüre vieles, oft bereits früher als der Klient. So sage ich dann manchmal, „Bleib ganz aus deinem Kopf heraus und spüre, fühle was dein Herz dir sagt." Und dann verändern sich die Wahrnehmungen manchmal. Und meist stimmen die Empfindungen der Klienten mit meinen überein. So auch bei den „Gotteserfahrungen". Für die betroffenen Klienten waren sie über jeden Zweifel erhaben. Die Begegnungen und die Beschreibungen dazu platzten regelrecht aus ihnen heraus. Hier einige Beispiele aus Sitzungen der letzten Jahre. Solltest du noch kein Buch von mir gelesen haben, ein Wort zu den abgedruckten Protokollen. Ich schreibe immer ein Protokoll für meine Klienten. Aus diesen Protokollen ziehe ich manchmal Extrakte, die für die Leser meiner Bücher wichtig sein können. Ich anonymisiere alle Texte so, dass niemand entdecken kann, wer hinter dem Synonym steckt.

Beispielsitzung 1

Kathrin will sich rückführen lassen, da sie in ihrem Leben nie Geborgenheit erlebte, weder in der Kindheit noch in der Partnerschaft. „Etwas fehlt…" Dazu darf ich sagen, dass sie vor dieser Sitzung kaum Erfahrungen in Bezug auf Bewusstseinsarbeit hatte, sodass sie weder beeinflusst noch vorinformiert war.
Diese Sitzung ist von Anfang an sehr außergewöhnlich. Die Klientin steigt bereits vor Abschluss der Tranceeinheit in intensive Wahrnehmungen ein. Eine tiefe Ruhe, ein tiefer innerer Frieden werden beschrieben. Einige Minuten erlebt sie dies und ist sehr berührt. Mit einer speziellen Methode verankern wir diese Gefühle in ihrem

Bewusstsein so, dass sie diese immer abrufen kann. „Vor mir steht eine Lichtgestalt und die sagt: ‚Geh'", erzählt meine Klientin verwundert. So geht sie los und erlebt sich mitten in einem Wald. „Wenn ich das nicht sehen und so intensiv spüren würde, könnte ich das nicht glauben", sagt sie. „Aber es ist so intensiv… Ich weiß, ich bin ein Baumgeist und sehe um mich herum Feen, Elfen und viele andere Waldwesen. Die Gefühle sind dabei so lichtvoll, fein, hochschwingend, kaum zu beschreiben…" Sie ist sehr berührt und erzählt weiter, während ich die sehr hohe Schwingung ebenfalls spüre und höre. Die Lichtgestalt vom Anfang teilt ihr nun Inhalte ihrer Seelenreise mit und zeigt Beispiele, in denen sie in vielen Inkarnationen die Polarität sehr intensiv erleben wollte und durfte. Dabei erfuhr sie die krassen Gegensätze von Dunkel und Hell, Gut und Böse, Liebe und Angst, Leichtigkeit und Schwere sehr oft. Sie existierte häufig als Lichtwesen beziehungsweise als feinstoffliches Wesen in der Natur.

Die Lichtgestalt zeigt ihr das pulsierende Urlicht, die Energie, der alles Leben entstammt. Sie geht in die Geistige Welt, auf die Ebene, die wir Rückführer „Zwischenebene" nennen. Dort begegnet sie ihrer verstorbenen Mutter und ist zutiefst berührt. Das Zusammentreffen ist geprägt von Liebe und der Aussage der Mutter, wie gut es ihr gehe. Kathrin betrachtet sich einige Leben, in denen sie beispielsweise Heilkundige war. Sie erlebt eine intensive Verbindung mit Merlin, und sie erlebt, dass Menschen sie wegen ihrer Fähigkeiten verfolgen und steinigen.

Dann lässt das Lichtwesen Kathrin in die Gegenwart Gottes gehen. Eine sehr tiefgreifende Erfahrung, die letztlich die ersten Wahrnehmungen zu Beginn der Sitzung wieder zeigen: die Anwesenheit Gottes in einer Energie von Leere, Nichts, innerem Frieden, tiefer Ruhe… Über die Inhalte der Sitzung könnte man noch viel schreiben, doch ich denke, dass du, lieber Leser, fühlst, wie intensiv die Erfahrung für die Klientin war.

Kathrin meldete sich nach einigen Wochen und berichtete, dass sich ihr Leben verändert hat, vor allem deshalb, weil sie nun eine ganz andere Tiefe in allem weiß, fühlt und erlebt.

Beispielsitzung 2

Christian hat viel Erfahrung in spiritueller Arbeit. Er meditiert, macht Energiearbeit und möchte heute in erster Linie mehr über seinen Lebensplan erfahren. Aus dieser sehr umfangreichen Sitzung bilde ich lediglich das ab, was zum Thema der Gotteserfahrung gehört:
Mit einem Geistführer entdeckt Christian sich im Haus der Lebenspläne und sieht dort viele leere Rollen. Er kann und darf sie beschreiben, planen… Ein Lehrer unterstützt ihn dabei. Er darf frei planen, dabei kommen immer mehr Mitspieler in den Raum. Dieser füllt sich, auch viele bekannte Seelen sind dort. Sein weiser Lehrer heißt Melchisedek. Christian entdeckt auch den „eigenen Bauplan des Lebens“ und erinnert sich nun an das eigene SEIN. „Die reine Liebe, das ICH SEIN“ und er sagt: „Ich bin in Gott, und ich spüre eine riesengroße Weite….“
„Ich bin mit allem verbunden, und doch habe ich eigenes Bewusstsein, bin ein Punkt im Ganzen, verbunden und doch ich. Ein unglaubliches Gefühl.“
Auf die Frage, ob alle Dinge vorherbestimmt sind, sagt Melchisedek: „Es ist wie das Spinnennetz. Die Bahnen, die Knotenpunkte stehen fest, ihr habt sie selbst festgelegt. Dazwischen gibt es einige Spielwiesen, auf denen ihr euch bewegt, ihr spielt mal mehr, mal weniger, dreht Runden, spurtet, erholt euch, macht Pause…Doch letztlich ist alles im Fluss, und diesen solltet ihr unterstützen…“
Christian gibt immer wieder Gänsehaut-Gefühle an, er ist überwältigt. Er sagt: „Das müssten alle wieder fühlen, alle sollen sich erinnern.“
Seine Lehrer erläutern ihm nun weitere Dinge: „All das, was du jetzt bereits betrachtet und erlebt hast und alles Weitere, ist als Energie ein Teil des Ganzen. Alles ist Geist, ihr nennt es „Heiliger Geist“. Und viel von diesen Energien wurde in der Fülle eurer Erfahrungen in Leid, Schmerz, Dramen, Schockerfahrungen und vielem mehr verschüttet. Dies führte zu Resignation und Hoffnungslosigkeit bei Menschen, bei einzelnen Menschen aber auch bei Völkern, wie beispielsweise den Indianern. Sie wurden vertrieben, ihrer Identität beraubt. Dabei wurde eine riesige Energie wie ein Vakuum in/unter die Erde gezogen und gleichzeitig die Matrix und das Magnetfeld verzerrt. Dies führte auch zur Verzerrung des eigenen menschlichen Magnetfeldes. Dabei entstehen

dann für den Menschen körperliche Beschwerden und für die Erde beispielsweise Erdbeben. Alle spüren das Verzerrtsein. Sobald diese Energien befreit sind, wird sich das Magnetfeld entspannen, entzerren, die Matrix kommt in ihre Form sowie alle Gitternetze. So kann wieder innerer Frieden entstehen, Verständnis für sich und das Große und Ganze.
Es ist wichtig, dass in diesem Prozess viele mitwirken und sich engagieren. Viel Großer Geist, viel Energie ist verschüttet, Bewusstsein der Geistenergie. Darin liegen viel Wissen und Information, es wird wieder frei werden. Partielles Gesamtbewusstsein will wieder verbunden werden. Farbfrequenzen können viel Heilung bringen. Hier ein paar Beispiele für euch:

- Hellrosa hat eine leichte Schwingung und kann sehr gut für Heilung eingesetzt werden, zum Beispiel auf der Herzebene und bei der Erdheilung.
- Grün ist sehr dicht und komprimiert. Es ist sehr kraftvoll.
- Blau trägt viel Wissen, großen Geist.
- Rot ist sehr intensiv.
- Weiß steht über allem.
- Gut und effektiv ist das Einsetzen der Regenbogenfarben - nie eine Farbe alleine, weil sich alle ergänzen. Manchmal blockiert auch eine einzelne Farbe. Diese Arbeit hilft, wieder Geist freizusetzen.

Werdet euch des Geistes wieder bewusst, der „Ich-Bin-Energie". „Geist SEIN." Verschütteter Geist ist wie wenn die Süße in der Schokolade verloren geht. Enge entsteht, Leid, Traurigkeit, man macht sich klein."
Die Meister, Lehrer, schließen nun ihre Ausführungen…

Ja, auch das ist Rückführung. Klarer und weiser können Botschaften nicht sein. Dies zeigt sehr deutlich: Wären wir immer mit der Geistigen Welt verbunden, benötigten wir keinerlei „weltliches Wissen". Wir hätten alles zur Verfügung.

Beispielsitzung 3

Arifas Sitzung mit folgenden Erfahrungen ist für mich, das „Landei" schon außergewöhnlich. Arifa ist eine Frau aus einem nordafrikanischen Land. Sie hat Trennungen erlebt, ist alleinerziehende Mutter, berufstätig und macht einen sehr taffen Eindruck. Die Trennungen, Probleme in Beziehungen und so weiter sind Grund für die Sitzung. Religion und Spiritualität haben keinen besonderen Stellenwert in ihrem Leben. Im Gegenteil, hatte sie doch viele Probleme, die in der sehr männerbetonten Religion ihrer Kultur auf die Frauen einwirken.

Sie erlebt sich in einem früheren Leben als Mann. Er lebt mit seiner Frau und einem Sohn in einem kleinen Häuschen.

Aus persönlichen Dramen und Lebensnöten heraus, kommt es zum Familiendrama, er tötet die Familie und dann sich.

Arifa erlebt nun, wie sie ins Licht geht und dort empfangen wird; bekannte Seelen und Helfer sind da und begrüßen sie. Eines ihrer Kinder aus dem jetzigen Leben ist ebenfalls da und sagt: „Sei fröhlich, es ist alles gut!" Und dann taucht jemand auf, den sie sofort zuordnet. Wie aus der Pistole geschossen sagt sie: „Es ist Gott!"

Und ich zweifle nicht, es ist von einer Sekunde zur anderen eine sehr hohe Schwingung im Raum.

Er, Gott, teilt nun mit: „Deine Lernaufgabe war: mich, Gott, zu finden. Du wolltest erfahren: Du bist in Gott und er in dir…"

Arifa ist beeindruckt und sehr klar in ihren Aussagen: „Ich sollte Gott in meiner Frau erfahren, doch habe ich ihre Reinheit nicht ertragen…"

Gott lässt sie nun das vorher angeschaute Leben im Zusammenhang mit einem weiteren Leben betrachten. Sie schämt sich nämlich sehr und leidet unter der Schuld, Kind und Frau umgebracht zu haben. Das, was sie in dem weiteren Leben sieht, zeigt sehr deutlich, dass die Ereignisse zusammenhingen und nur komplett betrachtet werden können. Nun fallen ihre Last, Scham und Schuldenergie ab.

Gott: „Die Lichtebene ist traurig, wenn die Menschen so an ihrem Auftrag vorbei agieren, sich verletzen, missbrauchen. Ihr könntet euch jederzeit anders entscheiden." Sie erhält noch viele weitere Klärungen und Erklärungen und erlebt viel Heilung.

Beispielsitzung 4

Johanna kommt wegen ihrer vielen Ängste, vor allem der Angst vor Neuem. Sie hat keine Rückführungserfahrungen, hat sich vorher nicht informiert, ist also erwartungsfrei. Sie hat etwas Sorgen davor, dass heute nichts passiert…

Auch hier bilde ich nur einen Ausschnitt ab, da sie in so viele Dinge schaut, dass der Rahmen hier gesprengt würde.

Sie erlebt in einem früheren Leben als Mann ein traumatisches Ende. Sie ist mitschuldig am Tod vieler Menschen und deshalb bei ihrer Ankunft im Licht zuerst etwas verhalten in Bezug auf die „Ankunftsfreude". Sie hat etwas Sorge vor einem negativen Bewerten ihrer Taten.

Etwas sprachlos ist sie, als sie feststellt, wer sie begrüßt: „Gott ist mein Gegenüber, daran kann ich nicht zweifeln. Ich sehe es, und ich fühle es…" Und er beginnt, das Erlebte zu erklären:

„Alles hat seine Gründe. Man muss sich nie schuldig fühlen, wenn man denkt, das Richtige getan zu haben. Schuld existiert nur in eurem menschlichen Bewerten. Ich, die Geistige Welt, wir kennen keine Schuld."

Johanna beschreibt tief berührt was sie während dieser Ausführungen fühlt:

„Gott liebt uns. Obwohl ich spüre, wie mächtig er ist, ist er entspannt, liebend, leuchtend. Ich habe viele Dinge in meinen Leben gemacht, weil ich mich getrennt sah, oft auch als Täter oder Opfer und so vieles mehr. Gott lacht darüber und schaut mir beim Bewusstwerden zu. Er weiß, was ich denke... Zum Bewusstwerden gehört auch, dass ich lerne, dass das Äußere nicht zu mir gehört und dass das Materielle oft wie ein Gefängnis ist. Spätestens bei der Rückkehr ins Licht wird uns alles klar sein. Ich bin wie er, Gott, Licht, leuchtend, durchschimmernd.

Gott fährt fort:

- „Nimm das Leben leicht wie die Seerose.
- Eure Erfahrungen dienen immer dem Ganzen, mir, den Seelen, dem Bewusstsein...
- Doch nach einem Leben zieht ihr die Erfahrungen aus wie einen Mantel..."

Die Klientin:

- Sie entdeckt etwas auf Gottes Gewand, das aussieht wie ein Fleck. Sie schaut genau hin und sieht in die Unendlichkeit hinein:
- „Ich sehe die Unendlichkeit, den Kosmos. Ich BIN nur noch, alles ist schwebend, alles IST und zwar ohne Zeit. Es ist wie es IST, friedlich, wunderbar..."
- Dann saugt die Anziehung sie in eine weitere Inkarnation. Die Klientin erlebt kurz ein sehr beschwerliches Leben als Bauer. Er verliert früh seine Familie und fühlt sich allein. Wieder vor Gott sagt sie: „Es war so, wie es sein sollte, und ich bin dankbar. Und tatsächlich ziehe ich es jetzt aus wie einen Mantel. Und genauso kann ich auch den nächsten Film anziehen. Gott hilft mir jetzt, viele Lasten früherer Leben abzulegen. Das alles fühlt sich jetzt so befreit und leicht an..."

Wie beschrieben, hatte Johanna vor der Sitzung keine tiefen spirituellen Erfahrungen gemacht und kam mit wenigen Erwartungen. So war sie sprachlos und sehr glücklich über ihre Erlebnisse.

Beispielsitzung 5

Josef möchte viele alte Emotionen klären…
Er erlebt eine sehr tiefgehende Erfahrung mit einem Ahnen. Er ist Beobachter wie in einer Kriegssituation ein Teil seiner Familie ausgelöscht wird. Viel Schmerz, Schock, Drama sind zu fühlen. Was auch deutlich wird, ist, dass einer seiner Ahnen den Weg ins Licht nicht gefunden hat, er ist immer noch erdgebunden. Der Klient begegnet nun in einer lichtvollen Begegnung einigen Seelen (Familienmitglieder) und dann Gott. Und die Aussagen, die ohne Zögern zu hören sind, berühren ihn tief:
„Habe Vertrauen, du gehst jetzt deinen Weg. Du kannst jetzt dein eigenes Leben leben."

Und während sich sein Inneres Kind hinzugesellt, hört Josef die göttliche Stimme sagen: „Behütet euer Inneres Kind, es ist euer Schatz. Vertraue deinem Herzen."

Josef benötigt nach dieser Sitzung kein erläuterndes Wort und geht tief berührt nach Hause…

Beispielsitzung 6

Elke ist mir bekannt, eine liebe Freundin, deren Bewusstheit ich ebenso kenne wie ihre Bodenständigkeit. Sie regelt vieles, klärt und transformiert ihre Lebensthemen, Blockaden und Beschwerden selbst. Sie arbeitet als Therapeutin mit sehr klarer und kraftvoller Energie. So muss ich schmunzeln, als sie mir sagt: „Ich weiß nicht mit welchem Thema ich komme, eigentlich dachte ich, ich müsste noch etwas mit einem Ahnen klären. Doch hat mir die Geistige Welt gesagt, ich soll eine Rückführung machen…"
Und so geht es los.
Sie erlebt sich irgendwann als großes Wesen, transparent, weiß und leicht. Gleichzeitig visualisiert sie sehr deutlich viele weiße Wesenheiten. Sie fühlt Frieden und spürt, dass alles verbunden ist durch das gleiche Licht. Und sie fühlt sich sehr geliebt. Spontan sagt sie: „Ich besitze alle Reichtümer, die man besitzen kann…"
Ich spüre bereits seit Beginn der Sitzung eine extrem hohe Schwingung im Raum, ich höre sehr hohe Frequenzen und nehme eine sehr helle ätherische Schicht um Elke herum wahr. Nach einem Moment des Innehaltens beginnt sie etwas zögerlich zu beschreiben wie sich ihre Wahrnehmungen verändern. Dabei ist sie zutiefst berührt.
„Ich kann es nur so beschreiben, es ist göttlich, was ich spüre, ein sehr helles Licht, eine große, sehr positive Macht, Wärme und Geborgenheit. Und ich bin in diesem Licht. Eine große Wesenheit bittet mich, zu ihr zu kommen…"
Diese Wesenheit spricht mit meiner Freundin und Kollegin: „Du bist ein Geschenk für die Welt, du bist im Frieden…." Sie sieht ein großes Auge vor sich und bemerkt wie alles ganz weit wird. Gleichzeitig sieht sie Situationen vor sich ablaufen. Sie sieht viele Ritter, die zum Kampf

gehen und spürt tiefe Traurigkeit. „Sie haben einen Auftrag, doch könnten sie auch andere Wege gehen, sie sind hörig…“ Die Wesenheit zeigt ihr die Situation als Ganzes: Elke war damals etwas, das man heute Prediger nennen würde. Sie wusste, dass dieser Weg der Ritter nicht richtig war, dass diese Kriegereien niemals Frieden bringen konnten. Doch konnte sie nichts ausrichten. Sie sieht, dass es nicht ihr Auftrag war, die Ritter aufzuhalten, sie musste sie ziehen lassen. Ihre persönliche Lernaufgabe war, Situationen und Menschen „sein zu lassen“.

Die Wesenheit wird von ihr mittlerweile als Gott beschrieben. Er zeigt ihr, dass sie selbst nach all dem, was sie gelernt, verstanden, umgesetzt und an Licht aufgenommen hat, ein hohes, leuchtendes Lichtwesen ist.

Doch sie tut sich noch schwer, dies anzunehmen. „Ich muss nichts tun, ich kann es nicht glauben, aber ich fühle es…“, sagt sie immer noch tief berührt und beeindruckt.

Schon seit Beginn der lichtvollen Erfahrung spüre ich die „Jesusenergie“. Nach vielen Sitzungen, in denen „er“ auftauchte, spüre ich seine Schwingung meist. Und nun beschreibt meine Klientin einen Austausch mit ihm:

„Jesus sagt mir, wir würden uns alle immer zu klein machen. Wir zweifeln, wir glauben oft den Menschen statt der Geistigen Welt. Er sagt, die Kirche habe uns so gemacht…“ Elke wird ein Bild gezeigt, in dem sie sich wieder sieht: „Ich sehe mich groß und hell und fühle mich wie Jesus am Kreuz, die Schmerzen sind weg, leer und leicht, allein und nicht alleine, ich bin nie alleine, denn Gott ist immer für uns da. Er zeigt mir, dass er die Situation am Kreuz so erlebt hat und dass wir in unseren Leben viele ähnliche Dinge durchmachten. Und immer geht es darum zu wissen, zu spüren, dass wir nie getrennt, nie verlassen und alleine sind. Gott ist immer da und fängt uns auf. Es ist wichtig, dass wir das verstehen, verinnerlichen und es an alle Menschen weitergeben. So wie unser Licht beginnt, immer stärker zu leuchten, so müssen wir bei allen das Licht anmachen, entzünden. Alle dürfen nun aufwachen, es ist unsere Aufgabe…“ Nun verändert sich das Bild, das ihr Jesus zeigt: „Am Kreuz ist die linke Seite ganz hell, die rechte dunkel. Viele reichen mir von links die Hände. Doch die rechte Seite ist dunkel. Die Menschen auf dieser Seite riechen. Es riecht modrig, feurig und alles fühlt sich an wie

dunkle Masse. Und diese Masse fließt über die Menschen." Einige Minuten dauern diese drastischen Bilder in krassen Gegensätzen des Lichten wie des Dunklen, an. Doch langsam beginnt es, sich zu verändern.
Elke ist sichtlich erschrocken, doch wandelt sich ihr angespanntes Gesicht und leuchtet, lächelt nun wieder: „Plötzlich ist die dunkle Masse fruchtbar und - es wird nahrhafter Boden daraus. Pflanzen beginnen zu wachsen, wunderschöne Blüten, Bäume, Sträucher...", berichtet sie. „Dass aus so etwas Modrigem etwas so Schönes entstehen kann..."
Sie erinnert sich nochmals an die sehr bedrückende Energie des Dunklen: „Ich fühle mich traurig, auch die Lichtwesen sind traurig, dass die Menschen nicht hören. Doch Mutter Erde sagt: „Alles wird gut."
Sie fährt fort: „Die Wesen sagen, du (Horst) hast mit mir gearbeitet. Und so kann jetzt Licht in die dunkle Masse gebracht werden. Es war und ist viel Arbeit. Meine Arme und Schultern schmerzen. Sie sagen und ich fühle es auch, es ist der Schmerz der Erde. Und sie sagen, dass wir viel Licht an die Erde senden sollen, viel Licht, viel Herzenergie und Liebe und Aufmerksamkeit."
Meine Klientin verändert wieder ihre Energie und fährt fort: „Nun ist es wieder Gott, der sehr klare Worte spricht, und er sagt, du sollst das in deinem nächsten Buch schreiben."

So etwas ist mir nun auch noch nicht passiert. Ich habe zwar schon ein paar Mal erlebt, dass ein Klient plötzlich sagt: „Der sagt, ich soll dir Folgendes ausrichten..." Beim ersten Mal bin ich fast vom Stuhl gefallen. Heute weiß ich, dass ich in dem Austausch der Geistigen Welt mit den Klienten ein Teil des Ganzen bin.

Sie beschreibt nun die Worte Gottes: „Viele arbeiten nicht mehr mit dem Herzen. Sie müssen wieder auf den Weg gebracht werden. Viele haben sich auf einen lichtvollen Weg begeben. Sie wirken, helfen Menschen, heilen, unterstützen und so weiter. Doch beschäftigen sie sich oft mit unnötigen Dingen. Sie verlieren sich und ihren Auftrag aus dem Blick und aus dem Herzen. Oft verfangen sie sich in alltäglichen Dingen, Sorgen, Last, Leid, obwohl sie ja die Wege kennen, im Licht zu bleiben.

Andere verrennen sich in materielle oder finanzielle Gier. Doch warum? Es ist für alle genug da. Das Universum, die Schöpfung ist voller Fülle. Auch das ist die Last, die du auf deinen Schultern spürst. Und so geht es vielen. Horst, du sollst es schreiben."
Puh, das ist deutlich. Und die beiden fahren fort: „Viele planetare Völker unterstützen die Erde. Ja, ich weiß, das ist für viele Menschen eine ungewöhnliche Botschaft. Doch ist das, was ihr Schöpfung nennt, an einem wichtigen und besonderen Punkt angekommen. Ihr seid jetzt in der Lage zu verstehen, dass alles eins ist. Und natürlich gibt es unendlich viele Wesen in den Universen, die euch in ihrer Entwicklung zum Teil weit überlegen sind. Doch eines gilt für alle: Alle haben den gleichen Auftrag. Und die, über die ich jetzt mit dir spreche, sind mit ihrer ganzen Liebe hier. Sie unterstützen euch mit allem, was möglich ist, auf das alle die Möglichkeit haben, zu erwachen. Horst, auch das sollst du schreiben."
Er fährt fort: „Selbst Dinge, die man nicht glauben möchte, sind wahrhaftig und spürbar. Hört auf zu beurteilen und zu verurteilen, das ist wichtig für den Frieden. Immer wenn ihr verurteilt, gebt ihr denen, an die ihr denkt, automatisch Macht. Das ist mit allem, was ihr macht, so. Seid im Licht und in der Liebe, wahrhaftig und immer im Jetzt. Alle sind EINS. So sind viele planetare Völker völlig selbstlos helfend an eurer Seite. Auch wenn ihr sie nicht wahrnehmt, sie sind da. Diese Völker/Wesen haben viel Ungutes gestoppt. Damit haben sie viele Katastrophen verhindert. In diesem Prozess des Erwachens darf jeder von dem Wissen profitieren. Die, die es nicht wollen, müssen es nicht, es ist alles freiwillig. Ihre Entscheidungen sind nicht richtig, dennoch sind sie zu respektieren. Verurteilt und bewertet nicht!"
Nach dieser Sitzung sind wir beide berührt und fühlen uns beschenkt…

Gut, dass diese Erfahrung nicht die erste dieser Art war. So ist es auch für mich oft sehr spannend, interessant, viele dieser Dinge mitzuerleben. Um es an diesem Punkt noch einmal zu betonen: Nichts von diesen Inhalten wird vor der Sitzung thematisiert und taucht womöglich deshalb auf. Oft haben Klienten sich vorher überhaupt nicht mit diesen Dingen beschäftigt. Manchmal leben sie gar im totalen Widerstand gegen das, was sie während der Sitzung erleben (siehe oben: „Bleiben Sie mir weg mit Engeln!“). Ich bin dann manchmal bei einer solchen Sitzung erstaunt, dass „gerade dieser Klient“ eine solche Erfahrung macht.

In der Sitzung mit meiner Freundin und Kollegin spürte ich viele intensive Energien: Schwingungen, Berührung, Erhabenheit, Erfüllung, sehr viel Freude bei der Geistigen Welt, Nähe, Verbundenheit, ja sogar Spaß und Humor. Ja, die Geistige Welt hat viel Humor. Sie amüsiert sich, wenn wir so kleinkariert sind und denken oder wenn wir uns mal wieder nicht als wertvoll fühlen oder wenn wir denken, dass wir keinen Kontakt mit ihr haben. Oft weiß ich vorher was der Klient ausspricht. Ich wusste auch, dass meine Freundin sagt, ich solle es in mein Buch aufnehmen. (Sie wusste übrigens nicht, dass ich wieder am Schreiben war)…

Beispielsitzung 7

Nur einen Tag nach der Sitzung mit meiner Freundin und Kollegin folgt die Sitzung mit einer Klientin, die selbst als Medizinerin tätig ist. Ja, auch Mediziner, Pflegekräfte, ja sogar ein Pastor ließen sich auf Rückführungen bei mir ein. Schade, dass sie nicht über ihre sehr intensiven Erfahrungen berichteten, öffentlich meine ich.

Elisabeth erlebt zuerst eine intensive Erfahrung in einem Leben im 18. Jahrhundert. Wie im jetzigen Leben litt sie unter der Dominanz der Männer und starb beeindruckt vom sehr unausgeglichenen Machtverhältnis beider Geschlechter. Beim Ankommen auf der Zwischenebene geschieht viel Unerwartetes: Etwas irritiert sagt sie:
„Ich stehe vor Jesus. Das ist mir so klar, so deutlich, dass ich nicht zweifele. Auch wenn es verrückt klingt, ich weiß, dass es wahr ist. Hinter ihm sitzt ein älterer Mann auf einem Stuhl. Und ich weiß ganz klar, dass das Gott ist, kein Zweifel…“ Und dieser Jesus sagt: „Das ist mein Vater…“ Sie fährt fort:
„Er ist so voller Energie, so grelles Licht, ich kann fast nicht hinschauen…“

Er sagt: „Setz dich zu mir", und legt seine Hand auf ihre Schulter. Sie ist zutiefst berührt und weint und fährt fort:
„Er freut sich, dass ich alles genauso gemacht habe und sagt: „Gut, dass du auf dein Herz gehört hast. Wie fühlt es sich für dich an, bist du zufrieden mit dir?"
Sie ist etwas irritiert über diese Frage. Vielleicht hatte sie damit gerechnet, dass es etwas wie eine göttliche Bewertung ihres vergangenen Lebens geben würde und so antwortet sie:
„Ja, und es fühlt sich jetzt so leicht und so unbeschwert an."
Dann zeigt ihr Gott ihre Energien, also alles, was sie aus diesem Leben mitgebracht hat. Dabei erlebt sie einige sehr dichte und schwere Energien wie Trauer, Traurigkeit, Schmerz. Diese zeigen sich dunkel-lila, sehr dicht, und sie fühlen sich recht bedrückend an.
Gott erläutert nun: „Ihr Menschen, so auch du, sollt an solchen Erfahrungen lernen. Beispielsweise könnt ihr lernen und verstehen, Energien einzuordnen, zu unterscheiden. Energien sind nie etwas Böses. Wie gesagt, sie zeigen euch nur die Unterschiede der Energie. Bewertungen kommen nur durch euch Menschen zustande, und so bekommen manche Energien Macht. Haltet immer die Balance! Erkennt, unterscheidet, kategorisiert, beobachtet."
Elisabeth betrachtet nun viele unterschiedliche Energien. So beschreibt sie:
„Alle für mich negativ gefühlten Energien sehen so unterschiedlich aus und fühlen sich auch sehr unterschiedlich an. Und jetzt beginnt Gott, die dichten Energien aus mir herauszuziehen. Das fühlt sich aber interessant an. Ich fühle es sehr deutlich. Es wird leicht. Die Traurigkeit kann jetzt gehen. Und er zeigt mir die Ursachen. Und was erstaunlich ist: Die Ereignisse verändern sich. In dem Moment, wo er die Energien herauszieht, verändert sich das Ereignis, in dem sie entstanden sind. Es ist so, als seien sie nicht gewesen. Es wird am Ursprung gelöst... Das sieht so toll aus. Die vielen verschiedenen Energien tanzen als Farben miteinander, wie farbige Lichtsäulen. Gott gibt mir die Energien wie Staffelstäbe in die Hände. Es fühlt sich an, als würde er mich damit energetisch aufladen. Ich fühle mich umarmt, zu Hause, aufgefangen, gehalten. Alle Traurigkeit löst sich hier auf, Ruhe bleibt, Frieden,

Zufriedenheit. Das Licht scheint mich zu umarmen. Es ist überall und trägt mich, voller Liebe, kein Werten, nur Dasein... Er nimmt meine Hände und ich schaue in sein lächelndes Gesicht. Er nimmt mich in den Arm, streicht mir über die Wange, Energie fließt durch mich. Wir alle sind Gott und Gott ist alles. Die Energie ist in allem, was wir tun und nicht tun. Alles was ist, ist in Ordnung. Erst durch unser Bewerten entsteht unsere Wahrnehmung von Negativität… Ich stehe jetzt in reinem Licht, treffe Lichtwesen und spüre wie alles eine Einheit bildet, Menschen, Tiere, Natur...“
Und er, Gott, wiederholt und ergänzt:

- „Es gibt kein Richtig oder Falsch, keine Zeit, nur Jetzt.
- Keine Tränen, Trauer, sondern nur Freude, Licht….
- Du darfst vertrauen, alles ist richtig, jedes Handeln ist in Ordnung.
- Du kannst als Mensch nicht immer das Ganze überschauen.
- Du kannst nicht immer alles verstehen. Das Gefühl ist richtig. Ist das Gefühl im Einklang mit dir, gibt es kein Richtig und Falsch, kein Werten, keine Unordnung, ES IST.
- Aber sei nicht leichtsinnig. Du bist mein geliebtes Kind. Geh nun mit freiem Herzen. Liebe kennt keine Begrenzungen. Entdecke deinen Weg und sei nicht immer so ungeduldig, vertraue auf deine Fähigkeiten.“

Auf diese Sitzung trifft das vorhin Beschriebene zu. Diese Klientin war vor der Sitzung definitiv „keine Insiderin“. Als sie mich bei einer Gesundheitsmesse traf, wusste sie nicht wirklich was Rückführung ist. Und obwohl sie in der Sitzung überrascht wurde von all den Bildern und den überaus klaren Informationen, stand sie absolut über jedem Zweifel. Sie wusste: „Das ist die Wahrheit.“

Ich könnte diesen Beispielen weitere hinzufügen.
Doch denke ich, es wird deutlich, dass das Bild, das der ein oder andere von Gott hat, so nicht aufrechtzuerhalten ist. „Ich, der große King hier oben und ihr Kleinen, Schuldigen dort unten“, ist eine Wahrnehmung,

die über die Jahrhunderte von machtinteressierten Institutionen bewusst aufgebaut wurde. Es sind menschgemachte Illusionen.

Gott ist eine „Vater/Mutter"-Energie, die von allen, die ihn im Rahmen einer Rückführung erlebten, als unendlich und bedingungslos liebend erfahren wurde. Und dies ohne Wenn und Aber.
Diese Schöpferenergie kennt keine Bedingungen, kennt keine Begrenzungen, sie kennt auch nicht unser Kleindenken. Aus ihr sind unzählige Energien hervorgegangen, Lichtwesen, Seelen, Planeten, Sonnen, Materie, Antimaterie… Oder kurz: Energie oder Bewusstsein oder Geistenergie… Oder noch kürzer: „Alles in Allem". Heute kann ich wieder das spüren, was ich einige Seiten zuvor angedeutet habe, dass ich als Kind eine völlig andere Wahrnehmung von Gott hatte, als die in den Religionen beschriebene Gottesfigur. Gott ist reines Licht, reine Liebe. Letztlich ist er androgyn, da er alle Energien beinhaltet, und dennoch fühlt sich für mich das väterliche Prinzip so wahr an. Und da dieses Prinzip das Mütterliche genauso umschließt wie die männlichen und die weiblichen Energien, ist Er alles. Die Göttliche Energie ist in allem, und alles ist in Ihm. Alles schwingt und lebt, und so ist alles Gott, und Gott ist alles. Also ist alles gut. Hm, klingt einfach. So sollten wir es also leben.

Ich bin mir sicher, dass Gott sehr viel Humor hat und sich über unser begrenztes Denken oft vor Lachen kaum halten kann, vor allem, wenn sich Religiöse und Spirituelle einen Kopf machen, was wie ist und was wie zu sein hat, was sein kann und was nicht.

Noch etwas ist mir aus dem Austausch mit Gott wichtig. Während die Kommunikation mit Engeln, Meistern, Naturwesen… sehr hochschwingend und immer etwas Besonderes war und ist, ist das, was aus der Göttlichen Quelle kommt, nochmals anders.
Ich hörte vor ein paar Tagen eine Aussage eines Autors, der davon sprach, dass Engel sehr „eigen" im Austausch mit dem Menschen seien. Sie würden meist den Menschen in ihrem Menschsein unterstützen, aber auch in diesem Menschsein halten. „Hm", dachte ich, „das habe ich so nicht erlebt." Dann hörte ich, wie ein sehr bekanntes Engelmedium in

einem Interview sagte: „Die Engel sagen, der Mensch macht nur Erfahrungen auf der Erde…“ „Komisch“, dachte ich, „das habe ich jetzt hundertfach völlig anders gehört und erlebt.“ Von Aufgestiegenen Meistern sind die Informationen anders. Sie weiten den Blick auf einen unbegrenzten Kosmos. Sie rufen uns auf, unseren Blick zu weiten, die energetischen Zusammenhänge zu betrachten, die kosmischen Gesetze zu begreifen und so weiter.

Die göttlichen Informationen hingegen haben eine andere Tiefe - so möchte ich es nennen. Ja, irgendwie sind sie wie ausgesprochene Liebe, wie Umarmungen, grenzenloses und bedingungsloses Annehmen.
Ende 2017 häuften sich die Sitzungen von Klienten, die tiefer in solche göttliche Dialoge eintauchten. Und eines war für mich in den Sitzungen sehr bedeutsam. Während die Botschaften mir vertraut waren, waren sie für die Klienten so klar und unmissverständlich:
Gott sieht uns immer als das, was wir sind, göttliche Wesen, Teile von ihm. Als Teil von ihm werden wir auch so behandelt: auf Augenhöhe, liebevoll, frei, auch frei in allen Entscheidungen, bedingungslos, erwartungsfrei…

Und so kam es zu klaren Aussagen des Schöpfers, wie beispielsweise:

- „Ihr dürft alles tun was ihr wollt…“
- „Ich bewerte es nicht…“
- „Es ist immer alles da, nichts fehlt.“
- „Der Kosmos ist reine Fülle.“
- „Du bist frei…“
- „Sei im Frieden mit dir, verlasse dich auf dein Gefühl, lass dein Herz wieder frei.“
- „Lass los von der Schuld, denn du hast keine Schuld. Sei in Frieden und Freundlichkeit mit dir.“
- „Alles ist gut.“
- „Du bist mein geliebtes Kind.“

Aber auch „hinweisende" Aussagen gab es viele:

- „Verstehe, dass du allen Reichtum besitzt, dass du alles zur Verfügung hast. Doch dein Denken lässt dich zweifeln…"
- „Vertraue!"
- „Du kennst die Wahrheit, doch du entscheidest aus der Angst."
- „Eure Vorstellungen stehen euch oft im Weg. Dinge, die nicht sind, kreiert ihr euch selbst, statt wahrzunehmen, dass alles in der Fülle ist. Es gibt keinen Mangel. Und so nehmen eure Vorstellungen ohne Grund Form an. Und das, obwohl alles da ist. Erkennt dies, denn nur so könnt ihr in die Einheit gehen. Geht raus aus euren Vorstellungen. Seht die Natur wie sie euch nährt. Es wäre genug für euch alle da - wenn ihr annehmen könntet. Wir haben euch alles gegeben. Und ihr seid in der freien Entscheidung, es anzunehmen. So war es, so ist es und so wird es immer sein... das ist die Wahrheit."
- „Alles ist Illusion. Ihr habt diese Illusionen kreiert. Erkennt, dass alles reine Liebe ist…"
- „Alles ist offenbar, und du weißt es…"

Es gibt dem nichts hinzuzufügen. Ja, klar. Der eine fordert Beweise, ein anderer mehr Details. Doch schließe ich mich den vielen Klienten an, die mit aller Klarheit sagten: „So, jetzt weiß ich es und das, was ich weiß, ist über jeden Zweifel erhaben…" Natürlich könnte ich versuchen, das Wesen Gottes, wie auch das Wesen all der Wesenheiten, von denen noch die Rede ist, bis ins Detail zu beschreiben, doch geht es nicht darum. Nein, letztlich würde das alles nur vom zentralen Punkt ablenken: dem Leben, dem Licht und der Liebe.

Und wie lautete eine Aussage dessen, der in der „Hütte" Papa genannt wird: „Vergiss nicht zu leben, denn dazu bist du doch in dieses Leben gegangen. Und gehören zu diesem Leben nicht auch die Liebe, die Lebensfreude, die Leichtigkeit, die Sorglosigkeit. Also, lebe!"

Jopie Bopp©

Erzengel Samuel(a), Engel der Intuition

Weibliche Erscheinung des Erzengel Samuel.

In der Stille in sich hinein hören und den intuitiven Eingebungen folgen. Die Verbindung mit dem göttlichen Licht in uns selbst eingehen. Intuitives Erkennen des eigenen Weges. Wahrnehmung der inneren Stimme durch Besinnung und Innehalten. Dieser Engel steht für den intuitiven Bereich Deines Lebens. Er hilft Dir, Dich in aller Stille mit dem Göttlichen zu verbinden und daraus Wissen und Orientierung zu gewinnen.

Engel und Erzengel
und eine Vielzahl verschiedener Engelwesen, Elohim, Devas...

Eine meiner lustigsten Erfahrungen habe ich bereits oben beschrieben: die Klientin, die mir die klare Ansage gab: „Bleiben Sie mir weg mit Engeln…“

Ich denke, dass sich jeder Mensch eine Meinung zur Existenz von Engeln gebildet hat, bewusst oder unbewusst. In einer Zeit, in der in Schaufenstern, an Tankstellenkassen, Spielzeugläden und so weiter Engelbilder, -anhänger, -puppen und unendlich viele andere Darstellungen von Engeln gezeigt und angeboten werden, kommt niemand an ihnen, den Engeln, vorbei. Doch ist nur ein Teil der Menschen offen für die Existenz dieser Wesen und setzt sich tatsächlich mit der Möglichkeit ihres Daseins auseinander. Andere betrachten sie einfach nur als kindlich naive oder altertümliche Fantasie.

Wenige meiner Klienten kommen mit dem primären Wunsch, Klarheit zum Thema „Existenz der Engel“ zu erlangen.

Andererseits ist es interessant, dass viele meiner Klienten in einer Sitzung erfuhren, dass sie aus verschiedensten Gründen Lichtwesen aus ihrem Leben verbannt hatten. Dies lag oft an Dramen, in denen sie schmerzhaften Verlust erlebten. Sicher haben wir alle in schweren Erfahrungen Ähnliches erlebt. Spätestens bei Aussagen wie: „Wie kann Gott ein solches Unheil, ein solches Verbrechen… zulassen?“, kommen wir oft ins Grübeln.

Denjenigen, der die Dramen am eigenen Leib erfährt, lässt der Schmerz manchmal auf Abstand zu Gott oder der Geistigen Welt gehen. Natürlich ist dies verständlich. Doch wird sich an dieser Distanz erst etwas verändern können, wenn ich sie aktiv auflöse. Dazu fällt mir das Beispiel einer Klientin ein. Sie suchte mich auf, weil sich ihr Kinderwunsch nicht erfüllen wollte. Sie betrachtete in ihrer Rückführung, dass sie in der harten Natur Kanadas in einem früheren Leben schwierigste Bedingungen erlebte. Als ihr Mann von einem Streifzug nicht zurückkehrte und sie gleichzeitig feststellte, dass sie schwanger ist, fiel sie in einen tiefen Schockzustand. Sie sah keine Hoffnung mehr und nahm sich das Leben. Während ihres Sterbens sprach sie unter anderem aus: „Nie wieder will ich ein Kind gebären…“ Während der Sterbephase nahm sie ihren Schutzengel wahr, der betrübt beobachtete was geschah. „Du hast mir nicht geholfen, geh jetzt weg!“, sagte die Frau…

Natürlich sind alle unsere Aktivitäten und Reaktionen in solch schwierigen Lebensphasen verständlich, doch wird hier vielleicht auch deutlich, warum sich in nachfolgenden Leben heftige Blockaden zeigen. Ursache und Wirkungsprinzip nennen wir dies.

Engel, was sind Engel? Vielleicht hilft es, den Vergleich mit der feststofflichen Welt heranzuziehen. Oft hören wir die Aussage: „Das ist ein Engel auf Erden.“ Viele Menschen haben in ihren Lebensaufgaben den Schwerpunkt, für andere da zu sein, zu helfen, zu pflegen… Doch sind diese Menschen nur ein Teil der Gesamtbevölkerung. Viele sind mit völlig anderen Bestimmungen unterwegs. Auch hier trifft das universelle Gesetz: „Wie oben so unten, innen wie außen…“ zu.

Und so existiert in der Geistigen Welt ebenso wie in der feststofflichen Welt eine Aufgaben-/Bestimmungszuordnung. Es existieren dort genauso Führungskräfte, Begleiter, Beschützer, Helfer, Planer, Boten, Wissende, Weise und Unterstützer wie auf der Erde.

Engel sind in ihrer hochschwingenden und feinstofflichen Energie immer präsent und obliegen nicht den Illusionen von Zeit und Raum. Ebenso erleben sie keine Begrenzungen, denn sie leben das reine SEIN. Sie wissen auch, dass sie an die universellen Gesetze gebunden sind, so werden sie niemals eingreifen, ohne dass wir sie bitten oder ohne dass wir es zulassen.

Engel sind reine Energie, reines Licht und benötigen keinen feststofflichen Körper für ihr Sein. Viele meiner Klienten beschrieben deshalb auch Engel als reines Energiewesen. „Ich sehe einen Engel, ich weiß, dass es mein Engel ist, er zeigt sich mir als reines Licht…“ So oder ähnlich lauten oft die Beschreibungen für Engelwesen.

Doch auch die verkörperten Wahrnehmungen kennen wir, wahrscheinlich viel häufiger als die vorher beschriebenen. Ich denke wieder an die Beschreibung der Klientin, die zwei Boxer vor sich sah. Das, was ihre beiden Helfer ihr daraufhin sagten, drückt aus, warum wir diese Wesen so wahrnehmen: „Wir wussten ja, dass du uns als die bekannten geflügelten Wesen nicht zugelassen hättest. Du hast uns oft abgewiesen. Du hast uns die Schuld an negativen Erfahrungen in deinen Leben gegeben. Und dann haben wir uns so gezeigt, dass du uns akzeptieren kannst - als kraftvolle Helfer, denn du brauchtest in diesem Moment starke Helfer. Außerdem hattest du Grund zum Lachen…“ Ach ja, die Geistige Welt hat ja Humor!

Ich weiß, dass es für viele Menschen ganz klar ist, dass es Engel gibt. Für viele andere existieren jedoch viele Fragezeichen. Wiederum andere Menschen haben zumindest unterschwellig das Empfinden, „dass so etwas ja unrealistisch sei“. Deshalb halten sie es - selbst wenn Engel existieren - für unwahrscheinlich, dass sie mit uns in Kontakt gehen könnten.

Als es um eine Frage meinerseits zu tieferem spirituellen Wissen ging, sagte mir meine „Mentorin“: „Das musst du selbst herausfinden.“

So bin ich der Meinung, dass wir alle die Gotteserfahrungen und damit alles, was aus Gott hervorgeht, nur selbst erfahren können. Also, erlaube es dir, „Engel zu erfahren und zu erleben“. Wie oben beschrieben war ich sehr ignorant und kopflastig unterwegs und wurde von der Geistigen Welt in intensive Erfahrungen „gestürzt“. Also, du kannst ebenso erfahren.

Nun hören wir viele Begrifflichkeiten wie Erzengel, Schutzengel, Erdenengel, Cherubim und Seraphim... Wie vorher beschrieben, existieren auch in der Geistigen Welt Hierarchien. Diese haben nichts mit Macht oder Rechten zu tun, sondern lediglich mit den Aufgaben und den Schwingungen. Und auch wenn „hohe“ Engel wie Erzengel, Cherubim und Seraphim übergeordnete Aufgaben versehen, heißt dies nicht, dass sie mit uns nicht in Kontakt gehen können. So haben viele meiner Klienten Metatron erlebt, den „höchsten“ aller Engel. Mehr zu ihm etwas später in den Protokollen. Genauso gibt es auch „etwas weniger erfahrene Engel“. Auch das hört sich vielleicht lustig oder gar abstrus an. Doch auch hier zeigen einige Klientenerfahrungen ebensolche Erlebnisse, wie beispielsweise den Austausch einer soeben auf der Zwischenebene angekommenen Seele mit ihrem Schutzengel. In dieser Situation schien es, als kämen Seele und Schutzengel nicht auf einen Nenner, sprich, der Engel fand keine Möglichkeit, der Seele zu verdeutlichen, warum ihr Leben einen solchen Verlauf hatte. Ein weiterer Engel und der Geistführer der Seele sorgten dann für Klarheit und konnten der Seele verständlich erklären, warum sie im Leben bestimmte Erfahrungen gemacht hatte. Dem noch unerfahrenen Engel fehlte einfach etwas Abgeklärtheit. Was für alle Engel wie für alle anderen lichtvollen Wesen der Geistigen Welt gilt: Sie lieben bedingungslos und stellen uns in dieser Liebe ihre Fähigkeiten und Hilfe zur Verfügung. Es gibt für Geistwesen und natürlich auch für Engel nichts, was unmöglich ist. Wie gesagt, sie greifen nicht ein, wenn wir es nicht wollen. Genauso greifen sie nicht ein, wenn es unserem Seelenplan oder dem göttlichen Plan entgegensteht. Doch wenn ein Eingreifen möglich ist, dann ist alles machbar. Dies habe ich in meinem Hier und Heute sehr eindrucksvoll erlebt. Wenn alles „normal“ laufen würde, würde ich nicht an diesem Buch schreiben. Ich hätte mindestens zwei bis drei meiner Unfälle nicht überlebt, ich hätte auch sicher meine Rückführungsausbildung nicht gemacht. Doch sitze ich nun hier und schreibe für dich… Also, traue dich und mache dich auf die Reise. Lasse die Begegnungen zu… Sie werden sich ereignen, sobald du es zulässt, sobald du sagst: „Ich will!“ Aber: Sage es nur, wenn du es wirklich willst! Ich weiß noch, dass ich 2010 mitten auf einem Weihnachtsmarkt mit einer Freundin telefonierte. Sie hatte die Bekanntschaft mit der Geistigen Welt erlebt und sah nun Engel, die um sie herum aktiv waren. Und diese Eindrücke waren ihr zu viel. Also, drücke es aus wie du es willst. Klare Worte sind gefragt!

Ach ja, Namen. Jemand schrieb eine Rezension zu den Namen der Geistwesen in meinem ersten Buch: „Es kann doch nicht sein, dass solche Wesen immer die typischen Namen aus der Bibel tragen…“ Mit den Namen verhält es sich ebenso wie mit der Form. Natürlich ist es

Engeln wichtig, dass wir sie ansprechen. Doch habe ich heute das Gefühl, dass es vielen Engelwesen „wurscht" ist, wie wir sie ansprechen, Hauptsache wir sprechen sie an. Ich bin mir auch sicher, dass es viele Doppelnamen gibt. Wie viele Menschen heißen Angela? Und hört unsere Bundeskanzlerin weg, weil es noch 7.831 weitere Angelas in Deutschland gibt? Also, heißt ein Engel Michael, dürfen wir es offenlassen, ob es Erzengel Michael ist oder ein anderer Michael. Zum Thema Engelnamen, Aufgaben der Engel etc. kann ich dir das Buch *„Der Moldavit Engel"* - (1.Band) empfehlen. Es kann sehr gut als Impulsgeber und Arbeitsbuch genutzt werden. Alle Engelwesen haben unterschiedliche Schwingungen. Diese haben natürlich etwas mit den Eigenschaften, Fähigkeiten, Aufgaben und den Erfahrungen der Engel zu tun. Anfangs dachte ich: „Das klingt aber merkwürdig. Warum soll ein Engel denn bestimmte Dinge besonders gut können und andere weniger?" Heute weiß ich, dass es so ist.

Als Beispiel nenne ich hier einen für mich „sehr besonderen" Engel, den Engel des Wandels. Er war in vielen Klientensitzungen präsent. Und diese Präsenz war und ist immer außergewöhnlich und sehr berührend. Nicht selten liefen Klienten die Tränen, weil seine Schwingung so herzlich, so unterstützend und gütig ist. Dieser Engel des Wandels ist immer präsent, wenn sich eine Seele in Wandelprozessen befindet. Eine dieser Wandlungsphasen ist beispielsweise der Sterbeprozess. So ist der Engel bereits Tage vor dem Sterben anwesend und bereitet mit der Seele „das Nachhause- Gehen" vor, denn Sterben ist für die Seele nichts anderes als „Nachhause-Gehen". Die Anwesenheit dieses Engels ist immer Fakt, auch wenn es einen scheinbar unvorhersehbaren Tod gab. Die Seele weiß den Moment des Sterbens bereits vor der Geburt, so ist das Sterben nie überraschend. Wenn wir aufmerksam sind, wissen wir Tage bevor wir gehen, dass der Zeitpunkt da ist. Und während dieser Zeit begleitet dieser Engel uns, lässt uns seine Nähe spüren, spendet Kraft und Trost und so weiter. Während unseres Gehens ins Licht begleitet er uns. Alle, die ihn so erlebten, fühlten sich sehr geborgen (siehe Beispielsitzung). Erlebe selbst die Schwingungen in Stilleübungen, Meditationen, suche den Kontakt. Es lohnt sich!

Nun könnte ich hier Hunderte von Seiten zu diesen unterschiedlichen Fähigkeiten, Aufgaben… beschreiben, doch geht es mir - wie immer wenn ich schreibe - mehr um das „Handfeste", also bilde ich auch hier ein paar Sitzungen ab:

Beispielsitzungen 8

Natalie ist laut eigenen Aussagen hellsichtig, hat eine mediale Ausbildung gemacht und weiß, dass einige ihrer Fähigkeiten in den letzten Monaten blockiert sind.
Ich führe sie an ihren Kraftplatz, wo sie bereits von einigen Wesen erwartet wird. (Auch das erlebe ich ab und zu. Klienten, die sich auf den Weg machen, werden manchmal von der Geistigen Welt erwartet und bewusst begleitet…) Sie trifft an ihrem Kraftort auf die Erzengel Michael, Raffael und Rauiel (mir bis dato unbekannt) und viele andere Engel.
Sie begleiten Natalie zuerst auf ein Schlachtfeld. Dort erlebt sie sich als etwa 19- jährigen Krieger in einem hoffnungslosen Gefühl. Sie beziehungsweise der Krieger, sagt: „Ich will hier gar nicht sein."
Die Frage „Wieso bist du da?", führt den Krieger an den Herrschaftssitz des Vaters, einem Grafen. Dieser hat eine Auseinandersetzung mit einem anderen Grafen und dabei offensichtlich eine Schlacht herausgefordert. Nun ist er krank und kann die Schlacht nicht selbst führen. So erwartet er, dass sein Sohn dies übernimmt. Doch dieser versucht, den Vater zu überzeugen, mit dem Gegner zu verhandeln. Doch der Vater ist zu Verhandlungen nicht zu bewegen…
„Als mein Sohn hast du zu kämpfen…" So geht es in den Kampf. Der Sohn führt das Heer des Vaters an und ist zutiefst betrübt über die Gewalt, die Toten und das Elend. Er leidet, doch unweigerlich landet er in einem Zweikampf mit einem Anführer des gegnerischen Heeres. Er ringt diesen im Kampf nieder. Mit dem Schwert in der Hand beugt er sich über den Unterlegenen. Dieser ist völlig wehrlos, erwartet den Schwertstoß. Doch kann der Jüngling diesen Stoß nicht vollziehen, er will Frieden, keinen Tod, keine Gewalt mehr. Genau in diesem Moment wird er selbst von einer Lanze tödlich getroffen. Wie viele Sterbende sich beobachtend über der Situation erleben, so nimmt auch Natalies Seele

nun wahr, was sich in der Folge ereignet. Ausgehend von der Situation dieses Zweikampfes kehrt Frieden ein, denn der vom jungen Grafensohn verschonte Kämpfer wirkt auf beide Grafen ein und erklärt beiden die Großherzigkeit des getöteten Grafensohnes.
Der Getötete selbst geht als Seele auf die Zwischenebene. Dort hat er Kontakt mit seinen kraftvollen Helfern, die ihm, also meiner Klientin, zeigen, dass eine sehr intensive und kraftvolle Energie auf ihrer Schulter sitzt. Diese Energie ist die Folge eines magischen Vertrages aus einem weiteren früheren Leben. Dazu schaut sie sich nun ein Leben an, in dem es ein Dasein als Heilerin gab. Sie heilt Menschen auf schamanische Weise, indem sie mit der Natur, durch Tanz und so weiter Besetzungen und Geister, verstorbene Seelen und vieles mehr erlöst. Vielen Menschen hilft sie und macht sie damit glücklich.
Doch dann taucht ein Mann auf, der vorgibt, Hilfe zu brauchen. Die Heilerin spürt, dass dieser Mensch nichts Gutes im Schilde führt und sie hintergehen will. Er nutzt einen Moment, in dem sie unvorsichtig ist und belegt sie mit einem Fluch. Außerdem sorgt er dafür, dass sie als Hexe verurteilt wird. In einem Käfig wird sie zur Hinrichtung gebracht. Sie erlebt, dass sie durch den Fluch nicht mehr an ihre Energien kommt, alles ist in Dunkelheit gehüllt!
Auf der Zwischenebene wird nun unter Zuhilfenahme von allen Engeln, vor allem aber Michael und weiteren Helfern wie Merlin, der Fluch und der magische Vertrag aufgelöst.

Wenn Engel oder andere Helfer solche Arbeiten für uns verrichten, dann erlebe ich dies oft sehr intensiv. Dabei spürt man oft die Mühe, das knifflige Erarbeiten von Lösungen und so weiter wie im normalen Leben. Wie am Anfang bereits beschrieben, ähnelt das, was auf der Geistigen Ebene geschieht, unserem Wirken, auch wenn es in einer anderen Dimension und damit im Feinstofflichen stattfindet. Weitere Beispiele folgen.
Natalie meldet sich Wochen später und berichtet, dass die Blockade verschwunden ist.

Wie zuvor bereits bei den Engelnamen beschrieben, tauchten in vielen Sitzungen Wesenheiten auf, deren Existenz ich früher auf die Fabelebene bezog. Die Erfahrungen, die ich dann jedoch beispielsweise mit Merlin machte, waren zu krass, dies konnte nicht nur einer fiktiven Fabelwelt zugeschrieben werden. Merlin strahlt eine unglaubliche Energie aus, ja, er hat viel Magisches, gleichzeitig viel Liebe und Respekt vor allen Energien und Wesen, aber auch eine absolute Klarheit und Reinheit. Ich erlebte eine Sitzung, in der er einer Klientin eine Standpauke hielt und diese damit schloss: „Und unterstehe dich, nochmals auf die dunkle Seite zu wechseln. Diese Zeit ist vorbei, die Zeit des Lichtes ist da…“ Diese Klientin war auch nach der Sitzung noch sprachlos. Die Ansage hatte gewirkt, und es gab keinen Grund, sie anzuzweifeln.

Beispielsitzung 9

Daniel sagt im Vorgespräch, er möchte mal eine Sitzung aus Neugier machen. „Habe ich einen Schutzengel?“, fragt er…
Zu Beginn ist das Visualisieren etwas blockiert, aber er fühlt eine große kindliche Freude, die ihn an Weihnachten in seiner Kindheit erinnert.
Plötzlich nimmt er viele aufgeregte Seelen wahr und ihm ist klar: „Wir sind auf dem Weg zu inkarnieren.“ Er beschreibt nun klar und als ob es nichts Normaleres auf der Welt geben würde, was er erlebt:
„Diese Seelen haben sich viele Dinge überlegt, die sie erfahren wollen und bereiten sich auf dieses Leben vor. Alles ist sehr hell und fühlt sich wunderschön an…“ Nun tauchen ihm bekannte Seelen auf, beispielsweise seine Mutter. Er ist sehr berührt, spürt aber auch Druck auf seiner Brust und auf den Schultern. Seine Mutter teilt ihm mit, er solle nicht ihre Lasten tragen. Der Klient weiß, er hatte immer das Gefühl, sie beschützen zu müssen. Nun werden mit Unterstützung seines nun präsenten Schutzengels und Erzengel Michaels viele energetische Verbindungen zwischen ihm und seiner Mutter gelöst. Gleichzeitig werden Energien ausgetauscht. Die beiden, Mutter und Sohn, tauschen diese Energien in Form von Paketen aus. Ein lustiges Bild, es erinnert an Weihnachten. Jeder hatte immer mal wieder Lasten

des anderen übernommen. Nun geben sie beide diese Lasten zurück und fühlen sich sehr befreit.
Etwas zögerlich beschreibt mein Klient, dass er Flügel hat. Michael erklärt ihm, dass er schon einige Leben als Engel geführt hat und dabei viele Menschen, unter anderem jetzige Familienmitglieder, begleitete. Doch hat er sich bewusst in dieser Zeit nochmals eine menschliche Inkarnation gewählt, um einfach nur da zu sein. Mit diesem Dasein und mit der Schwingung seiner Worte bewegt er viel, und er hilft anderen dabei zu erwachen.
Auch Raffael ist einer seiner Helfer und Unterstützer. Nicht nur er beschreibt die intensiven Schwingungen, auch ich erlebe eine sehr hohe Schwingung im Raum.

Jopie Bopp©

Engel des Todes / oder Engel der Schatten:

Du schaust tief in meine Seele – Du kennst mich genau und tröstest mich – Du weißt genau wer ich bin und wohin ich gehen soll und ich vertraue mich dir an – Ich weiß, der Tod ist nur ein Wechsel, gleich wie dem von Tag und Nacht – Du führst mich hinaus aus Raum und Zeit, zurück zum Grenzenlosen Licht der Einheit in den Urgrund des Seins.

In der folgenden Sitzung taucht ein Wesen auf, das für mich einen sehr „hohen Stellenwert" in der gesamten Schöpfung hat. Viele Kulturen und Religionen haben eigene Bezeichnungen für diese Wesenheit wie: der Engel des Todes, Gevatter Tod, Sensenmann, Schwarzer Mann... Ein bemerkenswertes Buch widmet sich dieser Wesenheit: *„Wer hat Angst vorm schwarzen Mann"*. Es ist sehr empfehlenswert.

Ich kenne die Wesenheit unter der Bezeichnung: „Engel des Wandels". Oben habe ich bereits etwas dazu geschrieben. Seine Präsenz ist immer zu erleben, wenn es im Leben Wandelphasen gibt, so natürlich auch im Sterbeprozess, dem letzten Wandel in einer Inkarnation. Der Engel sorgt immer für eine Schwingung, die dem Betroffenen das leichte Gehen auf neue Ebenen möglich macht. Ob der Betroffene dies annehmen kann, liegt in seiner eigenen Entscheidung und ist sicher auch abhängig von selbst geschaffenen Ängsten und Illusionen. Die Protokolle zeigen dies vielleicht...

Alois hatte während seines Lebens immer wieder Probleme, wenn es um das Sterben von nahen Menschen ging. Im Verlaufe seiner Sitzung kommt es zu einer Begegnung mit einem ihm unbekannten Wesen, dem Engel des Wandels. Er spürt seine warme, liebevolle Präsenz und ist überrascht, dass dieser Engel auf klare und deutliche Weise mit ihm spricht. So beginnt Alois zu beschreiben, was dieses Wesen ihm sagt:

„Zeit und Raum verändern sich, und doch verändert sich nichts, denn alles geht wieder dorthin woher es kam. Dein Thema ist, die Dinge, vor allem die Illusionen, aufzudecken und zu entschlüsseln." Und beim Stichwort Illusion taucht ein Wesen auf, das der Klient aus seiner ersten Rückführung kennt, Merlin. Als kraftvolle, riesige Energie wird dieser heute wahrgenommen, wie eine Galaxie mit spritzenden Energieteilchen. Mit Merlin hatte Alois einige Inkarnationen. Er hat viel von ihm gelernt, viel von diesem Wissen trägt er in sich. Merlin taucht mit ihm in eine andere Welt ein, er lernt dort Kraft, Liebe, Verständnis, Intuition, Freude kennen. Er erlebt ein sehr hochfrequentes Dasein, eine sehr hohe Schwingung. Diese Frequenzen spürt er vor allem am Kopf. Diese sind begleitet von vielen Farben und Gefühlen: „Es ist wunderschön." Merlin zeigt ihm, wie er mit der Kraft der Gedanken die Dinge bereits geschaffen hat, so, dass die Manifestation bereits erfolgt ist, wenn der Gedanke entstand.

Der einzige Grund, dass dies im Heute bei uns Menschen nicht immer funktioniert, ist, dass Selbstzweifel und Widerstände uns daran hindern und wir Blockaden setzen. Dabei spielt das Ego eine große Rolle. Es muss in Harmonie und Liebe eingebunden werden, ansonsten zerstört es durch Zweifel diese Fähigkeiten.

Nun wird das Ego des Klienten gebeten, sich diese Tatsachen zu betrachten. Dabei erlebt es die Liebe und Harmonie, die der Engel des Wandels und Christus, der nun ebenfalls wahrnehmbar ist, ausstrahlen. Das Ego verliert seine Angst und den Selbstzweifel und kann zulassen, sich mit der Göttlichkeit zu verbinden. Die dabei entstehende Energie fließt in Alois ein und füllt ihn mit Liebe, Glück, Freude und Leichtigkeit!

Der Klient begegnet nun einer sehr kraftvollen Energie, die eine gewisse Schwere und Belastung hervorruft. Mit seinen geistigen Helfern betrachtet Alois sich diese extrem schwere und dichte, dunkle Energie. Seine Helfer erklären ihm: „Du hast diese Energie selbst geschaffen. Immer wieder sorgenvolle Gedanken, Ängste, das Überlegen im Gestern und Morgen produzieren solche dämonenhafte Energien. Ihr Menschen kreiert solche Energiemonster unentwegt und vergesst dann, sie aufzulösen. So sind solche Energien riesige Belastungen, die euch ständig täuschen. Wir nennen sie deshalb „Dämonen der Täuschung". Ihr habt sie selbst herbeigerufen. Solche Dämonen gaukeln euch immer Begrenzungen vor, zeigen euch Grenzen, wo es keine gibt, kurz - sie nehmen euch eure Freiheit. Genau gesagt programmiert ihr euch selbst eure Unfreiheit. Niemand sonst! Dann bedauert ihr euch und taucht ein ins Selbstmitleid. Ihr werft euren Blick nach außen und entdeckt die Verursacher und betrachtet sie oft als die Schuldigen und das, obwohl ihr diese Energien selbst geschaffen habt. Alles andere ist dann nur die Resonanz auf das, was ihr selbst kreiert habt." Der Klient kennt diese sehr dichte Energie, früher machte sie ihm Angst, ließ ihn oft auch depressiv sein und tagelang in Lethargie verharren. Auch in der ersten Rückführung, aber auch im Genuss von Rauschmitteln, hatte er sie schon erlebt. Jetzt ist klar: „Ich brauche diese Energien nicht mehr." Nun wird durch seine Helfer diese dichte Energie transformiert, sie geht ins Licht. Der Klient soll lernen, dass er selbst wichtig ist. „Du weißt alles, arbeite diszipliniert an dir. Karma kannst du selbst lösen. Du bist schon so weit fortgeschritten, nimm dir die Probleme der Menschen nicht so zu Herzen. Menschen sind wie sie sind. Lerne das „SEIN". Liebe dich selbst. Nur du bist für dich verantwortlich - für alles."

Nun, diese Ansage für den Klienten war klar und deutlich, er verlässt mich überaus glücklich.

Du, lieber Leser, siehst: Die Geistige Welt arbeitet mit uns, gibt uns Hilfestellungen und unterstützt uns dabei, alles, was wir nicht mehr benötigen, loszulassen. Manchmal ist es wie das Einladen eines Handwerkers, der uns hilft, im Rohrleitungssystem „Klarschiff" zu machen.

Beispielsitzung 10

Diese schon etwas ältere Klientin kommt wegen vielfachem körperlichen und sexuellen Missbrauchs. Josefine arbeitet bereits seit Jahren spirituell und hat dies auch an ihre Kinder weitergegeben. Sie ist sehr aktiv im Leben, eigentlich Rentnerin, doch ständig wirkend. Jedoch sind die Wunden der Vergangenheit noch präsent.

Sie landet zu Beginn der Sitzung in einem absolut dunklen Raum in einer Situation, in der es kein nach Vorne und kein Zurück gibt. Das Innere Kind kommt augenblicklich auf Zuruf und ist sehr glücklich, die Klientin zu sehen. Der Kontakt mit ihrem Inneren Mann und der Inneren Frau gelingt nicht. Jedoch taucht in diesem Augenblick Metatron ohne einen Impuls von mir auf. Er erleuchtet den Raum und teilt mit, dass es sich um den Inneren Raum der Klientin handelt. Nun kommen ihre Eltern in diesen Raum. Verzeihung und Vergebung ergeben sich jedoch heute noch nicht, zu tief sind die Verletzungen. Die Energie von Metatron sowie violettes Licht erleuchten den Raum. Josefine beschreibt eine intensive Heilung. Metatron teilt ihr seine Unterstützung mit und fordert sie auf, diese wahrzunehmen.

Eine sehr frohe Josefine erlebte einen völlig unerwarteten Verlauf ihrer Sitzung.

Erklärung: Metatron ist der höchste aller Engel, er wird oft direkt an der Seite Gottes beschrieben. Auch sagt man von Metatron, er sei der einzige Erzengel, der als Mensch inkarniert sei…

Beispielsitzung 11

Diese Klientin, die sich als Weltreisende beschreibt, schrieb mir vor Wochen, etwa 5 Jahre nach ihrer Sitzung, dass sich ihr Leben seit der Sitzung auf wundervolle Weise verändert habe. „Mir geht es gut, und ich kann sagen, das Leben ist immer spannend! In meinem Glauben an Gott und Jesus fühle ich mich wohl und bin angekommen.“
Was kann es Schöneres geben als solche Ent-wicklungen…

Man könnte sagen, der Verlauf dieser Sitzung sei wie Monopoly. Anna geht letztlich ohne über Los zu gehen sofort ins Urlicht, also in die Quelle der Schöpfung. Eine starke Spirale zieht sie durch ein überaus helles Licht in eine goldene Kugel, deren Energie für sie unglaublich ist…

„Der Mensch ist doch klein“, sagt sie völlig überwältigt. Sie genießt diese Energie, ist schwerelos und überglücklich. Sie nimmt 3 Engel wahr, den Engel des Wandels, Gabriel und ihre Mentorin. Diese hatte sie in ihrem jetzigen Leben als Wegbegleiterin unterstützt und ist vor wenigen Jahren verstorben. Doch auch nach ihrem Tod spürt Anna immer die Begleitung dieses wichtigen Menschen. Die Mentorin teilt ihr mit, dass sie eine Aufgestiegene Meisterin sei und auch deshalb inkarnierte, um Anna zu unterstützen.

Die beiden Engel, die sie erlebt, sind ihr vorher nicht bekannt. Der Engel des Wandels teilt ihr mit, dass Sterben (am eigenen Leib, aber auch als Helfer und Unterstützer) und Wandel ihre Lebensthemen sind: „Du weißt, was zu tun ist…“ Sie stutzt ein wenig und sagt zu mir: „Was meint er damit?“ Er fährt fort: „Du wirst neue Formen der Begleitung entdecken, Neues tun.“ Sie soll helfen, dass Menschen in Frieden gehen können. „Du brauchst keine Angst zu haben, ich habe schon so viele kommen und gehen sehen. Wir zwei haben bereits oft zusammen gewirkt, du bist ein Teil von mir." Je näher Anna ihm kommt, desto heller wird er, er strahlt. Sie beschreibt, wie sie sich an ihn kuscheln darf.

„Ich darf ich sein", sagt die Klientin. Der Engel: „Die Menschen werden zu dir kommen. Du begleitest sie. Sei bereit zu lernen, jetzt ist die Zeit des Wandels - dazu bist du inkarniert."

Der Engel des Wandels ist auch ihr Schutzengel. Sie soll bewusst in diesem Wissen ankommen und einfach nur SEIN. Er macht das schon. Dabei lacht er immer … Sie soll keine Angst haben, einfach nur SEIN. Nachdem sie immer wieder ausdrückt wie schön diese Erfahrung für sie ist, pflichtet der Engel des Wandels ihr bei… „Es ist schön, dass du jetzt da bist."

So streichelt er ihr zustimmend über den Kopf…

Anna ist beeindruckt über die Energie und Schönheit dieses Engels. Doch plötzlich zeigt er sich traurig. „Er sagt, es stimme ihn traurig, dass viele Menschen ihm die Türe vor der Nase zuschlagen. Sie haben vor ihm Angst, setzen sich nicht mit dem Thema Tod auseinander. Es wird so immer schwerer für die Menschen, friedvoll zu gehen", übermittelt Anna.

Zwei weitere Engel zeigen sich. Aramis hilft der Klientin, Kraft in der Verzweiflung zu finden. Gabriel bringt ihr Klarheit und Zielstrebigkeit. Er hilft Anna, dass sie nicht vom Weg abkommt.

Nun schaut sie sich ihr Ego an. Es macht ihr das Leben und Lernen schwer, doch sagt sie: „Ich schaffe das, trotz Ego-Kopf." Ihre Helfer lachen. Sie rufen sie auf, das Ego mitzunehmen, es gehört dazu. Sie darf diesen Inneren Anteil nicht ausklammern und abstoßen. Das Ego seinerseits hat Respekt vor den Engeln, es kennt sie nicht und hat Angst, dass Anna es ganz vergisst. Sie möchte das Ego umarmen und teilt mit, dass sie es liebt und mitnehmen möchte. „Du bist ein Teil von mir."

Das Ego kann die Umarmung annehmen. Es kann nach reiflicher Überlegung die Energie des Engels empfangen und sich mit ihm als Vertreter Gottes mit der Göttlichkeit verbinden und wird so in der Klientin integriert.

Christus kommt als weiterer Helfer hinzu und heilt die Narben an ihrem Herzen. Die noch recht junge Klientin hat tatsächlich im Bereich des Herzens eine alte OP-Narbe, die nun kribbelt. „Wow - er ist überwältigend!“, meint Anna. Er fasst in den Brustkorb und heilt ihr Herz. Sie taucht ein in den heiligen Raum des Herzens. „Es ist ein unglaublich heller Raum mit tollen Energien, Lichtexplosionen sind zu sehen.“ Sie steht mittendrin und staunt.

Sie weiß, dass sie nicht zum ersten Mal hier ist. Immer wenn Anna bewusst war, kam sie hierhin. Und sie weiß, dass sie hier die direkte Verbindung zu Gott hat. Nichts kann sie von ihm trennen. Hier kann sie ganz in die göttliche Energie eintauchen, hier spürt Anna, dass sie ein Teil von ihm ist. Christus begleitet sie in diesem Raum des Herzens und lädt sie ein, sich hier immer wieder fallenzulassen oder hier immer wieder aufzutanken.

Er geht weiter, und sie gelangen zu einem Spiegel: Sie schaut hinein und sieht sich nur bis zum Hals. Sie ist wunderschön und strahlend. Nie hat sie sich so schön gesehen. „Wer hier ankommt, sieht sich vollendet, alles ist gut, REIN“, sagt Christus.

Nun wird klar, warum nur Kopf und Hals sichtbar sind - sie leidet an ihrer Urverletzung der Trennung. Der Kopf und der Rest (steht für die Seele) sind getrennt. Der Geist hat oft die Überhand, die Seele schreit schon lange danach, endlich wahrgenommen zu werden. Nun heilt Christus diese Trennung, lässt Energie hineinfließen. Anna ist wieder heil, ganz, EINS. Auch das ist überwältigend: „Das bin einfach ich.“ Sie sieht sich ganz, ist nackt und wirft sich in die Hände von Christus, kuschelt nun mit ihm.

Eine überwältigende Erfahrung für Anna, sie ist wieder ganz, hat die Trennung überwunden. Sie fühlt sich grandios und frisch, trotz einer langen Sitzung.

Erklärungen/ Ergänzungen:

Engel und Gefühle: In vielen Quellen liest man, Engel würden keine Gefühle kennen. Sie könnten Gefühle nur durch uns erleben. Auch dies halte ich für Unfug. Ich habe viele Lichtwesen in Sitzungen erlebt, die

überaus betrübt waren, weil sich ihre Schutzbefohlenen abgewandt hatten oder weil wir Menschen so verbohrt, so verhirnt sind. Engel leiden darunter, wenn wir die Schöpfung nicht als göttlich wahrnehmen und wenn die Tiere und die Natur unter dem Handeln der Menschen leiden.
Engel suchen oft unsere Nähe. Viele Menschen berichten ein solches „Kuscheln“ wie diese Klientin. Andere erinnerten sich plötzlich, dass sie diese Berührungen kannten. Ein Streicheln auf der Wange, eine Hand auf der Schulter. „Ach, ich dachte immer ich bilde mir das ein. Jetzt weiß ich, er hat diesen Kontakt immer gesucht…“ Genauso zeigen Engel ihre Liebe zu uns und der Schöpfung. Sie freuen sich, wenn wir neue Wege gehen, unsere Wege entdecken, Aufgaben lösen und uns selbst finden. Sie lachen, machen Scherze und so weiter. Wenn manche Medien anderes berichten, so glaube ich, dass sich ihr Ego einschaltet, da dieses solch eine Emotionalität bei der Geistigen Welt für unmöglich hält.

Ich bin mir sicher, dass unsere Engel sehr gefühlvolle, mitfühlende Begleiter sind, die uns diese Schwingungen gerne schenken würden. Es ist die Überzeugungsarbeit, die wir mit und an unserem Ego leisten müssen, um dies alles zu öffnen. Einige der Protokolle zeigen dies mehr als deutlich.

Beispielsitzung 12

Christine hat, wie viele andere meiner Klienten, viele Sterbefälle in wenigen Jahren erlebt, unter ihnen tragische Unfälle junger Menschen. Dennoch macht sie einen gefassten Eindruck, wenngleich sie sich schon öfter gefragt hat, warum dies so geschieht. Ich spüre bereits zu Beginn der Sitzung eine besondere Energie im Raum. Gleichzeitig beschreibt die Klientin, dass sie sich getragen fühlt. Was sie beschreibt, zeigt eindeutig das Dasein auf der Zwischenebene, und sie beginnt zu erzählen:
„Zuerst ist es, als hielte ich Winterschlaf. Ich darf da sein, ausruhen, lange Zeit…“ Nach einigen Minuten sagt sie: „Da kommt ein Engel, und der nimmt mich in den Arm, er kümmert sich um mich. Es ist, als sei ich sein Kind. Ich fühle mich geliebt, behütet, beschützt...“ Sie bedankt sich dafür, dass er da ist. Auf meine Frage, wer denn dieser Engel ist, sagt sie:

„Er sagt, er sei der Engel des Wandels. Wir sind eins, das ist die Wahrheit.“
Er zeigt ihr Situationen, in denen er in ihrem Leben zugegen war, unter anderem bei der Geburt ihrer Kinder. Der Engel sagt dazu: „Ich bin immer da, wenn sich das Leben wandelt. So bin ich natürlich bei der Geburt anwesend. Auch der Tod ist wie eine Geburt, es wandelt sich etwas zu neuem Leben. Das ist der Kreis… Ich bin der Pförtner, ich öffne die Türe.“
Der Engel des Wandels zeigt Christine nun viele Situationen, in denen sie sieht, dass sie ihn oft bei diesen Phasen des „sich Wandelns“ unterstützt hat, beispielsweise indem sie Menschen im Sterben begleitete.
Nun begegnet Christine ihrem Hüter der Akasha Chronik. Er zeigt ihr ein Leben, in dem sie viele Familienmitglieder des jetzigen Lebens wieder trifft. So betrachtet sie ein Leben einer ihrer Großmütter, ein schweres Leben. Den Mann hatte sie durch den Krieg verloren, auch vier ihrer acht Kinder starben. Sie hatte sich den Vorwurf gemacht, sie nicht gerettet zu haben. Doch Hunger und Armut gaben kaum Chancen. Der Engel des Wandels erklärt ihr: „Deine Oma hat sich selbst nie geliebt gefühlt. Doch das stimmt nicht. Sie wurde geliebt. Sie konnte es nur nicht fühlen. Dies geht euch allen manchmal so. Doch sei dir gewiss: Du bist wie wir, durch dich bin ich, ich liebe dich!“
Welch eine Liebeserklärung! Alle sind berührt, die Mauern um Omas Herz brechen auf, sie wird weich…
Der Engel richtet sich wieder an die Klientin: „Du brauchst keine Angst mehr zu haben, ich werde immer da sein. Es gibt keine Grenzen mehr….“
Der Hüter der Akasha Chronik lässt sie das Buch öffnen:
„Ich habe einen Schatz in den Händen.“
Der Hüter und der Engel des Wandels transformieren jetzt viele alte Energien und erklären: Leid und Schuld werden zu Licht, denn Schuld gibt es nicht, es ist nur eine weitere Illusion. Alles ist immer in der Liebe, ihr müsst dies nur erkennen. Der gemeinsame Blick fällt auf die Ahnen der Klientin. Der Engel sagt: „Sie sind gekommen und gegangen, doch jetzt sind sie frei…“ Alle Ahnen zeigen sich jetzt und drücken ihren

tiefen Dank und ihr Berührtsein aus. Sie sind fröhlich, tanzen, lachen… „Alles ist gut."
Eine überaus glückliche Klientin versteht jetzt das, was wir Menschen oft „Schicksal" nennen. Sie weiß, Schicksal gibt es nicht, ebenso wenig wie Zufall, denn alles ist Teil des Ganzen.

Beispielsitzung 13

Nachdem Edeltraud ihren Brustkrebs überstanden hat, sucht sie nach tieferen Ursachen. So will sie auch aktiv an ihrem fehlenden Selbstbewusstsein und der fehlenden Selbstliebe arbeiten. Sie hatte vorher keinen Kontakt mit der Geistigen Welt… Sie beginnt in einem lichterfüllten Kuppelraum, in dem sie ihren Schutzengel trifft. Dieser bringt sie jetzt in die Verbindung mit ihrem Inneren Kind. Dies zeigt ihr sofort tiefe Verletzungen des Herzens durch Nichtbeachtung, Einsamkeit und so weiter. Floris, ihr Schutzengel, führt sie in die Schwangerschaft, wo sie erlebt, dass sie von der Mutter ungewollt ist und abgelehnt wird. Eine sehr schmerzliche Wahrnehmung mit Zusammenziehen, Kleinmachen und Herzschmerzen. Sie weint und ist sehr unglücklich. Doch dann erlebt sie einen sehr frohen und glücklichen Vater, sie spürt wie sehr er sich freut, nimmt seine Herzschwingung wahr und ist plötzlich glücklich. Dies gleicht die Empfindungen aus, die sie durch die Muttererfuhr, denn sie selbst war mit großer Freude und großer Erwartung in das Leben eingestiegen. Die Freude des Vaters macht es nun für sie erträglich.
Zurück im Kuppelraum erlebt Edeltraud ihren Vater, der vor einigen Jahren verstorben ist. Sie spürt das pure Glück mit dieser verstorbenen Seele. Beide umarmen sich, sind glücklich. Doch nun bemerkt sie, er ist als Besetzung bei ihr. Er wollte ihr helfen, die mit der Mutter erlebten Probleme zu meistern. Er hat sich am Kopf „eingenistet". Beide trennen sich in Liebe - er geht ins Licht. Es ist ein sehr glücklicher und intensiver Moment für Edeltraud, Tränen des Glücks laufen. Nun heilen wir mit der Hilfe von Floris das Innere Kind. Es war sehr verletzt, doch hat das Wissen aus der Schwangerschaft vieles erklärt. So können die Verletzungen nun losgelassen werden. Edeltrauds weiblicher Anteil, die Innere Frau, zeigt sich. Sie findet sich nicht liebenswert, hat nur noch

eine Brust und hat viel Selbstwertgefühl verloren, sie ist nicht mehr vollständig….

Ihr männlicher Anteil, der Innere Mann, ist etwas genervt, weil sich die Frau nicht helfen lässt. Doch sind sie mithilfe des Inneren Kindes in der Lage, Hilfe anzunehmen, die Energie der Engel unterstützt sie. Die männlichen und die weiblichen Energien verbinden sich nun mit dem Inneren Kind in der kosmischen Hochzeit, ein sehr intensives Erlebnis für Edeltraud. Ein Krafttier zeigt sich ihr, ein weißes Einhorn. Es gibt Unterstützung, Leichtigkeit, Freude und Hilfe in spirituellen Dingen. Mit dem Inneren Kind erlebt sie eine wunderschöne Wiese mit Elfen, von denen eine zu ihr gehört. Sie kümmert sich um ihre Blumen und lässt Edeltraud die Natur fühlen. Die Engel zeigen ihr noch eine Situation eines früheren Lebens. Sie erlebt als junger Mann auf einem Schlachtfeld inmitten von Kanonen den unglaublichen Schmerz, die Trauer, die Vernichtung, die Ungerechtigkeit. Sie selbst empfindet dabei dieselbe Energie wie bei den Dramen, den Situationen ihrer Kindheit: Vernichtung!

Die Helfer teilen ihr mit, dass diese Dinge sehr wohl zu vergleichen sind. „In manchen Familien herrscht diese Energie. Doch Liebe, Vertrauen, Verzeihen und Vergeben helfen dabei, dies alles zu heilen, so wie auf dem Schlachtfeld.“ Die Helfer führen sie in den Tempel der Heilung. Alle sagen Edeltraud ihre Hilfe zu. Eine 5,5 Stunden lange Sitzung zeigt eine beeindruckte, mitgenommene, aber auch glückliche Klientin.

Beispielsitzung 14

Klara hat eine weite Anreise, viele Therapeuten und Ärzte hat sie bereits aufgesucht, um endlich ihre Bauchschmerzen auf der linken Seite loszuwerden.

Sie taucht direkt in eine Situation in einer alten Kirche als 17-jährige Anna (so hieß sie damals) ein. Von einem übermächtigen Kirchenmann wird sie vergewaltigt und geschwängert. Anna ist vollkommen hilflos sowohl in der Gewaltsituation wie auch danach. Tiefer Schmerz, fehlender Selbstwert, fehlende Selbstliebe und Selbstachtung werden

intensiv erlebt. Sie verliert jeden Lebensmut. Diese Wahrnehmungen kennt sie auch im Heute. Auch jetzt fehlen ihr Selbstliebe und Selbstachtung. Anna kommt über diese Schmach nicht hinweg, niemand ist da, dem sie sich anvertrauen kann, sie schämt sich so sehr und hat einen abgrundtiefen Hass auf diesen Kirchenmann und das Kind. Sie erhängt sich in einem dunklen, kalten Keller.
Auf der Zwischenebene tauchen mehrere Engel, Seelen und Meister auf, alle versuchen, sie zu trösten, zu heilen, ihr zu helfen. Sie erlebt wie sic ausgesprochene Glaubenssätze in der Akasha Chronik wahrnimmt. So wollte sie nie wieder Kinder, nie wieder Nähe erleben. Nachdem sie die Hintergründe nun kennt, kann der Hüter der Akasha Chronik diese Glaubenssätze lösen. Sie spürt und sieht eine sehr intensive Energie in ihrem Bauch. Diese wird nun von einem Engel aus ihrem Bauch entfernt. Es war noch immer die Energie des Kindes: der Hass, die Wut, der Schmerz von damals. Nun sieht sie ihren verstorbenen Vater, er steht ihr gegenüber. Sie hört ihn sagen: „Ich verzeihe dir." Etwas überrascht schaut sie sich den Grund für diese Aussage an. „Oh Gott, mein Vater war das Kind in dem damaligen Leben, und er hatte mir nicht verziehen, dass ich mich umgebracht und ihn gehasst habe."
Er sagt: „Zusammen hätten wir das geschafft…" Nachdem sie viele ihrer Seelenanteile integriert hat, kann sie ihren Vater um Verzeihung bitten. „Nun weiß ich, warum er mir gegenüber immer so distanziert war, er hat es gespürt", sagt Klara. Damals ausgelöstes Karma, Seelenverträge und viele Energien werden von den geistigen Helfern gelöst. Abschließend geschieht noch viel Transformation im Tempel der Heilung.
Eine ebenso glückliche, wie frohe Klientin verlässt mich…

Ich persönlich glaube, nein, ich bin davon überzeugt, dass wir alle auch Inkarnationen erlebten, in denen wir feinstofflich, vielleicht auch als Engel unterwegs waren. Ja, ich weiß, dass es Stimmen gibt, die sagen, das könne nicht sein. „Geht nicht, gibt es nicht!", denn ich habe etliche Sitzungen begleitet, in welchen die Klienten eigene Engelerfahrungen hatten. Und ich habe Menschen erlebt, bei denen ich ihre Engelenergie sehr deutlich gespürt habe. Diese Menschen haben es im Leben meist nicht leicht, denn das Engelbewusstsein ist sehr nah an der Oberfläche, während das Menschsein sie geradezu „gefangen hält".

Abschließend möchte ich zu diesem Abschnitt „Engel…" Folgendes zusammenfassend sagen:

Engel sind wie viele andere Wesen „hohe Wesen des Lichtes", dabei spielt es erst einmal eine untergeordnete Rolle, dass es Engelhierarchien gibt. Sie sind feinstoffliche Energie und werden von vielen Menschen auch als Energiewesen wahrgenommen. Auch werden sie als Energiewirbel, wabernde Energie, Licht, farbige Lichterscheinung und so weiter beschrieben. Doch können Engelwesen auch Form annehmen. Sie machen dies, wenn es dafür Gründe gibt, beispielsweise um mit uns in Kontakt zu gehen (Boten, Helfer…). Solche Situationen kennen viele Menschen. Oft wurden solche Begegnungen in religiösen Schriften und Legenden beschrieben. Doch auch in unserer Zeit beschreiben Menschen solche Begegnungen, beispielsweise in Situationen der Bedrängnis.

Engel verstehen sich als unsere Helfer, ja letztlich als unsere Diener, denn sie können nur durch uns wirken. Wollen sie energetisch helfen, tun sie dies meist, indem sie uns als Kanal nutzen. Wollen sie einen Menschen aktiv unterstützen, tun sie es oft, indem sie einen anderen Menschen veranlassen, dies zu tun. Ich habe selbst Situationen erlebt, in denen ich mir sicher war, dass ein Engel als Mensch aufgetreten ist und anschließend wie vom Erdboden verschluckt schien. Letztlich unterscheiden wir uns sehr von Engeln, andererseits auch wieder nicht. Sie vollziehen Aufgaben in dieser Schöpfung, so wie auch wir es tun, jedoch in einem anderen Bewusstsein und in anderen Dimensionen. Sobald wir lernen zusammenzuwirken, kann Schöpfung klar, rund und vollendet sein. Es existiert keine Trennung. So ermuntere ich dich, den Kontakt zu deinen Engeln zu suchen.

Sabine Kathriner©

Der Tempel der Heilung aus „Lucias wunderbare Seelenreise"

Die feinstoffliche, für uns unsichtbare Welt unserer Begleiter, Helfer, Freunde

Naturwesen

Die meisten Menschen werden die Naturwesen der Fabelwelt zuordnen und denken, es handele sich um fiktive Gestalten, Märchenfiguren…

Viele Geschichten, vor allem aus den nordischen Ländern, kennen eine Vielzahl an Wesen wie Gnome, Feen, Elfen, Einhörner und viele andere. Ich weiß, dass ich mich wiederhole, doch erlebten auch bei diesem Thema viele meiner Klienten intensive Begegnungen mit eben diesen Gestalten der feinstofflichen Welt. Zu solchen Begegnungen kam es oft bei Menschen, die niemals die Existenz solcher Wesen für möglich gehalten hätten.

Innerhalb der Begegnungen erlebten sie dann körperliche oder emotionale Erfahrungen, die den Zweifel meist zerstreuten. Auch wenn der ein oder andere dann fragte: „Kann das denn wirklich sein?"

Meine Antwort lautet dann immer: „Verlasse dich auf dein Gefühl."

Ein Beispiel:

Eine sehr kopflastige Klientin mit Themen wie: „Ich glaube, ich muss den Beruf wechseln, die Beziehung ist schwierig...", erlebte in ihrer Sitzung unter anderem Folgendes: „Ich bin auf einer Wiese, wunderschön, friedvoll. Diese Ruhe... leider empfinde ich so was heute nie..." Ich nahm mehr wahr und fragte sie: „Was nimmst du noch wahr?" Nach langem, verhaltenem Zögern sagte sie: „Eine Blume, die es hier nicht gibt. Sie ist wunderschön, einzigartig..." „Was noch?", fragte ich, weil ich eine sehr hochschwingende Energie spürte. Sie zögerte und meinte dann: „Nun ja, das gibt es aber nicht: Da ist eine Elfe, und die spricht mit mir. Sie erzählt mir über mein Leben. Warum es so ist. Warum ich diesen Beruf habe und wie wichtig das ist...." Vieles erfuhr sie von diesem Wesen, während ich schmunzelte und die Energie genoss... So war die Sitzung irgendwann vorbei, und sie saß im Raum, einem hohen Raum im Schloss Weilerbach, auf der Liege und ließ die Beine baumeln. „Nun mal ehrlich, so was gibt es doch nicht wirklich", sagte sie. Ich schaute derweil in eine Ecke des Raumes, die sie nicht einsehen konnte. Dort bewegte sich in absoluter Windstille ein Ast eines etwa 2 Meter hohen Ficus Benjamini etwa 30 bis 40 cm auf und nieder. Alles andere an dieser Pflanze war absolut „still“. Ich schaute verblüfft auf die Pflanze, während die Klientin den Kopf dorthin drehte. Gleichzeitig spürte ich so viel Leichtigkeit, Freude, ja Lachen... Die Klientin schaute mich an und sagte: „O.K., ist ja gut - ich habe verstanden!“

Als ich vor etlichen Jahren ein Seminar zum Thema „Medialität und die feinstoffliche Welt“ besuchte, hatte ich von Feinstofflichkeit keinen blassen Schimmer. Erst im Seminar wurde mir klar, dass es um die Existenz von feinstofflichen Wesen ging und dass wir Seminarteilnehmer diese Existenzen spüren sollten. Als ich den Sinn dieses Seminars erkannte, war ich etwas irritiert. Ich dachte über Fragen nach wie: „Glauben erwachsene Menschen wirklich an so was? Wie soll man so etwas beweisen? Wie durchgeknallt ist das denn…?“
Eine praktische Übung bestand darin, im Garten der Seminarleitung die Energien von feinstofflichen Wesen zu erfühlen. Ich weiß nicht, was mich mehr irritierte, dass ich die Wesen fühlte oder dass wir Seminarteilnehmer meist deckungsgleiche Erfahrungen machten…? Auf jeden Fall fühlte ich - und das veränderte meine Einstellung zum Thema erheblich.
Ich nehme auch heute nicht alles aus dem Stegreif wahr, auch visualisiere ich nur bedingt. Doch mit Zeit, Ruhe und Offenheit sehe und fühle ich einiges und bin immer wieder im Austausch mit vielen Energien. Dabei erfahre ich viel Hilfe und Unterstützung. So kann ich mich bekannten Autoren wie Lorna Byrne (Engel in meinem Haar), Eileen Caddy (Findhorn), Jane Roberts (Seth) und unendlich vielen mehr anschließen: „Wir sind umgeben von Energien, Wesenheiten, Engeln,… die mit uns im Kontakt sind und die nur darauf warten, dass wir uns ihnen öffnen…“
Ich bin mir sicher, dass jeder Mensch solche Kontakte hatte, sie aber bewusst oder unterbewusst verdrängte, „um nicht nachdenken zu müssen.“ (Siehe Abschnitt Ego).

Noch ein paar Worte zu den Naturwesen, denn sie sind ja schließlich in diesem Abschnitt die Hauptakteure. Sie sind genauso Bestandteil der Schöpfung wie wir. Sie sind anders unterwegs, eben feinstofflich, doch haben sie genauso Lebensaufgaben wie wir, Vorlieben, Sorgen und so weiter.
Sie dienen der Schöpfung, den Pflanzen, der Erde und allem, was mit den Elementen zu tun hat. Sie unterstützen die Natur, das Wachstum, die Ausgewogenheit… So erlebten Eileen Caddy und ihr Mann, dass sie in einer als unfruchtbar geltenden Gegend in Schottland „ver-rückte" Erfahrungen machten. Sie bauten unter anderem Kohl an und ernteten zwanzig Pfund schwere Kohlköpfe. Die beiden hatten entdeckt, dass sie mit den Naturwesen der Umgebung kommunizieren konnten und dass diese sie bewusst unterstützten. An diesem Flecken Erde gründeten sie die Findhorn Foundation. Viele Menschen haben dort den Kontakt zur Natur und ihren Energien gefunden, Ruhe und Selbstfindung erlebt. Das Retreat Center steht den Menschen, die „finden wollen" zur Verfügung.
So wie die Caddys können wir alle im Kontakt mit den Naturwesen die „Erträge" unseres Daseins fördern. Damit meine ich nicht nur die Größe von Kohlköpfen.

Ferner bin ich der absoluten Überzeugung, dass die Aktionen der Menschen Reaktionen der Natur, der Naturwesen und von Mutter Erde hervorrufen. Stürme, Erdbeben, Trockenperioden haben aus meiner Sicht nicht nur die bekannten Ursachen, wie beispielsweise die Erdplattenverwerfungen und Erderwärmung. Die Naturvölker wissen seit jeher, dass die Erde und die Naturkräfte auf den Menschen reagieren und umgekehrt. An anderer Stelle habe ich auf die unglaublichen Energien hingewiesen, die entstehen, wenn viele Menschen in Ängsten sind (Kriege, Flucht), Hysterien (Geldnot, Aktiencrash), Hass (Fremdenhass)…
Solch geballte Energien haben unglaubliche Kräfte. Beobachte doch selbst, was in Zeiten solcher Entwicklungen in der Natur geschieht! Gerade wir hier in Deutschland erleben einen rasanten Anstieg an Stürmen, Starkregen, ja sogar Tornados sind mittlerweile keine Seltenheit mehr.

Ich bin mir sicher, dass die Natur auf die Fehlsteuerung durch den Menschen reagiert. Dabei spreche ich nicht nur von der Überwärmung der Atmosphäre, sondern auch von unserem Denken und der Art und Weise, wie wir uns emotional im Innen verhalten und mit unserem Außen in Resonanz gehen. Was wir dabei produzieren sind Massen an Energien, die, je dichter und kraftvoller sie sind, heftige Wirkungen im Außen zeigen. Ob dies dann der Befall von Schädlingen ist, Stürme, Überflutungen und Ähnliches, hängt von unseren „Vorlieben" ab. Auch hier weise ich deutlich darauf hin, dass die Folgen unseres Tuns nichts mit Schuld, Sünde oder Ähnlichem zu tun haben. Es ist nichts anderes als Ursache und Wirkung und die Grundlage unseres Lernens. Diese Spielwiese ist uns als Ort der Erfahrung zur Verfügung gestellt. Wir dürfen die Erfahrung hundertfach wiederholen oder es endlich verstehen.
Starkregen und Überflutungen sind auch als Werkzeuge der Naturkräfte und der Schöpfung zu verstehen beziehungsweise von Mutter Erde, um Reinigungsprozesse durchzuführen. Würden die Menschen auf andere Weise reinigen und heilen, müsste es nie so weit kommen. Erdheilungen, Ausgleich der eigenen Energien, der Chakren und so weiter können entsprechende Heilungen bewirken. Vielfältige Möglichkeiten sind uns Menschen dazu an die Hand gegeben. Ich beschreibe hier ein Beispiel dazu: Mit meinen Kollegen, die mit mir die Rückführungsausbildung machten, treffe ich mich alle paar Monate, um persönliche Heilarbeit oder Heilarbeit „für das Große und Ganze" zu machen. Dabei arbeiten wir auch ab und zu an und mit „Mutter Erde". So gingen wir vor einigen Jahren zu einer Stelle in einem Wald meines Wohnortes, einem kleinen Tümpel. Diesen kenne und beobachte ich bereits seit meiner Kindheit. Mein Vater wies mich damals darauf hin, dass dieser Tümpel etwas Negatives habe: „Da geht man nicht hin..." Und obwohl ich als Kind immer sehr Abenteuer suchend unterwegs war, spürte ich Respekt vor dieser Stelle im Wald. Ich machte meist das Gegenteil von dem, was mir gesagt wurde, doch hier ging ich nur bis etwa zehn Meter Abstand heran. So blieb es auch während der folgenden 35 Jahre. Als ich jedoch mit Energien zu arbeiten begann, wagte ich mich näher. Ich spürte an diesem Ort merkwürdige Energien. Obwohl diese Stelle des Waldes rein

äußerlich nicht anders war als der Rest der Umgebung, war es hier düster und trist. Die Erde roch modrig, die Bäume verdorrten nach und nach, kein Jungwuchs und Grün waren zu sehen - und dies über die Jahrzehnte, die ich diese Stelle bereits erlebte. Auch im Winter ging ich ab und zu dort vorbei und sah, dass bis etwa 10 Meter Radius um den Tümpel viele Tierspuren von Wildschweinen, Rehen und Vögeln zu sehen waren. Doch innerhalb dieses Radius und auf dem zugefrorenen Tümpel waren keine Tierspuren vorhanden. Also hielten auch die Tiere Abstand - und dies nicht nur vom Wasser. Nein, sie betraten nicht einmal den Boden. Und an diesen Ort führte ich meine Kollegen. Wir alle verbanden uns mit den dortigen Energien und bekamen sehr intensive Bilder, Informationen und sonstige Wahrnehmungen. Es zeigte sich, dass viele Jahrhunderte vorher hier sehr düstere Geschehnisse stattgefunden hatten. Mehrere Situationen erlebten wir dabei, unter anderem, dass dieser Ort als Ritualplatz in keltischer Zeit genutzt wurde. Was wir dabei wahrnahmen, erklärte dessen Düsterheit. Trauer, Schmerz, Dramen und Schockerlebnisse wurden von uns intensiv wahrgenommen. Dann arbeiteten wir energetisch an diesem Ort und erlösten viele dieser alten Energien. Monate später kam ich wieder dorthin und sah, dass er sich völlig verändert hatte. Gras, Pflanzen, ja sogar kleine Buchen (Jungwuchs) wuchsen mittlerweile um den Tümpel herum. Tiere wagten sich an das Wasser, Fußspuren waren zu sehen. Vögel saßen auf einem Baum, der umgestürzt am Rand des Tümpels lag. Mein Vater kannte diesen Ort Zeit seines Lebens, also seit etwa siebzig Jahren. Er hatte ihn immer düster gekannt, und nun war die Natur innerhalb von Monaten zu neuem Leben erweckt worden. Solche und viele ähnliche Erfahrungen habe ich in den letzten Jahren ebenso gemacht wie die Menschen, die ich kenne. Im Laufe der Zeit habe ich viele Erdheilungen, Energiearbeiten an und mit den Elementen, Pflanzen, Tieren und so weiter miterleben dürfen.

Das heißt, Achtsamkeit, Sorgsamkeit im Umgang mit der Erde und der Natur führen zu innerem und äußerem Frieden. Die Natur kann sich erholen, und wir profitieren davon.

Des Weiteren haben wir mit unseren Manifestationsfähigkeiten Einfluss auf sehr vieles. So liest man in manchen Quellen, dass wir durchaus in der Lage sind, mit klaren Gedanken/Absichten Wolken aufzulösen. Ich dachte beim ersten Lesen einer solchen Aussage noch, dass dies Unsinn sei. Mittlerweile weiß ich, dass es viele Bekannte ausprobiert haben und dass es funktioniert. Teste es selbst!
Genauso kannst du mit klarer Absicht dein Wetter manifestieren. Verbinde dich mit der Energie der Elemente, der Energie eines Tiefs etc. und formuliere klar und deutlich, was du willst. Und lass dich überraschen!
In deinem Herzen liegt der Schlüssel für all das. Es gibt nichts, was nicht möglich ist, und du hast alles zur Verfügung!
Du bist ein Teil dieses Ganzen, und du stehst mit allem in Beziehung. Natur und Naturwesen wissen dies, denn sie wissen, dass du nicht getrennt bist. Nur du glaubst dies. Wenn du diesen Irrglauben abgibst, weißt du, dass du alles hast, was du brauchst.

Es folgen zwei Beispielsitzungen zum Thema Natur, Naturwesen. Letztlich hätte ich auch zu diesem Thema viele Sitzungen abbilden können, denn die Natur und deren feinstoffliche Energien sind wichtige Bestandteile in vielen unserer Leben gewesen. So ist es unumgänglich, dass sie in Rückblicken, oder besser formuliert, Einblicken in unser Sein häufig auftauchen.

Beispielsitzung 15

Auch aus dieser Sitzung bilde ich nur einen Ausschnitt ab, denn das Komplette würde zu umfangreich sein.
Svenja will sich entdecken… - und sie hat mich schon vor der Sitzung sehr überrascht. Sie meldete sich aus Berlin, wo sie studierte. Sie sparte sich das Geld für die Sitzung, indem sie putzen ging und kam die vielen Hundert Kilometer mit dem Fernreisebus und etwa achtzig Kilometer mit dem Fahrrad zu mir. Sie übernachtete ohne Zelt, nur mit Folie und Decke in einem Wald („das mache ich oft...“). Ich war beeindruckt, ich selbst hätte mich das nicht getraut. Sie erlebte dann einige Situationen

früherer Leben: In einer Inkarnation als Bäcker hat sie eine kleine Familie, Frau und zwei Kinder. Alles ist ganz beschaulich, schön und fühlt sich leicht, froh und einfach an. Doch plötzlich kommt die Wendung! Die Kinder, zwei Mädchen, ertrinken in einem Brunnen. Der Bäcker erlebt puren Schmerz, Verlust, Schock, Drama… Sein eigenes Hinübergleiten erlebt er nach dem Drama alleine im Wald. Die Ruhe, der Frieden, die Natur, der Wald, dies alles tut ihm gut. Er kann in Ruhe und Frieden gehen… Dann folgt ein Leben, in dem sich die Klientin als Elfe sieht. Sie spürt ihre eigenen, wundervollen Energien. Sie fühlt sich leicht, froh und glücklich. In einem Wald hat sie innigen Kontakt mit einem Baum. Er transformiert über seinen Harz den Schmerz, die Trauer und das Drama aus dem Bäckerleben. Der Baum gibt diese dichten Energien als schwarzen Nebel ab. Sie sieht, wie sich diese Energien über jede Nadel des Baumes nach außen verflüchtigen. Sie erlebt mit dem Baum das Bewusstsein des EinsSeins mit allem was ist. In Symbiose mit anderen zu leben, ist so selbstverständlich... Am Lebensende löst sich ihr Körper einfach auf, und sie kehrt nach Hause ins Licht zurück. Auf der Zwischenebene fühlt sie sich sehr gut. Sie spürt pure Barmherzigkeit und Liebe. Sie begegnet Jesus und Maria Magdalena, die ihr zeigen, wie sehr die Natur und die Verbundenheit mit allem zu ihren Lebensaufgaben gehörten. Und was ich selten erlebte, meine junge Klientin hat alles geklärt, die Akasha Chronik ist frei von Karma und weiteren zu klärenden Dingen. Sie ist frei…

Beispielsitzung 16

Isabell ist spirituell absolut unerfahren. Letztlich glaubt sie, sie sei nur aus Neugier bei mir. „Ohne meine Freundin wäre ich ja nie auf die Idee gekommen!“
Auf die Frage, ob sie denn außer der Neugier noch ein Thema habe, überlegt sie und sagt: „Ich frage mich ja schon lange, ob es das Böse gibt. Ich habe oft Angst davor, etwas Schlimmes zu fühlen. Auch habe ich Angst in der Dunkelheit, Angst vor Insekten…“ Sie fragt sich auch, ob sie das (entspannen, sich führen lassen…) überhaupt kann.

Sie steigt sehr schnell ein und hat sofort Bilder. Auch reagiert sie intensiv - emotional und körperlich. Sie sieht sich im Haus ihrer Oma, und sofort ist die ihr nur zu gut bekannte Panik da. Sie liegt auf meiner Entspannungsliege und zittert wie ein Aal, spürt Kälte, Panik, Unruhe... „Ich stehe in der Türe und sehe, dass meine Oma kocht, meine Eltern und meine Tante sitzen auf der Couch, und der Hund..." Sie zögert einen Moment, „wir haben keinen Hund..." Dann wandelt sich alles und sie sieht, dass es nicht ihre jetzige Kindheit ist. Sie sieht sich in einer Situation auf einer Wiese mit einem Brunnen. Sie selbst ist eine Jugendliche und schaut sich mit einem kleinen Mädchen das Gerangel zweier Jungen im Spiel an. Doch plötzlich stürzt der Jüngere der beiden in den Brunnen. Das kleine Mädchen ist sofort in Schockstarre, sie zittert, hat Panik... Die Größere, meine heutige Klientin, kümmert sich deshalb sofort um sie, versucht, sie zu trösten und zu beruhigen. Um sie zu schützen, geht sie letztlich mit ihr weg. In diesem Moment weiß sie: „Ich habe diese Schockstarre von diesem Kind übernommen. Ich wollte sie beschützen und ihr helfen. Ich dachte, ich könnte es besser tragen..." Der Junge, der noch auf der Wiese steht, verantwortet sich: „Ich bin nicht schuld, kann nichts dafür..., er ist selbst schuld..." Niemand von den Dreien traut sich nachzuschauen, niemand hilft und alle verheimlichen das Drama, auch als alle im Dorf nach dem Jungen suchen.

Nun lasse ich die Klientin mit der Seele des Jungen in Kommunikation treten.

Dieser ist bei der Kontaktaufnahme sehr wütend: „Du warst die Älteste, wieso hast du nicht geholfen..." Die Energie des Jungen ist noch immer im dunklen Brunnen und will erlöst werden. So bitte ich einige Seelenverwandte des Jungen und Lichtwesen in den Brunnen. Nun wandelt sich alles sehr schnell. Die Klientin erlebt, dass der Junge mit den Wesen ins Licht geht und dass sich die beiden Seelen aussöhnen können. Sie weiß jetzt, dass dieser Junge ein Verwandter im jetzigen Leben ist, mit dem es nicht immer ganz einfach war.

Dann geht sie nahtlos in ein weiteres früheres Leben: „Ich glaube es nicht... ich bin eine Elfe..." Es beginnt eine so klare und hochenergetische, feinstoffliche Reise, bei der die Klientin anfangs sehr

skeptisch ist, obwohl alles sehr klar wahrgenommen wird. Sie beschreibt sich, ihr Aussehen, ihre Energie, die Art, wie sie sich als Elfe fortbewegt und vieles Weitere detailliert. Sie erlebt wundervolle Landschaften, Tiere, weitere Naturwesen, den Austausch von allem, das EinsSein… Sie erlebt außerdem Landschaften, die sie auch im Heute kennt und sieht, wo dort überall Elfen und andere Wesen sind. Die unglaublichen Gefühle nimmt sie mehr und mehr bewusst auf und kann langsam verinnerlichen und akzeptieren, dass es diese Welt hinter der sichtbaren Welt gibt. Ich darf vieles miterleben und bin während dieser Sitzung mehrfach tief berührt.
„Ein Reh steht vor mir und sagt: Ich bin dein Krafttier", sagt sie. Da sie den Begriff Krafttier nicht kennt, erkläre ich ihr, was es damit auf sich hat.
„Das Reh lässt sehr starke Energien, wie Lichtstrahlen zu mir und in mein Herz fließen", sagt sie. Es sagt: „Du stehst dir oft selbst im Weg. Du weißt alles, doch du zweifelst und zögerst oft." Das Krafttier teilt mit, dass die Angst vor Fliegen und Insekten aufgrund einer verschluckten Fliege in der Kindheit kam. Sie dachte damals, die Fliege würde in ihrem Bauch weiterwachsen… Sie erlebt, dass sie alle Tiere verstehen kann und spricht mit einer Spinne: „Glaubst du immer noch, du musst Angst haben?…"
Dann lasse ich sie in ein eigenes Tierleben gehen: Sie ist ein Hundewelpe und ist zutiefst berührt, sie fühlt alles, die Freude, das Tollpatschige…
Dann spüre ich die Präsenz eines kraftvollen Wesens. Und sie sieht eine lichtvolle Gestalt, ihren Geistführer. Doch ich spüre, da ist mehr… Er zeigt ihr mehrere Situationen, in denen er ihr geholfen hat, er kontaktiert sie oft telepathisch. Er bewahrte sie vorm Ertrinken und vor einem Treppensturz in ihrer Kindheit. Sie spürt eine tiefe Verbundenheit und eine besondere Liebe zu diesem Wesen… Und dann sagt er: „Ich bin dein Zwilling." Sie versteht in diesem Moment überhaupt nichts, und so fordert er sie auf, mit ihm zu gehen: „Ich bin mit ihm im Orient, in der Wüste, ein Zelt, nur wir. Draußen, wir sind uns nah, schauen uns an und erheben uns, unsere Körper bleiben unten, und irgendwie erhebt sich unsere Energie, sie zieht nach oben wie Licht, wabernd, sich verbindend, zwei werden eins… unglaubliche Energie..."

Ich erlebe das alles mit und spüre tiefe Liebe, Innigkeit, EinsSein, Göttlichkeit, reines Licht, und dann sind sie wieder im Wald. Er teilt nun Folgendes mit:

- Wir haben uns verbunden.
- Du bist fertig, musstest nicht mehr inkarnieren.
- Du hast es für deine Mutter getan, bist eine Unterstützerin für sie.
- Du weißt alles, (doch stellst dich so unbeholfen an….).
- Wir haben alles erreicht…
- Du hast mir verboten, dir zu helfen, willst alles alleine machen….

Sie beschreibt:

- Er ist immer einen Schritt hinter mir, passt auf…
- Wir hatten 3.005 gemeinsame Leben.
- Ich wollte es locker, kindhaft, spielerisch machen, freundschaftlich.

Er sagt nun: „Lass dich darauf ein…“
Er baut für sie eine Lichtsäule, in der noch einmal alles transformiert wird…

Wow! Das war ein Vorgeschmack der himmlischen Fülle, so viel Fülle in jeglicher Beziehung und das bei so intensiven Erfahrungen der Angst und Panik.
Eine überwältigte und völlig „fassungslose“ Klientin ist voller Freude. „Ich verstehe doch nichts von alledem…“

Jopie Bopp©

Bild aus der Tarotserie: „Der Magier" Merlin

Aufgestiegene Meister

Um zu verstehen, was Aufgestiegene Meister sind, kann es wieder hilfreich sein, sich eine Entsprechung zu betrachten. Nun wäre es leicht, das Schulsystem oder einen Betrieb mit Ingenieuren anzuschauen. Doch würde dieser Vergleich etwas „hinken", denn in unseren gesellschaftlichen Systemen regieren die Machtinteressen zu sehr, Finanzen, Egostrukturen und so weiter. Vielleicht könnte der Vergleich mit einem buddhistischen Kloster näherliegen. Hier beginnt der „Aufstieg" beim Bewerber, der als Kind als Schüler im Kloster aufgenommen wird, bevor er zum Mönch wird. Weisheit, spirituelle Praxis und viele Erfahrungen lassen den Mönchen zum Priester und vielleicht auch später zum Lama, einer Art Hoher Priester, werden. Geprägt ist dieser Weg beispielsweise durch eine sehr tiefe spirituelle Praxis, Meditation, Askese, viele Erfahrungen, erlangte Weisheit, bedingungslose Liebe... Auf der geistigen Ebene könnte man den „Aufstieg" eines Menschen über viele Leben/Lebenserfahrungen bis hin zum Aufgestiegenen Meister ähnlich sehen, denn Aufgestiegene Meister haben alle verkörperte Leben erfahren, beispielsweise als Mensch. Hat die Seele in solchen Inkarnationen entsprechend ihrer Seelenbestimmung und der vielfältigen Erfahrungen all das verinnerlicht und erreicht, was sie und ihre geistigen Helfer als Erleuchtung betrachten, wird sie nach und nach höchste Sphären der geistigen Entwicklung erlangen. Hat die Seele einen bestimmten Grad an Bewusstheit, bedarf es keiner weiteren Inkarnationen mehr.

Was bedeuten solch weise Wesenheiten, denn für uns, die wir diesen Erleuchtungsgrad noch nicht erreicht haben? Ich finde, dass ein Auszug aus einer Rede des Aufgestiegenen Meisters „St. Germain" dies deutlich macht:
„Kann der Schüler dereinst erfassen, dass AUFGESTIEGENE MEISTER nichts sind, als sein eigenes Bewusstsein auf höherer Entwicklungsstufe, dann wird er zu spüren beginnen, was für unbestreitbare Möglichkeiten ihm offenstehen. Ob er nun zur GOTTHEIT selber spricht oder zu einem AUFGESTIEGENEN MEISTER des LICHTES oder zu seinem eigenen GOTTSELBST, das

ist in Wirklichkeit kein Unterschied, denn sie alle sind EINS…“ (Erinnerst du dich an meine Aussage zur Illusion der vielen Abstufungen/Sphären?)

Lichtwesen kennen keine Trennung und nehmen sich folglich als EINS wahr. Auch wenn es Hierarchien und Sphären gibt, in welchen Wesenheiten entsprechend ihres Bewusstheitsgrades immer höher aufsteigen, so erleben sie kein Getrenntsein. Sie sind sich aufgrund ihrer vielfältigen Erfahrungen auch ihrer menschlichen Inkarnationen bewusst, und sie werden die individuellen Erfahrungen und Weisheiten im Kontakt mit jetzt inkarnierten Seelen einbringen.

Auch sind die Aufgestiegenen Meister als hilfsbereite Lichtwesen Unterstützer im Bewusstwerdungsprozess aller Seelen. Sie helfen bei der Umsetzung von Begabungen und Zielen und arbeiten dabei entsprechend ihrer speziellen Fähigkeiten und Aufgaben. Als jetzt nicht körperliche Wesenheiten höherer Bewusstseinsebenen helfen die Meister dem Menschen bei der Entfaltung seines Bewusstseins. Sie kennen das Leben auf der Erde, kennen menschliche Probleme, Stolperfallen und Verstrickungen auf dem Weg zur Einheit. Auch sie durften die Lektionen des Lebens erlernen. Gerade deshalb sind sie hilfreiche Begleiter für uns. Sie können uns unterstützen, Themen des Lebens und unsere Schatten zu lösen, sodass wir Wut, Hass, Selbstmitleid, Habgier, Angst und alle Eigenschaften, die uns am Vollenden unseres weltlichen Lebenszyklus hindern, befreien können. Doch soll auch hier wieder betont werden, dass diese Wesen nur auf unsere Impulse hin (Bitten, Gebet, Absicht…), aktiv werden. Als Aufgestiegene Meister bekannt sind beispielsweise Lao Tse, Saint Germain, El Morya, Maria, Sanat Kumara, Franziskus u.v.m. Sie waren geistige Lehrer, Philosophen, Führer, Propheten oder Künstler und sahen sehr oft ihre Aufgaben im Dienen. Aufgestiegene Meister waren also einst Menschen wie du und ich, sind nun aber reinste Lichtwesen. Sie verkörpern die göttliche „Ich bin Gegenwart“ in höchster und reinster Form. Bei den Meistern finden wir auch Jesus, durch den sich die Begrifflichkeit des „Aufgestiegenen Meisters“ sehr schön erläutern lässt. Aus dem Menschsein heraus verließ er die Wahrnehmung des Getrenntseins („Ich und der Vater sind

EINS…"). Er verließ dabei immer mehr die ICH-Manifestation und wurde sich seines göttlichen Ursprungs bewusst. Noch als Mensch transformierte er seinen physischen Körper und dehnte sein Bewusstsein so weit aus, dass sein Körper „Licht" wurde („verklärt"). Ich sehe die Präsenz der Aufgestiegenen Meister als kraftvolle Ermutigung, unsere Göttlichkeit anzunehmen. Dass dies gelingt, haben uns diese Menschen gezeigt. So wie sich Jesus als Mensch gezeigt hat und sich gleichzeitig bewusst war, dass er göttlich ist, so erleben es auch die Meister. Und gemäß der Rede Saint Germains sollten wir dieses EinsSein ebenfalls verinnerlichen.

Auch wenn die folgenden Beispiele wiederum sehr ver-rückt scheinen, ich war dabei und kann dir sagen: „Sie bilden das Erlebte ab..."

Beispielsitzung 17

Nun, ich habe über die Jahre viele sehr intensive, beeindruckende Sitzungen erlebt. Die Nachfolgende war sicher eine der intensivsten… Diese Sitzung zeigt, wie viele andere, wie sehr die Geistige Welt mit uns verbunden ist und dass das Getrenntsein nur unsere Begrenztheit ausdrückt. Oft geschieht Unterstützung auf eine Art und Weise, dass wir sie eigentlich nicht übersehen können. Und dennoch nehmen wir sie nicht wahr. Oft scheint es, als würde sich ein Schleier der Verborgenheit über Geschehnisse legen…

Bereits die Vorgespräche am Telefon und die Mails mit Simone waren sehr umfangreich. Sie zeigten erheblichen Bedarf bei der Lösung von Ängsten, der Klärung in Bezug auf die Angst vor dem Sterben, Mutterthemen, Sinnsuche und vielem mehr.

Auch das Vorgespräch vor der Sitzung ist sehr zeitaufwendig. Nachdem ich in den Tagen vor dem Termin ein erhebliches Unwohlsein „in vielen Ebenen" gespürt habe, glaube ich jetzt meinen Gefühlen nicht, denn zu Beginn der Tranceübung beginnen bereits meine Emotionen, Wahrnehmungen, und ich spüre eine derart große und intensive Präsenz im Raum und habe gleichzeitig „den Bauch voll Freude". Dies alles berührt mich sehr, ich muss leise lachen.

Die Klientin erlebt sich zu Beginn beim Spaziergang durch einen Wald. Sie betritt eine Lichtung und nimmt dort etwas wahr, dass sie als einen Schutzengel identifiziert. Akaziel (kannte sie vorher nicht) entspricht überhaupt nicht ihren Vorstellungen von einem Schutzengel. Sein Aussehen ist nicht so, wie sich Menschen Engel vorstellen...

Gleichzeitig treten einige Gestalten aus dem Wald heraus, die von der Klientin so beschrieben werden, dass man sich eigentlich fürchten müsste. Einige Male hatte sie in den letzten Wochen Energien gespürt, die ihr intensive Ängste machten, jetzt war diese Angst zumindest ansatzweise präsent.

Nach kurzer Abfrage (an mein Höheres Selbst) ist mir klar: „Das sind keine Engel", aber ich empfinde auch überhaupt nichts Negatives. Also sage ich: „Frag Akaziel, ob er dir Auskunft über diese Gestalten geben kann." Sie erhält den Hinweis, dass es sich um Aufgestiegene Meister handelt. Nun beginnt die Klientin, überwältigt von Hochachtung und einem eigenen Gefühl von Minderwertigkeit, intensiv zu schluchzen und zu weinen.

Acht Meister stellen sich vor, wobei wohl mindestens zwei nicht in meine Vorstellung von Meistern passen:

Der Begriff „Aufgestiegener Meister" war der Klientin zuvor nie begegnet, sie hatte keine Ahnung, was dieses Wort zu bedeuten hat. Dennoch wurde sie sofort überwältigt von intensiven Energieströmen und Mitgefühl.

Und so stellt sich nun ein Meister nach dem anderen vor, ohne dass ich etwas tun muss. Mir gestatten sie jedoch immer wieder Fragen.

- El Morya: Er spricht sehr mitfühlend mit meiner Klientin. Er nimmt ihr die Angst und drückt deutlich aus, dass sie ihre Energien, ihre Muster, ihre Ordnung, kurz ihren Mikro- und Makrokosmos bereinigen und aufräumen soll. Hierbei will er ihr helfen. Später bereinigt er viele dieser inneren Aspekte der Unordnung.

- Karma Singh: Er ist mir zu diesem Zeitpunkt völlig unbekannt. Er ist ein heute bekannter englischer Heiler. Es wundert mich schon ein wenig, dass er dabei ist. Er gibt immer wieder den Hinweis, wie wichtig es ist, seine klaren Absichten auszudrücken und zu manifestieren.

- Der Engel des Wandels: Die Klientin nennt ihn den Tod, was dieser Engel nicht wirklich schätzt. „Ich bin nicht so, wie du mich immer betrachtest“, sagt er. Er drückt sehr deutlich aus, dass er immer präsent ist, da er ja nicht nur im Sterben begleitet, sondern bei allem, was sich wandelt. Nun werden der Klientin Tiere gezeigt, und schon wieder weint sie. Sie weiß, dass sie zum Thema Tiere an sich arbeiten muss. Sie soll verstehen, dass auch Tiere ihr Schicksal gewählt haben, beispielsweise ein von ihr überfahrenes Tier. Selbstverständlich ist es wichtig, am eigenen Bewusstsein zu arbeiten. Die Menschen sollen verstehen, dass es so nicht weitergeht und dass die Achtung vor der Schöpfung wichtig ist. Der Engel des Wandels zeigt sich ihr zuerst in allen Variationen (wie in alten Karikaturen - Sensenmann, Schwarzer Mann…) bevor er sich als reine und warme Energie zeigt. Deutlich ist auch hier, dass er sich der Klientin bereits oft gezeigt hat. Sie konnte die Erscheinungen oder Wahrnehmungen aber nicht zuordnen. Nun ist die Angst vor ihm weg.

- Merlin: Was jetzt folgt ist der Hit… Sie hat das Gefühl, dass sie vor einigen Tagen diesen Meister als böse Energie spürte. Dabei hatte sie eine intensiv durchdringende Stimme vernommen, die ihr etwas Furchterregendes gesagt hatte: „Und du stirbst jetzt!“, hatte sie mitten in der Nacht laut gehört. Nun steht ein Kapuzenmann vor ihr, dessen Kopf sich als Flamme zeigt, und auch der Rest ist nicht gerade freundlich. Mein Empfinden hierbei ist jedoch völlig anders. Ich empfinde eher Neugier, ja etwas Magisches. Also halte ich sie an, dass sie dieses Wesen - dass sie sogar kurz als Teufel identifiziert - bittet, sein wahres Gesicht zu zeigen. Und nun steht er da: Merlin. Und meine Klientin ist völlig sprachlos. Schnell wird ihr nun klar, dass viele Dinge, die sie in der Vergangenheit eher als unklar, als böse oder als negativ empfunden hatte, durch ihn angetickt worden waren. Nun beginnt er sehr klar und deutlich (es ist, als würden seine Worte durch das Behandlungszimmer hallen/schwingen) zu erzählen: „Das ist und war alles eine Illusion. Teufel, Hölle und alles andere bestehen nur in eurer Vorstellung. Ihr baut es euch so, wie ihr es entsprechend eurer Verfassung, eures Seelenplanes und so weiter braucht. Vieles behindert euch entsprechend, und es führt zu massiven Störungen bis ihr es endlich kapiert. Dann trefft ihr eine neue Entscheidung, und es ist erledigt.“ Viele weitere Erklärungen folgen von ihm, bei einer muss ich lachen. „Schau, du hast dich so viel mit dem Thema Trauer, Sterben, Tod befasst. Du hast viele nahe Menschen verloren, Tiere, du hast so viel getrauert, gelitten. Doch in den letzten Monaten hast du auf wundervolle Weise vieles transformiert. Ich habe dies beobachtet und dein Wirken positiv geschätzt. Und so hab ich in der dir bekannten Nacht gesagt: „Und du stirbst jetzt!“ Die Klientin erschrickt wegen der lauten Stimme, doch gleichzeitig lacht sie laut. „Stimmt, das war seine Stimme…“ Merlin weiter: „Die Geistige Welt beobachtet und unterstützt euer Wirken. Sie weiß ja, was ihr euch für das Leben vorgenommen habt. Wenn ihr eine Aufgabe gelöst oder umgesetzt und verstanden habt, prüfen wir, ob ihr es wirklich verstanden habt. So viel zu deiner Prüfung…“ Er hat Humor dieser Meister. Aber er ist auch knallhart. Er sagt ihr nochmals seine Hilfe und Unterstützung zu und verneigt sich vor ihr.

- Melchisedek. Ich hatte das Gefühl, ihn schon länger wahrgenommen zu haben. Seine Energie kenne ich. Die Klientin erfährt von ihm, dass er mitverantwortlich für die Masse an Gedanken ist, die sie ständig in ihrem Kopf hat. Dabei sei es wichtig, dass sie die Gedanken zulässt und ihn bittet, diese zu strukturieren und zu sortieren. Zusammen könnte so aus den Gedanken das notwendige Bild und die richtige Absicht und das richtige Ziel formuliert und manifestiert werden.

- Der Grüne Mann: Lustig, ich dachte bei diesem Namen doch eher an eine Phantasiegestalt, nun steht er da! Auch er hält die Klientin an, sich um Natur und alle Wesen zu kümmern.

- Christus: Er hält sich etwas zurück, doch kommt seine Herzensliebe sehr deutlich rüber. Bei dem Aspekt Heilung unterstützt er und gibt auch immer wieder kleine Hinweise.

- Lady Nada: Wohl eine Meisterin mit zentraler Bedeutung für meine Klientin. Sie hilft ihr bei Themen der Liebe, der Vergebung und des Karmas mit der Mutter. Ich erfrage nun, ob es Karma und wichtige zu lösende Dinge mit der Mutter gebe. Nach der Bejahung und der Aussage, dass das Karma gelöst werden könne, bitte ich nun, dass ihr Hüter dazu kommen darf. Beide antworten, dass die Klientin sich die Situationen mit der Mutter nicht mehr anschauen muss, dass Karma kann gelöst werden. Nada wirft nun dem Hüter einen dichten Nebel aus Energie zu. Diese soll nach der Transformation durch den Hüter als Freude wieder eingepflanzt werden. Doch die Klientin hält sich dessen nicht für würdig. Viele Diskussionen mit Nada, dem Hüter der Akasha Chronik und den anderen Meistern folgen. Die Meister wollen sie überzeugen, die Energien anzunehmen, sie habe sie verdient. Sie kann dies erst zulassen nachdem El Morya ihre „Ordnung hergestellt“ hat. Ich entdecke nun, dass sie Seelenanteile verloren hatte, die ihr von Nada und dem Hüter auf lustige Weise durch Hin- und Herwerfen zurückgegeben werden.

  Ihr Hüter der Akasha Chronik gibt ihr noch eine Masse an persönlichen Hinweisen zu Beruf, Bewusstsein, Selbstbewusstsein, Liebe etc. Er wirft einige Male die Akasha Chronik hoch und zeigt ihr voller Spaß und Freude, dass sie heute viele wichtige Dinge endlich geregelt hat. Sie hört, dass sie auf höherer Ebene immer mit den Meistern arbeitet (auch wenn sie sich nicht für würdig hält) und dass sie dies jetzt auch im Tagesbewusstsein tun soll. Ihr Herzchakra wurde so vor einigen Tagen geöffnet und ist bereit.

Nun erhält sie von den Meistern noch weitere Hinweise zum Thema Bewusstsein:

- Sie war die ganze Zeit auf der Zwischenebene. Letztlich spielt dies keine Rolle, denn die Zwischenebene/die Geistige Welt ist überall; wie i*nnen so außen, wie oben so unten.* Das heißt auch, dass diese höheren Ebenen natürlich in anderen Dimensionen und Atmosphären sind, aber gleichzeitig auch in uns. Selbstverständlich ist es auch so mit der Zeit, sie existiert so nicht, es gibt kein Vor und Zurück.

- Zentrale Bedeutung hat es für die Klientin, aber auch für alle anderen Menschen, die Illusionen zu erkennen und - dabei so zu entscheiden, wie es bezüglich des Themas und der Lernaufgabe wichtig ist. Alles kann von uns entschieden, beschleunigt oder abgelehnt werden. Gelingt dies nicht, liegt es oft an der fehlenden Klarheit und vor allem an der nicht erkannten Ursache (Aufgabe, etc.). Wir haben dabei jedoch genügend Instrumente, die wir einsetzen können, insbesondere die Liebe, sie ist das stärkste Instrument überhaupt.
- Alle Dinge sind von der Illusion geprägt. Diese begleitet uns bis hin zur Zwischenebene. Sind in unserem Bewusstsein Teufel und Hölle präsent, werden sie es auch im Sterben und darüber hinaus sein. In der Liebe fallen diese Illusionen in sich zusammen und zeigen sich als das, was sie sind. So hatten alle Meister bei ihrem „Erscheinen" ein anderes Aussehen, bis die Klientin ihre Illusionen ablegen konnte. Kitsch wandelte sich dann zur klaren Energie...
- Wie immer ist auch das „Entscheidungen treffen" ein Thema. Man kann sich dessen letztlich nicht entziehen. Die Klientin wird, so sie es zulässt, zu dem geführt, wo sie beziehungsweise ihre Seele hin will. Sie ist dabei immer durch ihre Helfer geführt und begleitet. „Du kannst das!", hört sie immer wieder, „Es ist Zeit, du wirst es spüren wann…"
- Auch hier gibt es die Hinweise wie wichtig es ist, die Inneren Anteile zu integrieren. Wenn alles integriert ist, dann sind wir in der Lage, mit der neuen Energie zu arbeiten. Die ist da und muss nur fließen!

Also: Das sind keine „normalen Sitzungen". In meiner Arbeit gibt es auch keine „Sitzungen von der Stange". Seele, Bewusstsein und natürlich auch die Geistige Welt, aber vor allem die Wünsche des Klienten, dürfen mitbestimmen. Ich stehe sozusagen im Hintergrund. Solche Dinge geschehen oft, jedoch nicht immer so geballt wie hier. Diese Sitzung mit allem Drum und Dran hat etwa sieben bis acht Stunden gedauert.

Beispielsitzung 18

Walburga kommt zu ihrer Sitzung mit den Themen Sinnsuche und der Angst, auf ihrem spirituellen Weg etwas falsch zu machen. Sie hat etwas Erfahrungen mit religiösen Gruppen, Meditationen, Büchern. Sie macht einen regelrechten Durchflug durch viele Inkarnationen. Sie sieht sich in einem Leben als Burgfrau, die sich jedoch entscheidet, in einfachen Verhältnissen mit einem Mann in der Einsiedelei zu leben. Diese Entscheidung trifft sie sehr zum Ärger ihres Vaters. Das Gefühl für Harmonie, Liebe und Freude ist ihr wichtiger als Prunk und Langeweile. Dann geschieht etwas, dass sie nicht erwartet hätte. Es folgt eine Inkarnation, in dem sie die friedvolle, schwingungsvolle, spannende Erfahrung ein Kristall zu sein, erlebt. Dann folgen Ruhe, Gelassenheit und Kraft eines Löwen und die Freude und Naturverbundenheit einer Sonnenblume. Alles in allem erfährt sie dies als Ausdruck von „Ich Bin". „Ich Bin, und ich darf einfach so sein wie ich bin, ich muss nichts tun, nur rumliegen (wie im Leben des Löwen), mal nichts tun, inaktiv sein...."

Dann folgt die Wahrnehmung, ein Gelehrter im alten Griechenland zu sein. Sie erkennt, dass es nicht immer gut ist, auf andere zu reagieren und von anderen abhängig zu sein. Der Gelehrte weiß und spürt vieles, doch können es die anderen nicht immer annehmen. Nein, oft ist es so, dass sie Recht haben wollen.

Auf der Zwischenebene erlebt die Klientin einige geistige Helfer: Zadkiel, Metatron, Echnaton, Thoth, Jophiel, Raffael...

Es kommt zu einem intensiven Austausch der Seele mit diesen Engeln und Meistern. Sie teilen dabei viele Erfahrungen, Erkenntnisse und Eigenschaften mit der Klientin. Auch Hinweise auf Leben in Ägypten, Lemuria und Atlantis werden mitgeteilt, das Wirken mit den Weisen. Die Fähigkeit zu heilen ist ihr gegeben...

Die Klientin ist mehr als überrascht, dass sie all diese Dinge schon erlebt hat, auf der anderen Seite wusste sie, dass sie alles weiß. Immer wieder hatte sie dieses Gefühl von „Ich kenne die Wahrheit".

Eine sehr frohe Klientin verlässt mich!

Ich denke, die Erklärungen und die Sitzungsinhalte drücken das aus, was Aufgestiegene Meister sind und für uns bedeuten können. Ich bin mir sicher, dass du sehr davon profitieren wirst, ihnen Raum in deinem Leben zu geben. Über die letzten zehn Jahre hat sich mir der ein oder andere Meister als persönlich unterstützend gezeigt. Und mir hat dies sehr viele Einblicke und tiefgehende Erfahrungen gebracht.

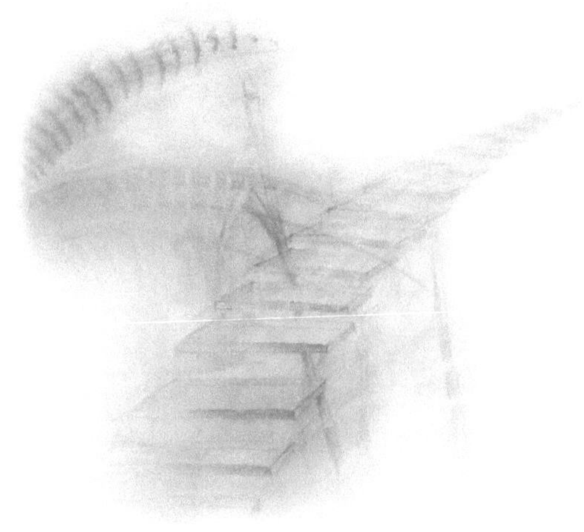

Christuserfahrungen

Die Christuserfahrungen nehmen einen „großen Raum“ bei meiner Klientenarbeit ein. Wie bei allen Wahrnehmungen ist auch die Christuserfahrung in einer Sitzung auf gewisse Art eine „geführte“ Begegnung.
Das heißt, ein solcher Kontakt kommt völlig „ungeplant“ von mir oder dem Klienten zustande. Es geschieht also nicht, weil ich den Klienten so lenke oder gar beeinflusse. Ich gestalte die Sitzungen offen, das heißt, dass das Thema des Klienten den Sitzungsablauf wie eine Art Überschrift oder roter Faden bestimmt. Taucht dann während der Sitzung ein geistiges Wesen auf, dann deshalb, weil die Geistige Welt und die Seele des Klienten diese Möglichkeit nutzen, um Kontakt aufzunehmen. Wir können davon ausgehen, dass die Wesen, die sich so zeigen, dies während des Lebens des Klienten schon oft versucht haben, aber nicht durch all seine „Nebelschleier“ hindurchkamen.

Oft war es so, dass Klienten völlig überrascht waren, wenn solche Wesenheiten auftauchten. Da viele Klienten in ihrem Leben mit Religion, Geistiger Welt oder Spiritualität wenig Kontakte hatten, drückten sie dann oft aus, dass sie keine Ahnung hätten, wer vor ihnen steht.
So kam es vor, dass Klienten beispielsweise sagten: „Da kommt jemand auf mich zu, der sagt, er sei Jesus. Heißt das, den gibt es wirklich?“ Oder es tauchten Wesen auf, die in den Kirchen als Heilige verehrt werden, doch dem Klienten völlig fremd sind. Nachdem der Klient den Namen des Heiligen nannte, erklärte ich, wen er vor sich hatte, sofern ich dies wusste.
Es ist also keineswegs so, dass sich Menschen aus ihrem Wissen oder einer inneren Überzeugung heraus Dinge zusammenreimen. Viele lehnten im ersten Moment ihre Erfahrungen sogar ab. Als sie jedoch spürten, wie intensiv die Begegnungen auf sie wirkten, öffneten sie sich langsam.

Jopie Bopp©

„Engel der Erleuchtung – Christina"
Weibliche Symbolik des Christusbewusstseins.

Wenn ich aufsteige in höhere Dimensionen zur göttlichen Quelle allen Seins – dann erkenne ich mich in der Einheit – dann bin ich ein Gotteskind, vereint mit dem göttlichen Sein – dann weiß ich, ich bin nie fortgewesen – Freiheit, Stärke und das göttliche Licht der allumfassenden Liebe wohnt schon seit Urzeiten in mir – Alles ist gut.

So sind die vielen Kontakte mit Christus/Jesus oft mit Zweifeln verbunden gewesen. Doch waren diese am Ende der Sitzungen meist ausgeräumt.

Wenn ich mein „Verhältnis“ mit Christus/Jesus in meinem Leben betrachte, dann ist dies schon sehr abwechslungsreich und intensiv gewesen. Ich habe angedeutet, dass ich von Kindheit an recht religiös (christlich-katholisch) geprägt war. Kirchgang an allen Sonntagen, Feiertagen und besonderen Festen war sozusagen Gesetz. Ob es mir etwas gebracht hat, weiß ich nicht, zumindest gab es eine positive und offene Auseinandersetzung mit der Schrift und kirchlichen Ritualen. Die Schriften der Bibel haben mich von Kind an angesprochen, während ich die kirchlichen Rituale eher neutral oder gar befremdlich zur Kenntnis nahm. Es fehlten die Seele, das Herz, das Gefühl, die Tiefe in dem, was ich dort erlebte. Dies stellte ich sehr früh fest. Als eine der wenigen Ausnahmen in dieser Wahrnehmung möchte ich die Nähe zu Christus/Jesus nennen. Rückblickend betrachtet, hatte ich eine doch mehr oder weniger starke emotionale Bindung zu dieser, für viele einfach nur biblischen Gestalt. Als Jugendlicher berührte mich sein Weg, so wie er in der Bibel beschrieben war sehr, besonders sein Lebensende in Leid und Kreuz. Ich erlebte mit etwa 18 ein Konzert einer spirituellen Gruppe mit vielen Liedern, vom Gospel bis hin zur Liebeserklärung an Jesus. Ich war zutiefst berührt und spürte einen tiefen Glauben dieser Gruppe und eine spirituelle „Energie“. Ich kaufte mir an diesem Abend Autoaufkleber, die beispielsweise bedruckt waren mit „Jesus liebt dich“. Wenige Tage später sah jemand diese Aufkleber und zeigte mir einen Vogel und sagte: „Was soll das, mir hat der auch nicht geholfen…“ Ich fühlte mich sehr angegriffen und konnte diese Reaktion nicht verstehen. Jahre später hörte ich eine Filmkritik zu dem damals sehr bekannten Kinofilm „Ben Hur“ bei einem Radiosender. Der Sprecher sagte: „Ja, und dann taucht in diesem Film ein gewisser Jesus Christus auf…“ Und auch nach diesen Worten fühlte ich mich wieder so angegriffen, dass ich mich hinsetzte und einen bitterbösen Brief an den Sender schrieb. Heute kann ich über meine Reaktionen lachen. Die kirchliche Prägung habe ich hinter mir gelassen, anderen Menschen kann ich ihre Religion und spirituelle Einstellung und Praxis zugestehen, ohne dass es mich

besonders berührt. Wie gesagt, die vielen Erfahrungen in der Rückführungs- und Heilarbeit haben mein spirituelles Bewusstsein sehr verändert.
So ist beispielsweise Christus/Jesus so sehr Bestandteil meines Lebens geworden, dass ich ihn nicht nur als Meister, als Herr, nein auch als Bruder und Freund betrachte. Und so gehen wir miteinander um. Dies mag jetzt für dich oder den ein oder anderen merkwürdig klingen. Und auch das ist in Ordnung. Dazu fallen mir zwei (mittlerweile verfilmte) Bücher ein: „Die Hütte“ und „Gespräche mit Gott“. In diesen Büchern nehmen die Autoren Gott beziehungsweise Jesus aus dem Status des Unerreichbaren heraus und haben Gespräche mit ihnen. Ich bin mir sicher, dass dies keine komplett fiktiven Geschichten und Konversationen sind. Auf ähnliche Weise unterhalte ich mich immer wieder mit ihm. Es sind oft fruchtbare, hilfreiche, weiterführende Gespräche. Wir kennen solche Unterhaltungen oder Begegnungen zu Hunderten aus religiösen Schriften und Überlieferungen. Und all diese Berichte wollen vor allem eines, sie wollen dir/uns zeigen, wie nah die Geistige Welt für dich/uns ist, dass auch du, bei entsprechendem Mut, mit Vertrauen und Geduld, diese Nähe erleben kannst. Welche Einschätzung habe ich heute von dieser biblischen Gestalt des Christus/Jesus?
Es hat in der Rückführungsarbeit einige sehr prägende Erfahrungen gegeben, die meine Einschätzung komplett gewandelt haben. Wie erwähnt, war mir früher die Betrachtung von Jesus Leiden immer sehr wichtig. An den Ostertagen, speziell am Karfreitag, trauerte ich regelrecht.
Ein paar dieser Erfahrungen führe ich hier kurz auf:

In einer gemeinsamen Sitzung mit meinen Rückführungskollegen erlebten wir sehr intensive Gefühle, körperliche Veränderungen und eine intensive Transformation. Nach einiger Zeit des Wirkens sagte eine meiner Kolleginnen: „Horst, ich habe mich erst nicht getraut, aber jetzt sage ich es doch. Ich nehme die ganze Zeit schon Jesus wahr, und er bittet mich darum, dir zu sagen, dass er schon lange nicht mehr am Kreuz ist, nicht mehr leidet und dass er auch nicht will, dass wir dies tun…“

Ich schluckte und fühlte mich zunächst angegriffen. Wie konnte mir meine Kollegin so etwas sagen, denn ich hatte dies doch schon lange verstanden, ich litt doch gar nicht mehr und sah den auferstandenen Jesus... Und dann ergänzte eine weitere Kollegin: „Dann kann ich ja meines auch berichten. Ich nehme Jesus auch schon die ganze Zeit wahr. Er zeigte mir das Leid und dass so viele sich daran festhalten. Er zeigte mir aber auch, dass es Zeit ist, das Leid hinter sich zu lassen und sich bewusst für Liebe, Glück, Wohlbefinden, Lebensfreude, Frieden und Wandel zu entscheiden. Und dies gilt auch für dich. Das soll ich dir sagen..."

Diese sehr intensive Sitzung musste ich erst verdauen, denn ich musste erst akzeptieren wie viel Schmerz, Trauer und Leid ich noch in mir und meinem Herzen trug. Doch langsam aber sicher sah ich ein, dass in meinem Unterbewusstsein viele solcher Leid-Energien gespeichert und aktiv waren. Etwa im gleichen Jahr machte eine Kollegin mit mir eine Rückführungssitzung, in der ich völlig unerwartet in einer Situation im Leben Jesus auftauchte. Ich möchte hier keine detaillierten Inhalte abbilden, sondern meine Empfindungen. Ich erlebte mich in jener Zeit als einen männlichen Bürger, der Jesus relativ nahestand. Ich hatte ihn bei einigen seiner Reden erlebt, ihn oft beobachtet, und so war er mir nah ans Herz gewachsen. Ich sah einige Situationen, in denen er predigte, erklärte und sehr liebevoll mit den Menschen umging. Und dann folgte auf einen Schlag die Situation, die ich ja vom Karfreitag-Geschehen kannte. Und ich litt beim Anblick dieses Leids im wahrsten Sinne des Wortes Höllenqualen. Ich spürte den Schmerz, die Trauer, die Ohnmacht, die Vernichtung so sehr, dass meine Kollegin die Sitzung unterbrechen wollte (was ich noch nie in all den Klientensitzungen erlebt hatte). Doch wir machten weiter, und so erhielt auch ich die Ansprache, die mir meine Kollegen in der zuvor geschilderten Sitzung bereits gaben: „Es ist Zeit, dass du verstehst, dass ich lebe und immer unter euch bin. Das Leid ist vorbei, lebe doch endlich die Freude und das Glück." Auch hier brauchte ich wieder ein paar Tage bis ich akzeptieren konnte, doch dann war eine große Last von mir abgefallen. Wieder einige Zeit später arbeitete ein guter Freund, ein sehr hellsichtiger Heiler, mit mir. Nach einigen Minuten unserer Sitzung begann er, eine Situation aus

einem meiner früheren Leben zu beschreiben. Er begann: „Du kennst die Essener und weißt, dass du auch einer von ihnen warst. Dort bist du bereits dem begegnet, den wir Jesus nennen…" Und dann beschrieb er mir mein damaliges Leben, so wie ich es in der Sitzung mit meiner Kollegin erlebte. Es war einer jener Beweise, die ich immer wieder erhielt und wohl auch brauchte. Diesem Kollegen hatte ich nie von meiner Sitzung erzählt, und dennoch konnte er sie mir deckungsgleich wiedergeben.
Meine Begegnung mit Christus/Jesus war also nicht mehr wegzudenken oder wegzureden. Bisher habe ich nie von diesem Geschehen geschrieben oder erzählt, doch glaube ich, du solltest das „Normale" daran erkennen.

Auch zu den Jesus-Erfahrungen innerhalb von Rückführungen habe ich keine Strichliste geführt. Doch waren es Dutzende meiner Klienten, die Jesus in gemeinsamen Leben begegnet sind. Dabei waren auch etliche, die seine Leidens-/Sterbensphase miterlebten, jeder mit anderen „Augen" und doch mit so vielen klaren Übereinstimmungen, dass ich oft berührt und beeindruckt war. Immer wieder erhielten meine Klienten die gleichen Ansagen:

- Hört auf zu leiden, die Zeit des Wandels ist da, der Freude, Liebe…
- Das alles war vorherbestimmt, es konnte nicht anders ablaufen.
- Erlösung heißt nicht, dass ihr nichts mehr tun müsst, nur weil ich am Kreuz war.
- Ich bin immer da…
- Erlösung heißt, dass dieses Leben ewig währt, dass ihr nie getrennt seid (mein Gott, mein Gott, warum hast du mich verlassen), Gott ist immer mit euch verbunden, so wie ich es bin.
- Erlösung heißt auch, dass ihr es mir in allem gleichtun könnt. Verabschiedet euch vom Leid, denn die Engel haben mich vor

dem Leid am Kreuz bewahrt. Sie haben den Schmerz genommen, mich unterstützt.

- Nimm das Kreuz von deinen Schultern.
- Nehmt das Kreuz als Symbol aus eurem Alltag, zu viel negative Energie hängt daran…

Ein anderes Empfinden für die Geistige Welt zu bekommen, ein brüderliches Verhältnis zu Christus zu entwickeln, etwas völlig Normales darin zu sehen und die Geistige Welt in unsere Sorgen, unseren Kummer und unsere Bitten und Wünsche einzubinden (…), ist ein Hauptanliegen dieses Buches.

Manch ein Leser könnte auch das Gefühl des fehlenden Respektes der Geistigen Welt gegenüber empfinden. Doch bin ich mir heute sicher, dass wir, je näher unsere Anbindung an die Geistige Welt wird, ein ganz anderes Gefühl für Hingabe und Demut bekommen. Und dabei ist nicht das Knien, Beugen und Ducken gemeint, denn auch zu diesen alten Formen der Demut und Hingabe hat es viele klare Ansagen von Geistwesen gegeben. Sich auf Augenhöhe zu begegnen, geht nun mal nicht, wenn man eine gebückte Haltung hat. Andererseits verbeuge ich mich oft spontan oder bedanke mich mit zusammengelegten Händen bei der Geistigen Welt nach besonderen Erfahrungen, nach der Energiearbeit oder den Rückführungssitzungen. Nochmals zurück zu Christus/Jesus. Bemerkenswert ist, dass nicht nur das Christentum, sondern auch der Islam und auch die östlichen Religionen ihn erwähnen und verehren. Fasziniert haben mich Texte, in denen beschrieben wird, dass er nicht nur Pilgerreisen, sondern auch „Studienreisen“ in die Länder unternahm, in denen der Buddhismus und weitere fernöstliche Religionen praktiziert wurden. Meditationspraktiken, Austausch mit fernöstlichen Meistern und mehr nahm er dabei auf. Er kannte keine wirklichen Grenzen, sowohl in der Offenheit allem gegenüber, was der Schöpfung entsprungen war, wie auch in den Fähigkeiten, die eine göttliche Seele hat. In den Gleichnissen und Worten zu seinen Anhängern wies er darauf hin, dass der Mensch in der Lage ist, als Sohn und Tochter Gottes, Wunder zu vollbringen. „Ihr werdet noch viel größere Dinge vollbringen, als ich es getan habe…"

Diese Grenzenlosigkeit im Lieben, Handeln, Denken, Erkunden, Manifestieren und Schaffen sind Aufträge, die er erteilt hat. Folge diesem, deinem Auftrag.

Beispielsitzung 19

Tamara hat einen sehr „kopflastigen Beruf" in einer Behörde. Für Spiritualität ist sie offen, hat aber kaum Erfahrungen gemacht. Und dennoch wird es eine ganz besondere Sitzung…
Wie schon öfter angedeutet, spüre ich mittlerweile oft die besondere Frequenz der Christusenergie. In dieser Sitzung war diese Frequenz sehr intensiv und hochschwingend.
Als meine Klientin ihre ersten Bilder beschreibt, muss ich schon lächeln, ohne genau zu wissen warum. „Ich sehe mich in einem einfachen leinenartigen Kleid mit Sandalen an einem Brunnen (Ich weiß während sie es erzählt, dass es ein Brunnen ist, in dessen Nähe auch Jesus ist). Dann erlebt sie den Tempel in Jerusalem. Sie ist zutiefst beeindruckt. Klar und deutlich beschreibt sie ihn, riesig von den Ausmaßen (Die Klientin hat den Tempel im Hier und Heute nie gesehen). Und sie sieht Jesus. Sie ist beeindruckt wie er auf die Menschen wirkt: klar, „tolle Ausstrahlung…"
Sie: „Er lehrt im Tempel, viele Menschen hören zu. Er muss seinen Weg gehen. Er lebt eine unglaubliche Liebe, kosmisch bedingungslos, jede Zelle spürt es, das wühlt auf. Es ist so viel Hoffnung in dem, was er sagt. Er hat sich von unserer Gemeinschaft etwas frei gemacht…" Meine Klientin weiß, dass sie zu den Essenern, einer Volksgruppe in Judäa, gehört. Sie fühlt sich sehr verbunden, es ist eine besondere Zeit (Die Klientin hat vorher nie von den Essenern gehört).
Sie erzählt weiter: „Die Menschen sehen in ihm das Licht. Doch manche ertragen das nicht. Sie hassen, empfinden Wut…"
Als Frau hat sie nicht den direkten Zugang zu dieser neuen Bewegung und fühlt sich etwas ausgeschlossen.

In der nächsten Situation sieht sie dann das Lebensende, schaut in die Sterne und geht aus diesem Leben.
Die Zwischenebene erlebt sie so selbstverständlich wie schon viele vor ihr: „Mein Zuhause…“ Und sie beginnt, spontan zu erzählen und aufzulisten, was wichtig war und erfahren wurde:

- „Wichtig war, was wir in das Leben und ins Seelenbewusstsein mitgebracht haben.
- Unser Sein, das Sein.
- Sein ermöglicht Dinge, die in Tat und Wort geschehen.
- Sein ist wichtig - nicht nur Tun.
- Schwingung ermöglicht das Tun - lässt positive Dinge entstehen.
- Der Plan war das Sein.
- Meine Seelenbestimmung war das Annehmen, das Sein.“
- „Deine Seele ist nur Licht (sagt ihr Geistführer); lass alles fließen; trau dich, komplett da zu sein; mach dir nicht immer so einen Kopf…“
- Nun berichtet die Klientin: „Ich hatte viele Leben in anderen Sonnensystemen. Ich bin auf der Erde nach dem göttlichen Plan, freiwillig. Ich benötigte in diesem Leben andere Energien. Die Seelen, die auf der Erde waren, hatten es sehr schwer, neue Energien - neue Frequenzen - zu verankern, denn die Erde ist sehr dicht, Veränderung nur schwer möglich. Auf die Erde zu gehen war freiwillig, wer wollte der konnte. Doch, wer könnte nicht wollen - es war ja schließlich Gottes Plan. Doch es gibt immer die Wahlmöglichkeit…“
- Sie betrachtet auch mit Jesus gemeinsam das Leben, in das sie hineingeschaut hatte. Jesus: „Alle in der Gemeinschaft waren sehr verbunden. Es war für alle sehr schmerzhaft, die dramatischen Erfahrungen an meinem Lebensende zu machen.“

- Nun erlebt sie wie Jesus alle schmerzhaften Erfahrungen aus dem damaligen Leben transformiert. „All diese Erschütterungen dürfen jetzt gelöst werden.“
- Jesus: „Du bist unendlich geliebt. Die Zeit der Schmerzen ist vorbei. Es darf Neues kommen…“

Eine glückliche Klientin ist über die Inhalte der Sitzung sehr erstaunt, denn alle Themen und erlebte Kontakte waren ihr vorher völlig fremd, insbesondere, dass Menschen in anderen Leben auch Existenzen auf anderen Planeten hatten. Der Kontakt zu Jesus war so, als ob sich Bruder und Schwester begegnen würden.

Beispielsitzung 20

Tanja möchte unter anderem wissen, warum sie mit diesen Seelen zusammen in eine Familie geboren wurde.
Eher ungewöhnlich ist der Einstieg in die Sitzung, denn sie betrachtet, wie die Seele nach einem Leben ins Licht geht und beginnt zu erzählen: „Irgendein Leben scheint vorbei zu sein. Es ist, als säße ich auf einer Wolke und habe Jesus in Reichweite. Das ist mein Zuhause, hier will ich sein. Mir fehlt das Vertrauen in die Menschen. Ich war oft Außenseiterin, auch im jetzigen Leben, im Kindergarten, in der Schule. Hier auf der Wolke wird alles Alte aufgelöst. Es ist, als würde unglaublich viel Last abfallen.
Es kommt zu einem Austausch mit Jesus. Er erklärt ihr, warum sie mit den Familienmitgliedern gemeinsam inkarnierte. Da es in ihrem Leben oft um das Thema Schuld ging, sagt er: „Jeder lernt es einmal, wer frei ist von Schuld…“ „Dein Auftrag ist es, den Menschen zu helfen zu verstehen.“
Ihr Hüter der Akasha Chronik und Jesus sagen zum Thema Schuld: „Verliere nicht den Glauben an die Menschen, Erleuchtung kommt für alle…“
Sie erlebt nun Vergebungsrituale mit vielen Menschen und viel Heilung alter Erfahrungen. Jesus: „Alles ist gesäubert…“

Auch ihr Inneres Kind taucht jetzt auf und ist fröhlich: „Lass die Gedanken, dass deine Kindheit schlecht war, endlich los. Es war so wie es war. Und alle haben nur das gemacht, was ihnen möglich war."
Die Sitzung war sehr umfangreich, jedoch kann der Auszug nur das Relevante abbilden. Die Klientin war sehr glücklich, endlich die Hintergründe vieler Dramen des Familienlebens zu verstehen. Die Nähe zu Jesus alleine war sehr heilsam... Sie meldete sich etliche Monate später, um von vielen positiven Veränderungen zu erzählen und um eine Bekannte zur Sitzung zu bringen.

Beispielsitzung 21

Es gibt kein Lebensthema, das in Rückführungen keine Rolle spielt. Doch immer wieder bin ich verblüfft darüber, was Menschen erleben, erleiden, erdulden... Meine heutige Klientin fühlt sich nicht schön genug und das, obwohl ich als Mann sage: „Sie sieht traumhaft aus..."
Hannahs Einstieg in die Sitzung ist reibungslos. Sie sieht sich als junge Mutter mit einem kleinen Kind in einem einfachen Blockhaus. Sie beobachtet die Nähe zu einem Mann, den sie offensichtlich liebt. Doch jegliche Nähe (schmusen, küssen...), versucht sie, zu umgehen. Sie hat Angst, der kleine Sohn könnte dies sehen. Scham und andere Hemmnisse hindern sie daran. Aber es ist auch klar, dass diese Liebe nicht frei und auch scheinbar nicht erlaubt ist. Dann erlebt sie, wie dieser Mann wie aus dem Nichts von Polizisten abgeholt und weggebracht wird. Sie hört nie wieder von ihm. Einige Zeit später sitzt sie mit ihrem kleinen Sohn in der Natur und erklärt diesem, warum sie traurig ist. Sie erzählt, dass alle Menschen, die sterben, nun als Sterne am Himmel zu sehen sind. Dann sieht sie einen Brief vom 17. Mai 1948. Es scheint die Todesmeldung ihres Geliebten zu sein.
In einer weiteren Situation erlebt sie sich als glückliche Großmutter mit einem Baby auf dem Arm. Sie ist froh mit der kleinen Familie des Sohnes. Sie stirbt in Frieden...
Auf der Zwischenebene begegnet sie vielen Freunden und ihrem Mann aus dem damaligen Leben. Folgende Auflistung zeigt die Hinweise und Informationen, die sie erhält:

- Ihr Geistführer sieht aus wie ihr Papa. Er ist gutmütig und sagt: „Versuche glücklich zu sein, auch wenn mal nicht alles gut läuft…“
- Sie betrachtet mit dem Geistführer das Leben: „Ich hatte den falschen Mann geheiratet, denn eigentlich liebte ich dessen Bruder...“
- Ihr Geistführer sagt zum Thema unglückliche Liebe: „Liebe immer, es ist wichtig, du brauchst Liebe, Liebe von Kindern, es kommt immer, wie es richtig ist, warte ab…“
- „Ich war nicht offen genug, fühlte mich nicht gut genug.…“
- Ihre Hüterin sagt: „Hallo gutes Mädchen, gute Seele, ich habe dich vermisst, du hast aus dem Schmerz und der Traurigkeit gelernt…“
- Nun erlebt sie, wie vieles gelöst wird, vor allem auch alte Glaubenssätze (nicht gut genug sein…) und sehr viel Angst. Sie sieht diese als dichte rote Energie.
- „Ich soll auf mich vertrauen, ich kann viel schaffen“, sagt meine Hüterin.
- Nun ist sie verblüfft, als Jesus auftaucht: „Er will nicht, dass ich mich verbeuge…“
- Jesus sagt: „Du bist gut so wie du bist. Du schaffst es mit dem Glauben an dich und mich. Vertraue, es fügt sich so, wie es sein soll, nimm es an…“
- Jesus zeigt meiner Klientin ihr Herz: „Liebe, auch wenn es manchmal weh tut, denn nur die Liebe rettet…“
- Ihre Hüterin ergänzt: „Sei du selbst und verliere dich nicht in Gedanken…“
- Auch bei ihr taucht ihr Inneres Kind auf. Es spielt mit einem Eisbecher, es ist glücklich. Es will einfach nur geliebt werden und genießt die Umarmung.

Diese Sitzung war für die junge Frau heilsam, aufbauend und froh machend. Und sie hätte sicher mit viel gerechnet, aber nicht mit solchen Sitzungsinhalten.

Beispielsitzung 22

Markus hatte bereits eine Sitzung und möchte eine weitere Blockade lösen.
Innerhalb seiner Sitzung erlebt er einen regelrechten Durchflug durch mehrere Leben, in denen er immer wieder als Helfer unterwegs war. Oft war es sehr anstrengend, mal hatte er sich vergessen, mal war er gescheitert, mal hatte es ihn regelrecht zerstört. Auf der Zwischenebene betrachtet er sich diese vorher erlebten Leben mit verschiedenen Helfern. Ich führe hier nur eine Auflistung von Hinweisen Jesus auf. Dieser ist sehr präsent und nimmt meinen Klienten wie ein großer Bruder und Freund in den Arm, tröstet und macht Mut und zeigt deutlich, dass es Zeit ist, sich als lichtvolle, göttliche Seele anzunehmen und wertzuschätzen. So sagt er dem Klienten Folgendes:

- „Deine Arbeit verändert sich, du wirst genießen und damit Licht bringen.
- Ihr seid Lichtbringer.
- Ihr werdet „es“ alle können.
- Es kommt auf das Sein an - nicht auf das Wollen.
- Lernt zu SEIN.
- Mein Leben war eine große Begegnung, geprägt von Fröhlichkeit, Singen. Ich habe keine Rolle übernommen.
- Es war nicht wie in der Bibel beschrieben, das ist nur bildhaft.
- Ich hatte immer freien Willen.
- Das Leben ist Freude, alles andere ist Illusion.

- Ich bin glücklich gestorben, habe nicht gelitten, habe mich entschieden.
- Jesus entfernt ihm aus dem Herzen eine sehr dichte Energie, die zu Wut, Groll, Hass, Enttäuschung geführt hatte…
- Du bist nicht hier, um zu leiden. Du hast Angst vor dem, der du wirklich bist.“
- Abschließend sagt Jesus: „Du musst keine Angst mehr haben… Du bist jetzt gut vorbereitet. Alles wartet auf dich…“

Beispielsitzung 23

Lisa macht eine intensive Erfahrung mit Jesus. Sie sucht mich auf, weil ihr Leben viele extreme Höhen und Tiefen zeigt: Gut und Böse, Hell und Dunkel. Sie erlebt die absoluten Extreme der Polarität. Zuerst sieht sie sich als Krieger im Wald jagend. Sie fühlt sich eins mit allem und unglaublich kraftvoll. Sie spürt inneren Frieden und hat einen intensiven Kontakt mit Tieren, mit einem Elefant und einem Greifvogel. Und sie erlebt, wie sie über die Gedanken mit den Tieren kommuniziert.
So sagen ihr diese Tiere: „Liebe dich selbst! Du hast dich in Gefahr gebracht, als du dich von der hellen (Liebe) auf die dunkle Seite begeben hast. Gott hat uns die Kraft verliehen, um auf die Menschen aufzupassen, Frieden zu bringen…“
Dann wechseln die Bilder, und sie findet sich auf Schlachtfeldern wieder. Das, was sie vorher an Ruhe, Frieden, Verbundenheit fühlte, erlebt sie hier in Angst, Chaos, Trennung und Unruhe… Diese Situationen werden ihr zum Teil bis ins Detail gezeigt, und sie spürt dies alles emotional, körperlich und mental sehr intensiv. Auch sie geht anschließend in eine detaillierte Nachbetrachtung auf der Zwischenebene. Doch bilde ich auch dazu nur das ab, was Jesus ihr zu dem Erlebten erklärt:

- „Entspanne dich jetzt. Was du in vielen Leben durchgemacht hast, entspricht dir, deiner Persönlichkeit, deiner Seele. Du hast dir als Seelenbestimmung das tiefe Erkennen der beiden

Gegensätze, ihr nennt es Polarität, vorgenommen. Und so wolltest du es immer bis in die absoluten Höhen und die absoluten Tiefen entdecken und leben und fühlen…“

- „Und dabei bist du auf einem guten und richtigen Weg.“
- Nun geht Jesus mit ihr eine Treppe hinauf und sagt dabei: „Du hast zu viele Ängste… Es ist Zeit, diese abzubauen und aufzulösen.“
- Jesus stellt ihr ihren Schutzengel Artur vor. Die Klientin kennt diesen schon… Artur und Jesus sagen: „Dämonen helfen auch, das Böse zu erkennen…“ Sie deuten dabei auf Leben, in denen die Klientin mit der dunklen Seite in Berührung kam.
- „Hilf den Menschen, das Böse zu erkennen!“
- Nun fließt viel Energie und Licht aus ihren Händen.
- Die beiden Helfer sagen: „Licht ist sehr machtvoll. Licht schützt vor Fremdenergie…“
- Sie sieht ihr 3. Auge sehr hell und wundert sich darüber. „Auge der Weisheit“, sagt Christus, „du bringst die Menschen dahin zu erkennen, wer sie wirklich sind. Heile und heile dich selbst…“

Auch diese Klientin ist im wahrsten Sinne des Wortes „baff“. Sie ist überhaupt nicht religiös, hatte nie eine Nähe zu Christus. So war sein Auftauchen völlig unerwartet. Doch sie versteht nun, warum ihr Leben so läuft und spürt gleichzeitig, dass sich Gravierendes verändern wird. „Ich habe verstanden und brauche die Höhen und Tiefen nun nicht mehr…“ Etwa ein Jahr später meldet sie sich und ist dankbar für all die Veränderungen, die sich nach der Sitzung in ihrem Leben ergeben haben.

Inhaltlich kann ich auch nach diesem Abschnitt nichts ergänzen. Ich denke, es ist alles gesagt. Doch möchte ich dich nochmals ermutigen, eigene Erfahrungen zu machen. Spürst du beispielsweise beim Lesen dieses Abschnittes Frequenzen von: Zweifel, Unruhe, Unverständnis, Unglaube, Angst, und Ähnlichem, dann versuche, das Bewerten und Urteilen zu unterlassen. Lasse dich vielmehr auf das Entdecken der Ursachen deiner Widerstände und Vorbehalte ein. Dies kann sehr wertvoll sein. Vielleicht geht es dir wie meiner Rückführungsgruppe in unserer Ausbildung: „Das werden wir nie können, fühlen, erfahren...", sagten wir zu den Ausbildern. „Doch, sogar viel mehr...", erwiderten sie. Und wie recht sie hatten. Du kannst so viel erfahren und entdecken. Lasse dich darauf ein.

Maria und die Weiblichkeit

Natürlich hat das Thema Weiblichkeit, das weibliche Prinzip, eine besondere Bedeutung in der göttlichen Schöpfung. Aus der Geistigen Welt unterstützen uns viele Wesenheiten beim Ausgleich von männlichen und weiblichen Energien sowie bei der Transformation von Verletzungen des Weiblichen oder Männlichen. Wenn es um den Ausgleich der weiblichen oder männlichen Schwingungen/Frequenzen geht, werden oft die „Meister oder Meisterinnen“ genannt. So sind zu den weiblichen Frequenzen beispielsweise Mutter Maria, Maria Magdalena, Lady Nada, Isis, Aquaria zu nennen. Nada und Isis werden sehr eng mit Marias Frequenzen in Verbindung gebracht. Zum Teil wird beschrieben, es seien weitere Inkarnationen Marias gewesen. Sehr heilsam kann es sein, Maria Magdalena und Jesus bei der Heilarbeit und zum Ausgleich der männlichen und weiblichen Energien einzubeziehen. Viele Menschen erlebten die weiblichen Wesenheiten und Energien auf der Zwischenebene als sehr liebevoll unterstützend. Oft wurden Klienten beispielsweise von Maria in den Arm genommen, so wie von einer Mutter, die ihr Kind tröstet. Eine Energie, die einige Monate in den Rückführungen für intensive Erfahrungen sorgte, nennt sich Aquaria. Beschrieben wurde sie als weiblicher Aspekt der Göttlichkeit. Interessant war dabei, dass mir zeitgleich ein wunderschönes Buch zu Aquaria in die Hände fiel.

Jopie Bopp©

Bild aus der Tarotserie „Die Weise Frau"

Beispielsitzung 24

Paula ist Geschäftsfrau und schon immer spirituell gewesen. Sie erlebt sich als Matrose, als Soldat, in der napoleonischen Zeit. Das Schiff, auf dem der Matrose wirkt, ist unterwegs in eine Kolonie, um dort Waren aufzunehmen. Unterwegs gibt es ein unerlaubtes Saufgelage, das ihm und zwei Kameraden auf Anordnung des 1. Offiziers Peitschenhiebe einbringt. Voller Wut und Hass stellen die drei bestraften Matrosen dem Offizier in der folgenden Nacht eine Falle. Scheinbar ungewollt kommt der Offizier dabei zu Tode. Die drei Matrosen bleiben unerkannt. Voller Genugtuung fühlen sie sich im Recht.

Das Schiff landet auf der anvisierten Inselgruppe und nimmt dort die Waren und Schätze an Bord. Der Offizier wird bestattet. In einer weiteren Situation sieht die Klientin, wie der Matrose beim Landgang von einem Eingeborenen durch einen Pfeil erschossen und getötet wird. Meine Klientin erlebt diesen „Anschlag" hautnah und weiß, dass das Leben zu Ende geht…

In diesem Moment ist ihr klar, dass sie Folgendes auf keinen Fall nochmals mitmachen will (Glaubenssätze): Ich will nie wieder töten, betrügen, Kraft ausspielen, Menschen erniedrigen…

Wie an anderer Stelle beschrieben, wirken solche Glaubenssätze oft über viele Leben nach. Immer wieder erinnert sich unser Unterbewusstsein und sagt: „Das wollte ich doch nie wieder." Doch bewirkt diese Formulierung meist das Gegenteil, weil jeder Glaubenssatz eine dauerhafte Resonanz ausübt. Ständig zieht man nun solche Erfahrungen ins Leben.

Die Klientin erfährt sich nach diesem Leben erdgebunden, denn der Soldat will nicht ins Licht gehen: „Ich finde es jammerschade, so jung und ich soll schon gehen?!" Der Soldat sieht Lichtwesen, die anbieten, ihn ins Licht zu begleiten, doch er lehnt es ab.

Ich lasse Paula nun betrachten, wie lange sie denn diesen erdgebundenen Zustand erlebt hat. Es waren viele Jahrzehnte fehlender Orientierung. Sie beschreibt, dass sie plötzlich wie von einem Magneten angezogen wird: „Da steht ein Eingeborener, der mich in einen Steinkreis hineinzieht. Er macht irgendein, mir fremdes Ritual." Beide freunden

sich voller Respekt an. Der Eingeborene kann ihn, der ja nur noch als Seele präsent ist, wahrnehmen und ermuntert ihn dazu, während eines Rituals ins Licht zu gehen. Er kann dies nach dieser langen Zeit des erdgebundenen Zustandes annehmen und wird von Engeln begleitet.
„Ich werde getragen", sagt Paula.
Auf der Zwischenebene erlebt sie sich nun umgeben von einigen Seelen, die sie kennt: Verwandte, Freunde aus dem damaligen und dem jetzigen Leben. Aber auch andere Wesen tauchen auf. Alle unterstützen und umsorgen sie, da es eine sehr anstrengende Erfahrung war. Vor allem die lange Zeit des erdgebundenen Zustandes hat sie als sehr belastend empfunden.

- Maria begrüßt sie und sagt mit einer Träne in den Augen: „Schwester, du hattest eine schwere Aufgabe, es war eine schwere Prüfung. Nach dieser Erfahrung bist du jetzt in der Lage, erdgebundenen Seelen zu helfen…" Maria weiter: „Du stammst aus der göttlichen Quelle, und wir sind seit Anbeginn der Zeit bei dir und begleiten dich." Maria segnet sie: „Von nun an bist du frei, zeige deine schöpferische Kraft. Vergiss nicht, woher du kommst, ich werde dich immer begleiten. Tu was du tun musst, geh deinen Aufgaben nach."

- Ihr Hüter der Akasha Chronik: „Du wolltest Arroganz leben und ablegen, deinen Blickwinkel wechseln, vom materiellen zum geistigen Prinzip. Du wolltest lieben, leben… Doch hast du belogen, betrogen und enttäuscht…"

- Der Hüter zeigt ihr, dass sie sich mit diesem Leben 33 Ausgleichsleben eingehandelt hat. Dieses Karma kann noch nicht gelöst werden. Einige Erfahrungen und Klarheiten muss sie noch gewinnen. Der Hüter zeigt ihr noch ein paar Dinge aus dem damaligen Leben, die ihr nicht klar waren: Die Soldaten hatten bei einem Kutschenüberfall Geld gestohlen. Der Offizier wusste es und musste deshalb sterben. Jetzt ist es an der Zeit, zu vergeben und um Verzeihung zu bitten. Eine Erkrankung, unter der sie heute leidet, hat mit der nie ausgeführten Vergebung zu tun.

Beispielsitzung 25

Elvira hat viele Themen mitgebracht, vor allem ihre schwere Kindheit, Partnerschaft, Hellsichtigkeit und so weiter.
Zu Beginn tauchen einige Tiere auf. Sie teilen mit, dass sie als begleitende Krafttiere unterstützen: „Nimm uns wahr und lass unsere Hilfe zu, richte dich auf und sei wieder groß…"
Plötzlich taucht ein sehr helles Licht auf, hell wie eine Sonne. Sie teilt Elvira ihren Namen mit: „Aquaria." Die Klientin spürt, wie eine starke Energie über den Kopf einfließt.
„Aquaria fühlt sich wie Mutter-Maria-Energie an", sagt die Klientin. Aquaria sagt: „Erwache, du bist göttlicher Natur, glaube an dich, dein Licht, du wirst gebraucht." Elvira ist verblüfft: „Ich kann das gar nicht glauben…"

Für Elvira war diese Begegnung eine intensive Erfahrung. Das Wesen kannte sie noch nicht. Umso mehr verblüffte sie die Kraft, die Klarheit und die Botschaften…

Beispielsitzungen 26

Emilia ist noch jung und leidet dennoch bereits an einigen Erkrankungen und Beschwerden. Außerdem hadert sie schon lange mit ihrem Mutterthema und quält sich mit sexuellen Übergriffen durch einen Verwandten während der Kindheit, mit Distanz und einigem mehr. Das volle Programm also…
Auch ihre Sitzung scheint ein volles Programm abzubilden. Sie schaut sich viele Situationen unterschiedlicher Leben an:
1. Situation: Sie erlebt sich in einer früheren Inkarnation) als Kind, das vom Vater sexuell belästigt wird. Sie will es nicht und wehrt sich. Dabei empfindet sie Schmerzen, Traurigkeit, Wut und Hilflosigkeit…
2. Situation: In einem anderen Leben hilft sie einer alten Frau, die beraubt wird. Erfolgreich schlägt sie den Dieb in die Flucht. Die alte Frau ist dankbar, doch die Helferin kommt vor Gericht. Zu Unrecht

angeklagt, fühlt sie sich hilflos, enttäuscht, spielt mit Suizidgedanken und vieles mehr. All das kennt sie auch im Jetzt.

3. Situation: Diese ist lange her. Sie ist eine Komtesse, wohnt in Frankreich und muss heiraten. Der Grund ist Geld. Sie ist jung und sehr hübsch. Er verehrt und liebt sie… Doch sie will nicht! Sie weist ihn zurück, lehnt ihn ab. Sie spielt wundervoll Klavier und muss häufig für die bessere Gesellschaft und Geschäftspartner des Mannes spielen. Wenn sie spielt, fühlt sie sich wie im Himmel, ja sie kann dabei entfliehen, fliegen… Doch sie tut dies gerne für sich oder in der Familie und nicht, weil es für das Geschäft gut ist. Sie beginnt so, das Klavierspiel zu hassen. Die Familie möchte, dass Kinder kommen, doch sie will keinen Sex mit diesem Mann, sie liebt ihn ja nicht…

Er ist sehr traurig, sie ist abweisend. Er gibt sich viel Mühe, ohne Erfolg, denn - sie wollte das ja nicht!

Dann stirbt er (sehr jung) plötzlich, unverhofft. Sie ist bei seinem Ableben anwesend und sehr schockiert. Er stirbt wohl an gebrochenem Herzen. „Es ist meine Schuld, ich habe ihn erfroren…“ Sie ist traurig: „Es tut mir so leid. Ich konnte nicht über meinen Schatten springen.“ Interessanterweise spürt sie die Trauer in den Füßen! Viele Mitmenschen trauern mit ihr, doch sie gibt sich die Schuld…

Sie stirbt einsam, traurig, mit Schuldvorwürfen, trägt immer noch den Ehering…

(Sie kennt zu dieser Geschichte eine Parallele in der Familie im Heute)

Im Moment des Sterbens ist sie zufrieden, denn „ich weiß, ich habe es falsch gemacht und ich werde es wiederholen (müssen)…“

Zwischenebene: „Das fühlt sich aber gut an, es ist, als wäre ich nie weg gewesen. Wir erzählen hier, tauschen uns aus, wir lachen und freuen uns.“ Sie sieht und erlebt viele Seelen, Wesen, Lichter, Farben…

Ihr Mann aus dem damaligen Leben entfernt sich, denn er ist noch in „trauriger Distanz“.

Als Geistführer zeigt sich Metatron! Er hat Humor! „Du wolltest doch nicht wieder inkarnieren, wieso machst du es dann immer wieder?“ „Du hast Angst davor, deine wahre Größe zu erkennen!“

Sie schaut mit Metatron in weitere Inkarnationen:

- „Ich habe eine ganz besondere Nähe zu Maria. Es ist wie eine Art Seelenbeziehung."
- „Ich bin Heilerin, die Leute kommen zu mir… sie bewundern mich, sie sind so dankbar."

Dann beschreibt sie im Rückblick auf die betrachteten Leben:

- „Ich habe mein Leben nicht angenommen."
- „Ich war voller Widerstände - auch heute ist das so."
- „Ich soll endlich leben."
- „Ich habe es nie wirklich kapiert."

Nun besucht sie den Hüter der Akasha Chronik. Dabei taucht ein Buddha auf! (Lustig, denn ich habe ihn vorher sehr deutlich gefühlt.) Er lacht! „Hab Geduld mit dir! Du hast das alles in dir."
Bei der Betrachtung ihres Karmas sagt Buddha zu ihr: „Eigentlich ist nichts mehr da, doch du hattest dir 142 Ausgleichsleben genommen, ohne Grund. Das Karma wird aufgelöst..."
Nun aktiviert Buddha das Licht in ihr! Sie fühlt unglaublich viel Liebe, Licht, Freude…
Nun werden dunkle Energien, Flecken, in der Aura gelöst. Ihre Seelenverträge werden korrigiert! Auch energetische Verbindungen mit Menschen werden gereinigt.
Buddha und Maria sagen: „Lass die Menschen sein!"… „Mach was du möchtest, begib dich in den Fluss des Lebens! Du machst es richtig."
Eine wundervolle, lange Sitzung mit einer sehr dankbaren Klientin!

Sabine Kathriner©

Hüter der Akasha Chronik aus Lucias wunderbare Seelenreise

Hüter der Akasha Chronik

Eine weitere Instanz der Geistigen Ebene nennen einige Rückführer: „Hüter (oder Hüterin) der Akasha Chronik". Ich umschreibe dieses Wesen hier als die Instanz, die alle Informationen, sprich alle Erfahrungen, der Seele sammelt und zusammenträgt. Daher nenne ich die Akasha Chronik auch gerne „Lebensbuch". In einem anderen Themenbereich beschrieb es ein Klient so: „Hier gibt es viele leere Schriftrollen. Ich darf sie alle füllen. Mein Lehrer unterstützt mich dabei..."

Warum die Seele eine Art Lebensbuch/Chronik braucht? Sie ist doch göttlich, reines Licht und durch alle Zeiten bewusst und immer verbunden mit Gott... Ja, das ist sie, aber...

Einer der Gründe ist, dass sie in allen Inkarnationen mit dem unterwegs ist, dass ich gerne „unser Gesamtbewusstsein" nenne. Dieses ist wichtig, um die Erfahrungsreise so zu machen, wie wir es uns für die jeweilige Inkarnation vornehmen. So nimmt dieses Gesamtbewusstsein oft Form an, da es für spezielle Erfahrungen einen Körper benötigt. Inkarniert es auf der Erde, ist es mit Verstand und Logik ausgestattet. In manchen Daseinsformen, beispielsweise als Mensch auf der Erde, gibt es einen Gegenpart für das göttliche Bewusstsein, das Ego... In anderen Daseinsformen existieren keine Verstandesanteile, da unser hohes Bewusstsein keinen Verstand benötigt, um alles zu wissen.

In unseren Leben sammeln sich häufig Dinge an, die über viele Inkarnationen wirksam sind, wie Karma, Verträge, Flüche, Elementale und so weiter. Außerdem - und dies ist ein wichtiger Aspekt - ist jede Seele mit einer Art Seelenbestimmung unterwegs. Man könnte dies auch „Großauftrag" nennen. Eine solche Seelenbestimmung wird in vielen Leben immer wieder als zentrale Aufgabe auftauchen. Und immer wieder wird die Seele sich hinterfragen: „Habe ich in Bezug auf meine Seelenbestimmung alles, aber auch wirklich alles erfahren, verstanden und verinnerlicht?" Die Seele wird all diese Punkte immer wieder mit dem Hüter der Akasha Chronik betrachten. Und mit zunehmender Bewusstheit wird sie feststellen, dass ihr Lebensbuch immer lichtvoller,

immer klarer wird. Ich durfte in den letzten Jahren einige Klienten erleben, deren Akasha Chronik nur noch als reines Licht erschien. Dabei war ohne jegliches Wort klar: Diese Seele hat ihre Reise weitestgehend beendet!
Die Hüter der Akasha Chronik sind hohe Wesen und durch alle Zeiten mit der jeweiligen Seele verbunden. Eine innige Beziehung verbindet Seele und Hüter, auch wenn wir Menschen dies im Leben vergessen haben. Doch viele Klienten sagen spontan: „Er/Sie ist mir so vertraut." Einige Klienten sagten sogar: „Ich kenne ihn/sie, ich bin ihm/ihr schon im Traum oder in einer Meditation begegnet - ohne zu wissen, wen ich vor mir habe." Die Hüter sind sehr wohlwollend. Auch sie versuchen, uns oft zu überzeugen, dass wir nicht so hart mit uns ins Gericht gehen sollen. Doch gegen „bockige Seelen" sind auch sie manchmal machtlos. Einige Male hörte ich einen Hüter sagen: „Ich habe dir gesagt, dass du diese Erfahrung nicht wiederholen musst, doch du wolltest es unbedingt…"
Die Hüter helfen uns, Karma, Flüche und Verträge aufzulösen und sehr vieles in Heilprozesse und Transformation zu bringen. In der Geistigen Welt haben sie einen hohen Stellenwert, da sie die Seelen vertreten und unterstützen.

Noch einige Erläuterungen zur Akasha Chronik: Ein Vergleich voraus: Im Abschnitt Engel habe ich beschrieben, dass Engel letztlich reine Energie sind, Licht in unterschiedlicher Frequenz in Bezug auf Farbe, Intensität, Klang, Duft... Damit wir in einer Begegnung mit ihnen einen solchen Kontakt überhaupt wahrnehmen können, also in Beziehung gehen können, nehmen sie manchmal Form an. Dies gilt für alles in der feinstofflichen Welt. Sobald wir mit unserem Bewusstsein in die Berührung mit der feinstofflichen Welt gehen, gleicht sich unser Bewusstsein der Schwingung der höher schwingenden Dimensionen an. Gleichzeitig gleichen sich die feinstofflichen Energien der höheren Dimensionen unseren Schwingungen an und nehmen dabei teilweise Form an, die wir „verstehen oder be-greifen" können. Das Gleiche gilt auch für die Akasha Chronik. Ich glaube, dass diese Sammlung von unglaublich umfangreichen Informationen ebenfalls reine Energie ist. Wenn uns die Hüter unsere Chronik zeigen, „packen" sie diese in eine

Form, die wir nachvollziehen können. In 95% der Sitzungen war dies ein Buch. Dabei zeigte sich oft ein goldenes Buch. Die Schwingungen, die dabei zu spüren waren, hatten oft so hohe Frequenzen, dass die göttliche Verbindung sehr naheliegend ist. Das heißt, diese Art Informationssammlung ist meines Erachtens nach ein Frequenzfeld, das direkt im Schöpfungsfeld/Göttlichen Feld enthalten beziehungsweise mit diesem verbunden ist. Dies ist auch deshalb naheliegend, da all unsere Erfahrungen dem EinsSein dienen. So kann in den reinen Informationen kein Getrenntsein bestehen. Die Akasha Chronik ist in ständiger Erneuerung und Veränderung. Alles, was wir erfahren, verändern, verinnerlichen, lösen, heilen, integrieren, verstehen… wird kontinuierlich korrigiert und aufgenommen. Ich bin mir sicher, dass gravierende Veränderungen jedoch nur mit unserer bewussten Entscheidung möglich sind. Wenn wichtige Dinge (siehe Protokolle) gelöst werden wie Karma, Flüche, Seelenverträge… erwarten die Hüter unsere klare Absicht, unser Verstehen, unsere Einsicht, oft auch Vergebung und Verzeihung. Wie beschrieben, heißt es manchmal: „Nein, dies kann noch nicht gelöst werden, denn du hast es noch nicht vollständig erfasst…“ Ich höre ab und zu von Menschen Aussagen wie: „Der und der hat in meiner Akasha Chronik das und das gelöst, gelöscht...“

Nachdem, was du hier liest, weißt und fühlst du, dass nur du in der vollständigen Verantwortung für dich die Macht hast, etwas in deinem Bewusstsein zu verändern. Die Geistige Welt unterstützt dich dabei. Und so liegt die Entscheidung bei dir, was in deiner Akasha Chronik angepasst werden soll und ob du dich selbst dahingehend verändern willst…

Die Geistige Welt und damit auch der Hüter der Akasha Chronik sind für uns immer erreichbar, ob wir dabei visualisieren, ob wir fühlen oder auf andere Weise wahrnehmen, spielt keine wirkliche Rolle. Je häufiger wir uns „üben“, beispielsweise in Meditationen, im Gebet oder in der Energiearbeit, umso mehr nehmen wir wahr. Außerdem können wir uns sicher sein, dass unsere Seele und unser Höheres Selbst immer im Kontakt mit der Geistigen Welt sind. In unseren Schlafphasen, Träumen und Meditationen sind wir im Kontakt. So erklärt sich auch, dass viele meiner Klienten während der Begegnungen auf der Zwischenebene wussten: „Hier war ich schon…" Zu einem Zeitpunkt als das Buch eigentlich schon fertig war, hatte ein Klient seine zweite Rückführung. In der ersten hatte er einige intensive Erfahrungen in früheren Leben erlebt, auf der Zwischenebene Klarheit erlangt und war dann bei seinem Hüter der Akasha Chronik gelandet. Nachdem er vorher bereits mehrfach von seinem Ego irritiert wurde (er spürte dies bewusst und konnte auch sein Ego als Störenfried identifizieren), meldete es sich hier lautstark zu Wort: „Du glaubst doch nicht, dass es so was wirklich gibt…" Dennoch hatte der Klient einen sehr intensiven und umfassenden Austausch mit seinem Hüter. Im Vorgespräch seiner zweiten Sitzung sagte er dann: „Ich hatte ja sehr intensive Erfahrungen in der ersten Sitzung und konnte sie deshalb, trotz meines übermächtigen Egos, auch als real annehmen. Auch der Austausch mit vielen Seelen und meinem Geistführer war O.K., das konnte mein Ego gerade so annehmen. Doch als ich dann zum Hüter der Akasha Chronik ging, da war es aus. Das muss ich heute vor der Sitzung sagen…" In seiner zweiten Sitzung hatte er wieder eine sehr intensive und umfangreiche Erfahrung, diesmal in der Bürgerkriegszeit der USA. Im Rückblick mit seinem Geistführer erfuhr er viele Details und Auflösung. Dann erklärte ihm sein Geistführer: „Du hast dir in der letzten Sitzung mit dem Hüter der Akasha Chronik schwergetan, es schwer akzeptieren können, dass er existiert. Diese Wesen sind so eng mit euch verbunden, ihr könnt ihnen letztlich immer begegnen. Es gibt keine Trennung, versucht es einfach. Sie sind immer für euch da, unterstützen euch. Am einfachsten ist euer Zugang über euer Herz…" Und nun konnte mein Klient es annehmen.

Dieser klaren Ansage eines Geistführers ist nichts hinzuzufügen. Ich ergänze hier auch keine Beispielsitzungen, da die Hüter in vielen Abschnitten erwähnt sind.

Räte

Ja, auch so etwas wie Räte existiert in der Geistigen Welt. Man könnte sagen: Die Mitglieder dieser Räte befassen sich mit übergeordneten Themen. Dabei nenne ich einige kurz, sicher gibt es viele weitere:

- Der Kosmische Rat... ist eine Zusammenkunft vieler hoher Wesen (Engel und Meister), die sich um „übergeordnete Themen" des Kosmos, der Gesamtschöpfung kümmern.

- Der Galaktische Rat... ist die Zusammenkunft vieler Wesenheiten vieler Planeten, Galaxien, Universen, um für den ständigen Einklang der Galaxien zu sorgen.

- Der Karmische Rat... sind Wesenheiten (Engel, Meister, erleuchtete Seelen...), die für die individuelle Seele unterstützend wirken. Sie beobachten, ob die Seele ihrem Weg treu bleibt. Wie beim Hüter habe ich auch hier erlebt, dass der Karmische Rat eine Seele auch mahnend zur Ordnung rufen kann. Ab und zu heißt es zum Beispiel: „Nein, dieses Karma kannst du noch nicht auflösen, du hast es noch nicht verstanden..." Die Seele reflektiert nach einem Leben beispielsweise mit dem Karmischen Rat, ob sie ihre Aufgaben erfüllt hat. Wie angedeutet, wird Karma aus früheren Leben gelöst, wenn die Seele das Bewusstsein dazu erlangt hat. Doch ist der Karmische Rat nicht nur als mahnendes Gremium zu verstehen, er gibt auch Rat, was die Seele auf ihrer Seelenreise verändern kann, um zum Ziel zu kommen. Wer meditiert kann am 30.6. und am 31.12. eines Jahres einen guten Zugang zum Karmischen Rat erfahren. Meditiere mit dem inneren Impuls, dem Karmischen Rat zu begegnen! Frage diesen dann die Dinge, die dir wichtig sind und bitte um Information, Antwort und Unterstützung!

- Die Weiße Bruderschaft: Dies sind hohe Wesenheiten, die zusammen wirken, um die Gesamtentwicklung der Schöpfung zu begleiten. Diese Wesenheiten haben selbst Inkarnationen als Mensch erlebt und sind zu Meistern aufgestiegen.

Jopie Bopp©

„Engel der Führung / Asanael"

Du ziehst mich mal wieder heraus aus meinen Fehlschöpfungen - rettest mich – zeigst mir den Weg zur Quelle, den ich verloren habe – Mit der Kraft und Energie des Feuers stärkst du mich und gibst mir den Halt den ich wie ein kleines Kind brauche, um nicht unter zu gehen – Du zeigst mir meinen neuen Horizont.

Geistführer

Zu den Geistführern ist schon vieles in den Abschnitten beschrieben worden, auch tauchen sie immer wieder in den Protokollen auf.

Im folgenden Protokoll wird sehr deutlich, auf welche Weise uns Geistführer unterstützen können.

Wie bei vielem, was ich zur Geistigen Welt und unserer „Menschverbindung" mit dieser Lichtwelt schreibe, wirst du vielleicht denken: „Das, was Horst Leuwer da schreibt, das weicht aber von vielem ab, was andere sagen und schreiben…" Ich weiß das, und ich stehe dazu, denn vieles ist erfahrungsbasiert und dies nicht, weil ich es alleine so erlebte oder wenige Klienten, nein, viele Kollegen und auch viele Klienten bieten die Grundlage für dieses Buch und auch für die Ausführungen zu den Geistführern… Was sind Geistführer? Was steckt in diesem Begriff? Ich denke, dass der Begriff Geistführer bereits vieles erklärt. Ein Geistführer führt (begleitet wäre vielleicht noch treffender) den geistigen Anteil eines anderen Wesens. Wie an anderer Stelle beschrieben, ist dies das gesamte Bewusstsein einer Wesenheit. In einer Inkarnation ist es das verkörperte Bewusstsein. Wir als Menschen sind immer mit unseren Geistführern verbunden, fühlen oder sehen diese jedoch meist nicht.

Ich las neulich, dass Geistführer immer Engelwesen seien. Dies weicht von meinen Erfahrungen deutlich ab. Die Geistführer meiner Klienten waren meist Seelen der Geistigen Welt, erleuchtete Seelen, Meister, aber auch feinstoffliche Wesen wie Feen, Engel, Elohim und so weiter.

Auch erlebte ich einige Male, dass sich mehrere Geistführer zeigten. Dabei wurde dann deutlich, dass die Geistführer das sind, was wir in unserer Arbeitswelt heute „Experten" nennen. An anderer Stelle habe ich beschrieben, dass wir Mitspieler für unser Leben suchen, die uns aufgrund ihrer Schwingungen unterstützen können. Genauso verhält es sich bei unseren Geistführern. Sie sind oft Spezialisten für bestimmte Themenbereiche unseres Daseins. Als Beispiel fällt mir ein, dass eine Klientin sah, dass sie in früheren Inkarnationen und im aktuellen Leben sehr viel mit Tieren zu tun hatte. Mal beschützte sie Tiere, mal konnte sie mit ihnen kommunizieren, mal half sie ihnen beim Sterben und so weiter. Sie war sehr berührt, als sich Franziskus als ihr Geistführer zeigte. Ein anderer Klient beschrieb bereits im Vorgespräch seine Leidenschaft für die Musik. Jedoch hatte er nie die Möglichkeit, sich der Musik zu widmen. Bei ihm tauchte sein Großvater auf. Dieser hatte ein Instrument gespielt und war leidenschaftlicher Sänger. Er machte seinem Enkel, den er jetzt als Geistführer unterstützte, klar, dass es nun Zeit sei, sich dem zu widmen, was er liebt, der Musik.

Jetzt wirst du vielleicht überlegen: „Wer könnte mein Geistführer sein?“ Letztlich ist dies nicht wirklich notwendig zu wissen. Natürlich kannst du die Frage an deine Seele richten oder an die Geistige Welt. Achte dann auf jeden Hinweis, also auf das, was du liest, siehst und hörst. Meist kommen die Antworten schnell. So könntest du, nach dem Aussprechen der Frage, ein Foto eines Ahnen vorfinden oder ein Lied hören, in dem dich ein bestimmter Namen anspricht… Nimm an, akzeptiere, dass dein Geistführer als Experte an deiner Seite ist! Sprich ihn so an! Stehe ich vor einem Problem, dann schaue ich manchmal nach oben und sage: „So, und nun benötige ich Unterstützung von einem Helfer, der genau weiß, was zu tun ist…“

Versuche es! Die Geistige Welt lässt uns niemals „im Regen stehen“. Diese Metapher passt doch gut. O.K.! Du hast recht. Klar, ich habe auch Situationen erlebt, in welchen ich dachte, ich wäre völlig alleine gelassen oder hilflos oder Ähnliches. In diesem Moment sagen meine Helfer vielleicht: „Dieser Regen tut ihm gut, er reinigt, klärt, kühlt ab…“ Natürlich schmunzele ich beim Schreiben dieser Worte... Aber du wirst zugeben, viele unserer Erfahrungen sind wichtig, um wirklich zu lernen. Und solche Lernerfahrungen machen uns zu Experten!

Dein Geistführer wartet auf dein Einverständnis, damit er dir die Unterstützung zukommen lassen kann, die für dich wichtig ist.

Beispielsitzung 27

Die folgende Sitzung war für mich eine besondere Sitzung, zum einen, weil die Klientin von vorneherein überzeugt war, sie sei völlig unspirituell und sie würde sowieso nicht entspannen können, zum anderen, weil der aus dem Nichts auftauchende Geistführer eine unglaubliche Präsenz hatte sowie sehr viel Weisheiten und auch Humor an den Tag legte…

Nora kommt mit den Themen Beziehungen, Kinderwunsch, Elternthemen, fehlende Spiritualität zu ihrer Sitzung…

Sie ist fest davon überzeugt, dass sie unfähig ist, zu entspannen. So sieht sie eigentlich kaum Erfolgsaussichten für die Sitzung. Und dennoch folgt ein schneller Einstieg in erste Bilder… Eine Kugel in der Mitte eines gläsernen Raumes verwandelt sich in gleißendes Licht, in das Nora eintaucht.

Sofort sieht sie sich am Lagerfeuer einem alten, blinden Mann gegenübersitzen. Dieser outet sich als ihr Geistführer und Meister.

Lustig sind während dieser Sitzung die Kommentare und Fragen der Klientin. Beispielsweise fragt sie mich nach der Aussage dieses Weisen: „Was ist das, was er mir gerade gesagt hat, ein Geistführer…?"

Sie ist verblüfft, mit welcher Energie und Geradlinigkeit dieser Weise mit ihr spricht. „Er schaut so ernst, und so spricht er auch…"

Er sagt: „Man muss nicht sehen, um zu wissen." Nun steht der Geistführer auf, nimmt die Klientin an der Hand, geht an einen Teich und steckt die Finger hinein:

„Was fühlst du?", fragt er mürrisch.

Die Klientin weiß augenblicklich: „Das Wasser in diesem Teich enthält alle Informationen fast aller Seelen." Ich bin in diesem Moment genau so verblüfft von dieser Aussage wie die Klientin selbst, denn sie hat dies so schnell ausgesprochen, sie hatte keine Zeit zu überlegen. Der Meister erklärt ihr einiges zum Thema Energie und Bewusstsein, und er beantwortet viele unserer Fragen:

- Wasser enthält alle Urinformationen, daraus könnte der Mensch alles Wissen ziehen, wenn er es denn endlich tun würde.
- Es ist eine Aufgabe der Klientin, dies alles zu entdecken und damit zu wirken. Sie kann vieles lernen, kann Heilung erfahren, bewusster werden.
- Das Urwissen trägt mit seiner Schwingung all diese Informationen und gibt sie an den Empfänger weiter. Voraussetzung dafür ist, dass der Mensch offen ist und bewusster werden möchte, entdecken möchte.
- Auf meine Frage, ob auch „Grander Wasser" diese Informationen trägt, verlässt er seine bisherige ernste Mimik und lacht: „Genau", ist seine Antwort. Er fährt fort und beantwortet weiter:
- „Die Menschen haben das Wasser zerstört.... Ihm fehlt meist die Urinformation. Dazu tragen Chemikalien, Umweltzerstörung, das Durchpressen durch Leitungen mit hohem Druck, aber auch Gedanken und Handlungen bei. Alles hat einen Einfluss auf alles und deshalb ist es wichtig, wieder zum Urbewusstsein zurückzukehren, denn hier ist alles auf dem Weg zur EINHEIT enthalten."
- Der Tsesit (ein Heilstein) kann das, was das Wasser diesbezüglich macht, auf ähnliche Weise, auch er besitzt die Urinformation.
- Die Großmutter der Klientin hat viel Leid in der Familie verursacht (Streit, Hass, Trennung etc.). Die Klientin muss dennoch lernen, ihr bedingungslos zu verzeihen.
- Nora hat eine Masse an Fremdenergien aufgesammelt, der Meister zeigt ihr dies. Über den ganzen Körper sind diese Energien verteilt.
- Sie darf in den Teich eintauchen, woraufhin viele Energien verschwinden, die der Großmutter ebenfalls, aber nicht alle. Langsam erkennt die Klientin, dass sie sich wegen der

Großmutter-Erfahrungen viele Energien der Schuld dorthin, also auf den Rücken, gepackt hat, Schuldgefühle, die völlig unbegründet waren. Diese kann sie jetzt nach etwas Betrachtung loslassen.

- Die Violette Flamme löst und löscht noch viel.
- Einige Krafttiere zeigen sich und bieten Hilfe an.
- Der Schutzengel der Klientin taucht auf und bietet ebenfalls seine Unterstützung an.
- „Vertraue, du schaffst das, mach weiter…“, sind Aufrufe der Helfer.

Eine sehr glückliche Klientin verlässt mich nach 6 Stunden.

Ich ergänze kein weiteres Beispiel für Geistführer, da diese in vielen Protokollen ausreichend erwähnt sind.

Jopie Bopp©

Titel: „Tanz der Seele“

Mein Körper schläft - doch als Seele tanze ich mich durch die Sphären andere Dimensionen – Befreit von der Last der Materie wohne ich den großen Zeremonien in den Universitäten der geistigen Welt bei – dann kehre ich zurück – alles scheint vergessen – ein neuer Tag, ein neues Leben - und doch habe ich mich verändert.

Die Seelen zuvor inkarnierter Menschen/Verstorbener

In verschiedenen Abschnitten habe ich die Verbindung von „allem was ist“ auf unterschiedliche Weise beschrieben. Im folgenden Abschnitt hat die Tatsache, dass alle Seelen miteinander verbunden sind, aus anderen Gesichtspunkten einen besonderen Stellenwert.

In einigen Protokollen spielen die Themen Sterben und Tod, insbesondere aber auch die Verstorbenen, eine Rolle.

Vielen, aber sicher längst nicht allen Lesern ist es bewusst, dass bestehende Energie nicht vergeht. Alles, was an Energie erschaffen wird, bleibt bestehen. Natürlich verändern sich die Energien, zum Teil werden sie transformiert, sie nehmen andere Formen an oder gehen in ihren Ursprungszustand zurück… Unsere Verstorbenen (wir natürlich auch, wenn es soweit ist) verändern nur den Aggregatzustand. Die Seele verlässt den Körper, verbindet sich mit allem, was den Menschen ausgemacht hat, also seinem Bewusstsein, der reinen Energie des Körpers, der Lebensenergie. Dann begibt sie sich an den Ort, mit dem sie sich anfreunden kann, in das Licht oder auch in Ebenen, die im Abschnitt Besetzungen näher beschrieben sind. Doch in diesem Abschnitt geht es um die Seelen, die sich ins Licht begeben. Manchmal haben Seelen keinen Bedarf oder Anspruch mehr, die Verbindung zur irdischen Welt, also zu ihren Hinterbliebenen, zu halten. Dies ist beispielsweise so, wenn sie ihre Dinge gelöst und geklärt haben und bereit sind, in höhere Sphären zu gehen. Doch meist ist den Verstorbenen daran gelegen, ihren Lieben auf der Erde zu helfen. Zum einen sind die Seelen auf der Seelenebene eng verbunden (was ihnen jederzeit bewusst ist). Zum anderen ist den Seelen bewusst, dass sie mit gemeinsamen Lebenswerken unterwegs waren. Außerdem ist es die Liebesschwingung der Seelen, die sie veranlasst, in Verbindung zu bleiben.

Man kann sich die Beziehung unter den Seelen so vorstellen wie folgende reale Lebenssituation. Eine Schülerin macht sich auf, um ein Jahr Auslandsstudium zu machen. Sie weiß, dass sie nicht nur sehr liebevolle Eltern zuhause zurücklässt, sondern auch einen Bruder, der sie sehr beim Lernen unterstützt hat, eine Freundin, mit der sie über alles sprechen konnte, Großeltern, bei denen sie aufgefangen wurde, wenn niemand da war. Nun studiert sie in Japan, fühlt sich völlig fremd, verlassen, hat keine Lust zu lernen, alles fällt ihr schwer. Gleichzeitig denkt sie sich, sie würde allen zur Last fallen, wenn sie sich jetzt meldet, um Unterstützung zu erhalten. Zuhause ahnt man, dass sie sich mit diesen Voraussetzungen schwertut. Gleichzeitig möchte niemand der Beteiligten ihr das Gefühl geben, es nicht alleine schaffen zu können. Und so plagt sie sich mit sehr unguten Gefühlen und vielem mehr... Verstorbenen geht es ähnlich. Sie sind die Gelehrten, Bewussten, liebenden Helfer, die jedoch nicht eingeschaltet werden, obwohl es die Hilfsbedürftigen gibt. So bleiben sie tatenlos und können nur zuschauen. Wir, die wir diese Hilfe bewusst einfordern müssten, könnten in erheblicher Weise von der Weisheit der Verstorbenen profitieren. Also: Fühle in dich hinein, ob es eine nahe Seele geben könnte, die darauf wartet, dass du ihr erlaubst, für dich aktiv zu werden. Dies ist sehr einfach: Sprich mit dieser Seele wie mit einem Menschen den du magst, so, wie dir der Schnabel gewachsen ist. Denke an liebevolle Formulierungen und auch ans Danken. Ein weiterer Punkt in diesem Zusammenhang sind die offenen Dinge zwischen den Seelen, vor allem nicht geklärte Probleme, Verletzungen, Hass, Ärger, Wut, Schulden und so weiter. Auch zu solchen Problemen und Themen kann ich immer nur sagen:

„Sie sind nicht tot!" Es gibt kein „tot sein"!

Und deshalb kannst du mit deinen Verstorbenen alles klären, was ihr vor dem „Wandeln" verpasst habt. Wenn du das Gefühl hast, dass es dir schwerfällt, dies aus den Gedanken oder dem Herzen heraus zu tun, dann stelle dir ein Foto des Menschen auf, mit dem du sprichst. Du kannst auch ein Andenken oder etwas Symbolhaftes nehmen, um die Erinnerung zu verbessern. Sprich immer liebevoll mit der Seele, denn sie kennt keine Negativität mehr. Selbst wenn du sie anschreien würdest, sie beschimpfen würdest, es würde mit dieser Seele nichts wirklich machen. Selbstverständlich freut sie sich mehr über liebevolle Worte. Außerdem weißt du ja jetzt, dass negative Frequenzen zu dir zurückkehren. All das, was du in Liebe klärst, verändert die Schwingungen in deinen Feldern und in den Feldern der Ahnen. Mir ist diese Art der Bewusstseinsveränderung aus der Rückführungsarbeit heraus sehr wichtig geworden. Nach dem Kontakt zu englischen Medien (Seminar in einer englischen Medienschule) ist mir das Wirken auf diese Weise noch wichtiger. Auch habe ich eine andere Einstellung zur segensreichen Arbeit vieler sehr guter Medien bekommen.

Zusammenfassend möchte ich nochmals betonen: Alle Seelen, die uns nach einem Leben verlassen, sind in einem anderen Seins-/Bewusstseinszustand. Aus diesem heraus können sie die Verbindung zu uns halten. Wir können dies ebenso. So ist es uns möglich, Ungeklärtes zu klären sowie die Hilfe der Verstorbenen aktiv anzunehmen. Hilfreich ist es, anzuerkennen, dass die Seele früher oder später in ihren eigentlichen Seinszustand zurückkehrt (denn sie geht ja unter Umständen einige Umwege). Dort ist sie sich ihres rein energetischen Bewusstseins gewahr. So spielen alte Widerstände, Sorgen und Nöte und vieles andere keine Rolle mehr. Sie (die Seelen) sind da, reichen dir die Hand und freuen sich, wenn du sie annehmen kannst.

Selbstverständlich kannst du das, was du mit Verstorbenen oder auch Geistwesen klären möchtest, selbst klären. Wie an anderer Stelle schon geschrieben, benötigt es manchmal etwas Erfahrung, Mut, Geduld und auch Vertrauen. Doch glaube mir, es funktioniert.

Wenn du glaubst, dass du dies nicht kannst, aber dennoch gerne Kontakt zur Geistigen Welt herstellen möchtest, kannst du dies über erfahrene und gute Medien. Lass dich bei der Auswahl von deinem Gefühl leiten. Ein anderer Weg, Antworten zu finden, ist die Rückführungsarbeit, auch hier kommt es oft zum Kontakt, wie du in den Protokollen siehst.

Besetzungen, Fremdenergien, Elementale

Als Rückführungstherapeut erlebe ich häufig Klienten, die sozusagen nicht alleine zu mir kommen. Sie tragen sogenannte Besetzungen, Fremdenergien oder Elementale in ihrem Energiefeld. Innerhalb meines Wirkungsfeldes ist das etwas völlig Alltägliches geworden. Auch wenn es dich erschrecken mag, schätzungsweise 98 % der Menschen haben diese Energien in ihrem Gepäck. Anfangs machte mich der Gedanke an Fremdenergien unruhig, ich konnte nicht wirklich etwas damit anfangen und dachte: „Das ist nichts, womit ich arbeiten werde." Ich erlebte eine erfahrene Kollegin, die mir sagte: „Wenn zu mir Klienten mit Besetzungen kommen, schicke ich sie zu meinen Kollegen." Mir wurde deutlich, dass dieses Thema auch für andere Kollegen heikel ist.

Doch wie so oft kam es anders als man denkt. Ständig tauchten Menschen mit Besetzungen auf. Damit du dir Vorstellungen machen kannst, um was es beispielsweise geht, zähle ich ein paar Fälle auf, bei denen Besetzungen eine Rolle spielten:

- Ein Klient kam zu mir, um Klarheit zu bekommen, warum er seit einiger Zeit ohne ersichtlichen Grund unter einer Bronchitis litt. Atembeschwerden, Druck auf der Brust und ein beklemmendes Gefühl machten ihm den Alltag schwer. Ursächlich war eine Besetzung. Vor Monaten war sein Vater gestorben. Die beiden hatten ein gutes Verhältnis. Der Klient hatte sehr getrauert, ihn nicht loslassen können. Der Vater seinerseits spürte dies und wollte seinen Sohn unterstützen. Seine Energie blieb beim Sohn und zwar auf dessen Brustkorb. Der Vater verursachte damit die Enge und Schwere. Er war Asthmatiker und seine Beschwerden waren nun die Beschwerden des Sohnes. In dem Moment, in dem die Energie den Sohn verließ, war dieser beschwerdefrei.

- Eine Klientin suchte mich auf, weil sie bereits seit etwa 15 Jahren unerklärliche Unterleibsbeschwerden hatte. Während der Arbeit stellte sich heraus, dass die Energien zweier Totgeburten noch in ihrem Bauch waren. Nachdem wir sie „lösen" konnten, waren die Schmerzen, das Völlegefühl und vieles weitere wie weggeflogen.

- Ein Klient beschrieb, dass er seit vielen Jahren unter Konzentrationsstörungen und Kopfschmerzen litt. Während der Arbeit tauchte eine Verwandte von ihm als Besetzung auf. Diese war, nach einem als Kind erlittenen Schädelhirntrauma, behindert. Als sie verstarb, fand sie den Weg ins Licht nicht und heftete sich an ihren Neffen, meinen Klienten - natürlich dort, wo beide eine Schwachstelle hatten, am Kopf. Nach Lösung der Besetzung war der Klient wieder in seiner Konzentration. Die Kopfschmerzen verschwanden.

Besetzungen können ganz alltägliche Beschwerden an allen Körperstellen hervorrufen. Schul- und Alternativmedizin können hier keine Antworten geben, sie kennen dieses Themenfeld so nicht. Obwohl: Kurz vor Fertigstellung dieses Buches erzählte mir eine Klientin: „Ich habe seit einiger Zeit Probleme im Halswirbelsäulenbereich: Schmerzen, Halsschmerzen, einen Kloß im Hals und so weiter. Damit ging ich zu meinem Hausarzt. Er kennt mich und meine Familie sehr gut und wusste, dass meine Großmutter vor einigen Monaten verstorben war und ich sehr getrauert habe. Nachdem er mich gründlich untersucht hatte und nichts fand, sagte er mir, ich solle doch jetzt meine Großmutter endlich gehen lassen…" Ich war so sehr beeindruckt, dass ich erst mal keine Worte fand. Ein Schulmediziner, der eine so klare und objektive Einschätzung auch über die Schulmedizin hinaus, offen ausdrückte, das hatte ich nicht erwartet. Andererseits weiß ich, dass sich heute vieles verändert. Viele Menschen werden offener. Die Tatsache, dass sich auch ein Seelsorger, mehrere Mediziner, Anwälte etc. rückführen ließen, zeigt, dass sich das Bewusstsein der Menschen verändert.

Auch wenn es für viele Menschen wie eine Geistergeschichte oder Spuk klingt, ist das Thema dieses Abschnittes für mich heute völlig normal. Ich habe in meinen Rückführungsbüchern viel zu diesem Thema geschrieben. Wer also mehr wissen möchte, der lese dort oder im Buch „Dreißig Jahre unter den Toten" vom amerikanischen Psychiater Carl

Wickland. Dieses hat mir geholfen, das „Normale“ des Themas zu fühlen. Er beschrieb bereits in den 20ern des vergangenen Jahrhunderts Hunderte solcher Fälle.

Warum kommt es zu diesen Phänomenen? Ich habe viele und gleichzeitig sehr unterschiedliche Gründe für Fremdenergien und Besetzungen erlebt. Ich versuche diese knapp zusammenzufassen.

Der normale Fall des Übergangs, der Wandel vom feststofflichen menschlichen Körper hin in eine andere Dimension, wir sagen kurz „ins Licht“, geht oft „einfach so“. Der Sterbende hat sein Leben gelebt, er trauert nichts und niemandem hinterher, hat keine Schuldgefühle mehr, keinen Hass, hat sozusagen alles geklärt. Er ist mit sich im Reinen und ist bereit zu gehen. Unter diesen Umständen wird er dies tun. In der anderen Dimension gibt es Helfer und Begleiter, die die Seele bereits in der Wandlungsphase begleiten und unterstützen. So gelangt die Seele ins Licht.

Ist die Seele nicht mit sich und ihrem Umfeld im Reinen oder glaubt sie, noch Dinge tun zu müssen, oder kam der Tod unerwartet, gelingt dieser Übergang oft nicht reibungslos. Das Bewusstsein des Menschen ist in dieser Phase des Wandels oft sehr unbeholfen, voller Angst, Trauer, Drama, Schmerz... Wer beispielsweise im Leben auf die unsinnige Möglichkeit einer Hölle vorbereitet wurde, der hat Angst, dort zu landen. Manchmal geschieht es, dass der beschriebene Übergang ins Licht nicht entdeckt und deshalb nicht genommen wird. Nun ist der Mensch ja gewohnt, mit irgendeinem Körper im Kontakt zu sein. Da der eigene Körper nicht mehr existiert, heften sich solche Seelen (genauer gesagt, das Bewusstsein) in diesen Situationen an Menschen, die sie kennen, denen sie vertrauen und die für sie eine Bedeutung haben. Nahezu immer bieten diese Menschen gleiche Bedingungen wie der ursprüngliche eigene Körper. Das Energiefeld des neuen „Wirtes“ ist nicht einfach so zu betreten. Es muss sich eine Lücke zeigen, durch die die Fremdenergie eintreten kann. Bin ich absolut gesund und alle meine Auraschichten sind intakt, wird keine Fremdenergie eintreten können. Wir sind jedoch nur selten in diesem Zustand der Unverletzbarkeit.

Wie stellt sich eine solche Situation dar? Ich führe hier ein Beispiel auf, auch wenn dieses bereits in einem meiner Bücher beschrieben wurde:

Thomas Bruder Dirk stirbt in einer Lebensphase, in der Thomas viele Belastungen erlebt. Der Job fordert enorm, die Kinder erwarten viel und die Partnerschaft kostet ebenfalls Kraft. Er fühlt sich ausgebrannt, leer, der Körper schmerzt, die Schultern fühlen sich an, als lägen Tonnen an Belastungen auf ihnen. Und nun stirbt der Bruder. Beide haben sich geliebt, konnten es einander jedoch nie mitteilen. Dirk litt schon lange unter vielfältigen Stresssymptomen, Herzproblemen. Ein Infarkt macht all dem ein Ende.
Die Sterbephase erlebt Dirk wie einen surrealen Film, er spürt einerseits, dass das Leben ihn verlässt, er sieht das Licht, auch komische Lichter, die zu winken scheinen. Auf der anderen Seite versteht er nicht wirklich was geschieht, er sieht seinen traumatisierten Bruder, der zu sagen scheint: „Du kannst mich doch jetzt nicht alleine lassen." Hin- und hergerissen und völlig verwirrt irren seine Energie, sein Bewusstsein und seine Seele in einer Art luftleerem Raum umher und entscheiden sich für das scheinbar kleinere Übel. Thomas ist ein guter Platz. Seine Aura ist überall durchlöchert, kaum eine Stelle, die voller Energie ist. Dirk denkt: „So kann ich Thomas helfen, er trauert so sehr, hat niemanden, der zu ihm steht, er braucht meine Hilfe." Und er sieht, dass die Schultern von Thomas übel aussehen. „Da setze ich mich hin und kann ihn besonders gut unterstützen." Thomas spürt zumindest im Unterbewussten, dass Dirks Energie noch da ist. Die Trauer ist zu ertragen, die Schulter spürt Energie, und so ist im Moment alles leichter zu nehmen. Doch mit jedem neuen Tag spürt Thomas Körper mehr und mehr, dass dort an der Schulter etwas ist, was nicht dorthin gehört. Der Schulterschmerz verstärkt sich, der Hausarzt hat sogar den Verdacht auf Herzinfarkt. Der Schmerz strahlt in den Brustkorb aus. Klar, denn die Informationen von Dirk, sein Herzinfarkt, seine Befindlichkeiten ergänzen ja nun Thomas Energien, als ob der nicht schon genug zu tragen hätte. Und so war Dirks Anheften zwar gut gemeint, aber für keinen von beiden dienlich. Dirk sitzt auf dem Abstellgleis, Thomas trägt zusätzlich zum eigenen Ballast nun auch noch Dirks Energie.

Solche Besetzungen können eine unglaubliche Vielfalt an Beschwerden hervorrufen.
Erst Achtsamkeit und Aufmerksamkeit können uns auf die Spur solcher Energien bringen. Bewusste Menschen können Besetzungen mit liebevoller Absicht und dem entsprechenden Vorgehen ins Licht gehen lassen. Schafft man dies nicht selbst, sollte man jemanden aufsuchen, der die entsprechenden Fähigkeiten hat, mit Besetzungen und Fremdenergien zu arbeiten. Liebe und Achtsamkeit sind jedoch unbedingte Voraussetzungen, um Energien, die nicht zu uns gehören, ins Licht zu führen.

Auch dazu fällt mir während des Schreibens ein Beispiel eines Zuhörers bei einem meiner Vorträge ein. Er beschrieb Folgendes: „Ich war im Sommer mit einer Gruppe nach Verdun in Frankreich, um dort ein Mahnmal des 1. Weltkriegs zu besuchen. Auf einem der größten Schlachtfelder der Menschheitsgeschichte erlebte ich Betroffenheit, obwohl ich mich letztlich nie wirklich mit diesem Kriegsgeschehen befasst hatte. Letztlich wusste ich nicht wirklich, warum ich diesen Ausflug mitgemacht hatte. Einige Tage später, ich hatte diesen Kurztrip fast vergessen, hatte ich einen extremen Drang, nochmals dorthin zu fahren. Da ich mittlerweile Rentner bin, konnte ich mir bei gutem Wetter diesen Ausflug leisten, obwohl es eine beträchtliche Strecke ist. Letztlich war es verrückt, nochmals diese Strecke zurückzulegen, gab es doch schon für die erste Fahrt dorthin scheinbar keinen Grund. Dennoch setzte ich mich ins Auto und fuhr los. Dort angekommen, wunderte ich mich immer noch, warum es mich dorthin zog. Wie von einem Magneten angezogen, lief ich über das Schlachtfeld, das heute grün bewachsen ist, und traute plötzlich meinen Augen nicht. Ich sah zwei Soldaten, die orientierungslos dort standen, Soldaten, die nicht aus unserer Zeit kamen und eindeutig Uniformen des 1. Weltkriegs trugen. Ich blieb bei ihnen stehen und beobachtete mich selbst, wie ich einfach begann, mit ihnen zu sprechen. Ich verstand mich selbst nicht, sagte ich doch Dinge, die ich so nicht wusste. Ich sagte zu ihnen, dass sie die Situation doch aufmerksam betrachten sollten, es wären etwa hundert

Jahre seit diesem verheerenden Krieg vergangen. Aus welchem Grund auch immer hätten sie es verpasst, den Weg ins Licht zu gehen. Ich bat sie, sich umzuschauen, und dann den Weg ins Licht zu gehen, wo ganz sicher auch ihnen bekannte Menschen verweilten. Sie können sich vielleicht vorstellen wie überrascht ich war, dass sie sich kurz austauschten, sich dann bei mir bedankten, um sich in eine Art Lichtnebel hinein zu bewegen. Weg waren sie. Ich reflektierte auf dem Nachhauseweg das Geschehene und konnte es bis heute nicht wirklich verstehen, denn bisher hatte ich nie von der Existenz Verstorbener als erdgebundene Seelen gehört. Nun ergibt das Erlebte alles Sinn, ein halbes Jahr nach der Erfahrung…" Du, lieber Leser, kannst dir kaum vorstellen, wie erleichtert dieser Mann war, nun endlich zu verstehen, was er dort erlebt hatte. Ich glaube nicht, dass er erfassen konnte, wie sehr er geführt worden war, denn auch solche „Führung" erlebe ich nicht selten. Ich bin mir sicher, dass bereits der erste Ausflug nicht von ihm geplant und eingefädelt worden war, also nicht von seinem Verstand. Sein gesamtes Bewusstsein, vor allem seine Seele, wusste, wie wichtig diese Erfahrung für ihn war, aus welchem Grund auch immer. Dann war den Soldaten beziehungsweise ihren Seelen klar, dass es nun endlich an der Zeit war, diesen Ort zu verlassen. Alle Voraussetzungen und Bedingungen erlaubten es, in diesem Sommer alle wichtigen Protagonisten dort zusammenzubringen. Doch kann man auch hier davon ausgehen, dass die Geistige Welt bei solchen Erfahrungen mitspielt, denn die Koordination einer so komplexen Begebenheit ist ja schon beachtenswert. Es wäre sicher interessant zu entdecken, in welchem Verhältnis der Besucher zu diesen Soldaten stand, denn, wir wissen ja, es gibt keine Zufälle. Waren es Verwandte, Seelengeschwister etc.?

Also, auch das ist für mich heute eine völlig normale Geschichte. Das Leben ist Vielfalt, die Schöpfung ist Vielfalt.

Fremdenergien

Ich nutze an dieser Stelle den Begriff „Fremdenergien" als Sammelbegriff für alles, was nicht unserem eigenen Energiefeld entstammt.
Beispielhaft seien hier einige genannt: Seelenanteile anderer Menschen, Besetzungen, dämonische Energien, Flüche und schwarz-magische Anhaftungen, Elementale und einige mehr. Wenn du dich nie mit der Existenz dieser Energien befasst hast und nur an das glaubst, was erklärbar und „Normal" ist, dann muss es dir schwerfallen, das Vorhandensein dieser Dinge zu akzeptieren. Man muss nicht daran glauben. Ich habe das bis vor wenigen Jahren auch nicht getan. Heute weiß ich, dass vieles zwischen „den Welten" existiert. Natürlich muss man nicht damit arbeiten. Andererseits habe ich etliche Menschen erlebt, die unter solchen Energien litten. Und auch hier gilt: „Keine Energie ist bei uns, ohne dass wir mit ihr in Resonanz gehen."

Seit es Menschen gibt, gibt es Flüche. In Märchen, Romanen, Filmen, Sagen, der Bibel und so weiter tauchen Flüche auf. Wie oft hat man schon den Spruch gehört: „Ich verfluche dich auf immer und ewig" oder wie vor ein paar Tagen in einer Fernsehsendung „Fahr zur Hölle…"

Viele Seelen tragen diese Aussprüche und Flüche mehrere Leben mit sich herum. Diese Aussprüche haben immer Folgen. Mangel, Krankheiten und Ähnliches verfolgen uns auf scheinbar unerklärliche Weise. Oft haben wir mit den Menschen, mit denen uns solche Energien verbinden, noch etwas zu klären. Nicht selten haben wir Gleiches bei ihnen bewirkt (umgekehrtes Täter-Opfer-Verhältnis). Nicht selten muss noch Vergebung und Verzeihung ausgesprochen werden. Es reicht oft nicht, festzustellen, dass jemand solche Energien mit sich trägt. Der Ursprung sollte erkundet werden. Meist können die Energien dann mit geeigneten Maßnahmen gelöst werden.

Beispiel: Ein Bekannter bat mich und meine Kollegen, gemeinsam nach einer kraftvollen, nicht zu ihm gehörigen Energie zu schauen und ihn davon zu befreien. Wir machten eine Rückführung mit ihm. Er erlebte sich als Sklave, der aus Westafrika nach Zentralamerika verschleppt wurde. Er litt dort so sehr, dass er jede Gelegenheit zur Flucht nutzte. Immer wieder erfolglos, entschied er sich nun, eine Voodoo-Priesterin aufzusuchen. Diese war in der Lage, mit einer extrem kraftvollen, dämonischen Energie zu arbeiten. Wir erlebten nun, dass diese Energie mit unserem Kollegen eine Vereinbarung traf, die ihm die Freiheit versprach. Er sollte von da an dieser dämonischen Energie dienen und würde durch sie in die Freiheit entlassen.

Auch diese Thematik hätte ich vor einigen Jahren für absurd gehalten. Doch viele Erfahrungen, wie die in der dargestellten Sitzung, lassen für mich keine Zweifel mehr zu.

Wir müssen uns nicht ängstigen bei der Vielfalt unterschiedlicher Energien, die uns begegnen oder begegnen können. Wenn wir irgendetwas mit ihnen zu tun haben, also in Resonanz gehen, werden wir „Kontakt“ haben, deshalb ist es hilfreich, das Leben entspannt und dabei achtsam und aufmerksam zu leben, zu fühlen, wenn etwas nicht stimmt und es zu erkennen. Dann ist der erste Schritt getan, alles zu klären.

Auch hier könnte man wieder fragen: „Was hat dieses Thema mit der Geistigen Welt zu tun?“ Sehr viel. Zum einen kann man immer die Geistige Welt bitten, beim Lösen, Klären, Heilen solcher Energien/Verbindungen/Anhaftungen zu helfen. Zum anderen gehören all diese Energien, die sich gewandelt haben, aber orientierungslos umherirren, in die Geistige Welt, denn, wenn man betrachtet, dass alle Energie aus der Quelle kommt und dorthin zurückstrebt, dann sehnen sich alle Energien, ob es Wesen sind, Seelen, Gedanken, Seelenanteile, auch Flüche und Verwünschungen nach Klärung und der „Heimkehr“.

Elementale

Wer diesen Begriff im Internet eingibt, erhält sehr unterschiedliche Informationen. Für mich gibt es zwei wichtige Verwendungen für das Wort „Elemental":

- Viele benennen reine Angstprogrammierungen als Elementale. Wenn ich beispielsweise eine sehr intensive angstvolle Erfahrung mache, speichere ich dieses Trauma als kraftvolle und verdichtete Energie/Schwingung irgendwo in meinen Energiekörpern ab. Es ist wichtig, diese Elementale aufzuspüren und zu lösen. Da sie den natürlichen Energiefluss in den betreffenden Energiekörpern behindern und blockieren, haben sie immer Wirkungen auf uns. Manchmal bereiten sie Unruhe, oft lähmen sie, bewirken Stress und so weiter. Ein Beispiel: Auf der Suche nach der Ursache für ihre unerklärliche Sehschwäche erlebte eine Kollegin bei einer Rückführung Folgendes: „Ich erlebe mich als Indianer, der mit seinem Sohn auf einem Erkundungsstreifzug ist. Dicht an einer Klippe sehe ich, wie mein Sohn abrutscht und einige Meter tief fällt. Er landet in einem Fluss. Ich weiß, dass einige Meter weiter Stromschnellen beginnen. Just in dem Moment, wo ich hinterher springen will, bäumt sich vor mir eine Klapperschlange auf. Ich weiß, dass ich normalerweise routiniert und angstfrei mit dieser Begegnung umgegangen wäre, doch jetzt muss ich meinem Sohn helfen. Doch wenn ich mich bewege, wird die Schlange dies als Angriff verstehen und zubeißen, und mein Sohn wird ertrinken. Ich entwickle in Sekundenbruchteilen unglaubliche Angst. Diese Angst lässt mich erstarren, regelrecht mein Blut gefrieren, und sie lässt meine Augen starr auf die Schlange schauen. Gleichzeitig weiß ich, in welcher Gefahr mein Sohn ist. Ich spüre, wie die Bilder verschwimmen und ich keinen klaren Gedanken mehr fassen kann, ich fühle mich ohnmächtig…" Die Situation ging noch weiter, doch denke ich, du spürst, wie intensiv Momente der totalen Angst sein können. Vielleicht hast du selbst welche erlebt…

In solchen Momenten wird eine unglaublich intensive Energie erzeugt, die oft von Klienten auch als dichte Energie gespürt und manchmal sogar gesehen wird. Meine Kollegin spürte die Energie der Angst sehr intensiv und sah diese während der Rückführung, eine extrem dichte Energie, die sich auf ihre Augen legte. Und so spürte sie die Angst im Moment der Rückführung in den Augen. Und nicht nur, dass die Augen schmerzten, sie spürte, dass ihre Sehschärfe erheblich nachließ. Ein Problem, dass sie im Heute immer noch beschäftigt.

- Ich denke, du kannst dir mittlerweile vorstellen, was dichte Energie ist. Mir kommt im Moment des Schreibens das Bild vor Augen, wie eine Holzkugel auf einen halb gefüllten Luftballon fällt. Dieser hat genügend Raum, sich auszudehnen beziehungsweise auszuweichen. So fällt die Kugel durch und drückt auf der einen Seite den Ballon zusammen, während dieser in die andere Richtung Ausdehnung findet. Ebenso geschieht es mit dichter Energie in unseren Energieschichten. Im Beispiel des Indianers wird sich dichte Energie in einigen Schichten der Aura „ablegen", dem physischen Körper (dort hat der Indianer es damals gespürt), dem Mentalkörper (seine Gedanken waren nicht mehr kontrollierbar), dem Emotionalkörper (Emotionschaos pur), dem spirituellen Körper (das Hadern mit Gott und der Welt bei so schwerem Schicksal - „Warum kann er so etwas zulassen…."') und so weiter…

- Sicher kennst du die Aussage: „Jeder Gedanke produziert Energie, Worte und Handlungen natürlich auch." Doch was geschieht mit diesen Energien? Wie alles, schwingen auch unsere Gedankenenergien frei. Sie werden ausgesendet und mit dem in Resonanz gehen, der empfänglich für diese Energien ist. Sind wir also dauerhaft wütend auf eine bestimmte Person, dann wird diese Wut nicht spurlos an dieser Person, aber auch nicht an uns selbst, vorbeigehen, denn nichts, keine Energie geht verloren oder bleibt ohne Wirkung. Sprich, was wir aussenden, wird wie

Saatgut aufgehen. Und immer kehren diese Energien auch zum Empfänger zurück.

Beispiel: Bin ich von Grund auf ein eher trauriger und schwermütiger Mensch und habe entsprechend traurige Gedanken oder Absichten, werden diese tiefschwingenden Energien ausgesendet. Sie verstärken möglicherweise Schwermut bei anderen gleichschwingenden Menschen und kehren wieder zu mir zurück (gegebenenfalls durch die Verstärkung dieser gleichschwingenden Leidensgenossen). Befinde ich mich zu diesem Zeitpunkt immer noch oder schon wieder in einer ähnlichen Schwingung, wird die zurückkehrende Energie mich wie eine Walze überrollen. Auswirkungen auf den Körper und den Geist sind dann unumgänglich.

Je nachdem um welche Energie es sich handelt, baut sich eine dermaßen große „Energiewolke" auf, dass sie von uns als etwas Bedrohliches wahrgenommen werden kann. Hass ist beispielsweise eine solche Energie. Massen an Hassgedanken bei einer einzelnen Person können heftig auf andere Personen wirken. Sie werden regelrecht abgeschreckt. Begegnen wir solchen Menschen, machen wir oft unbewusst einen Bogen um sie. Ganz sicher hast du solches schon erlebt. Dabei muss man dies nach außen nicht einmal sehen.

Haben mehrere Personen oder Gruppen von Menschen solche Hassgedanken, türmen sich regelrechte Energiemonster auf. Hellsichtige Menschen können solche Energiemonster sehen. Solche Energien haben immer Aus-Wirkungen. So verdichtete Energien nennt man „Gedankenelemental".

Alle unsere Ängste haben den gleichen Wirkmechanismus. Je heftiger die Angst, umso intensiver sind die geschaffenen Energien. Was können wir also tun? Wie zuvor beschrieben, ist es wichtig, unsere Gedanken wie auch unsere Emotionen zu beobachten und Bewertungen zu unterlassen, wie ein junger Klient, der mir erzählte, dass er mit etwa 8 Jahren begann, Selbstreflexion zu betreiben, sich zu beobachten: das eigene Handeln, die Gefühle, die Gedanken, Resonanzen und so weiter. Der Begriff „Gedankentoilette“ fällt mir dazu ein. Mehr und mehr unterlassen wir durch unser achtsames Vorgehen das Senden von unkontrollierter Energie. Selbstgeschaffene Elementale werden ihre Kraft immer mehr verlieren, je mehr wir sie bewusst entlarven. Das bedeutet, dass wir unsere unbewusste Art zu denken, in eine bewusste Wahrnehmung, in bewusstes Handeln verändern. Nimm wahr, was du denkst, wie, wen und was du bewertest, wie du über dich selbst denkst, wann dein Denken über den „Jetztmoment“ hinausgeht! Sobald du dies bereits bei der Entstehung bemerkst, kannst du die aufkommende Energie bereits liebevoll loslassen. Sie manifestiert sich nicht. Dann frage dich, ob du in deiner Vergangenheit diese Schwingungen produziert hast und lasse sie ebenfalls los.

Es ist ein längerer Prozess, der dich befähigt, eine solche Situation absolut souverän zu lösen. Wenn du dich diesem Prozess öffnest, kannst du die Gedanken bereits erkennen bevor sie entstehen. Dann bist du in der Lage, meisterlich Energien zu vermeiden und Licht in Situationen fließen zu lassen, die dich früher belasteten. Und wieder hast du ein Thema gelöst und bist deinem persönlichen Aufstieg ein Stück näher gerückt.

Fragst du dich: „Was haben diese Dinge (Besetzungen, Fremdenergien, Elementale…) mit der Geistigen Welt zu tun?“ Nun vielleicht haben sie dies nur sekundär. Doch ist es wichtig zu verstehen, dass alles Existierende Bewusstsein hat, also auch Besetzungen, Fremdenergien und Elementale. Sie halten sich oft in unseren Energiefeldern auf, verbergen sich, begleiten uns so unter Umständen gar über das Sterben in die Zwischenebene, die Illusionsebene und so weiter (siehe oben). Außerdem werden diese Energien mitbestimmend für neue Leben sein, da sie uns an alte Wirkungsstätten zurückführen (Ursache-Wirkungsprinzip).

Wesen, die wir der „Dunklen Lichtseite“ zuschreiben

Es ist etliche Jahre her, da machte ich während einer Sitzung mit einer Kollegin eine sehr intensive Erfahrung. Sie war ähnlich intensiv wie die Erfahrung mit dem Kollegen und der Voodoo-Priesterin (s.o.).

Das Interessanteste war jedoch, dass mir damals zum ersten Mal bewusst wurde, dass alle Energie, egal wie lichtvoll oder dunkel sie ist, wie göttlich oder teuflisch/dämonisch sie zu sein scheint, aus der Quelle des Schöpfers stammt. Somit ist alles göttlich, so wie wir göttlich sind. Man könnte auch sagen: Auch das Teuflische ist göttlich, es hat dies nur bisher nicht erkannt, beziehungsweise es hat dies bisher abgelehnt. Auch hier passt jetzt wieder die Frage, die ich vor vielen Jahren stellte: „Wann hat es denn angefangen?“ Meine Mentorin antwortete: „Das musst du selbst herausfinden…“ Doch möchte ich auf diese Frage auch im Kontext der dualen Erfahrungen eingehen. In einigen alten Schriften findet man die Er-Schaffung der Dualität begleitet von der Abkehr vieler hoher Wesen und ihrer Unterstützer von Gott. In der Bibel, aber auch in anderen alten Texten wie dem Sanskrit, wird die Dualität beschrieben. Ich finde, dass auch Bücher wie „Gespräche mit Gott“, „Urantia“ und andere betrachtet werden sollten, um ein tiefergehendes Gefühl für die Thematik zu entwickeln. Beispielsweise lesen wir vom Abfall der Engel von Gott oder auch von den gefallenen Engeln. Auch dieses Thema ist eines, dass ich in Rückführungen bei Klienten erlebt habe und das somit im dualen Prozess eine wichtige Rolle spielt. Diese in der Dualität „lebenden Wesen“ sind sich zum Teil ihrer Situation nicht bewusst, genauso wie viele Menschen im Heute keine Ahnung haben, wer sie sind. Doch immer mehr Wesen der dualen Welt werden sich ihrer „Situation“ bewusst und bewegen sich Richtung Licht. Auch hier ist ein intensiver Wandlungsprozess wahrzunehmen. Alles strebt zurück in die Einheit, da in allem der Göttliche Funke ruht… Und dies kann gar nicht anders sein. Jeder, der dir anderes erzählt, ist gesteuert von Angst, Unwissenheit, Prägungen oder Machtinteressen. Höre auf dein Inneres, entlarve dein Ego und erlebe die Freiheit… Erst wenn die Wesenheiten der Dualität für die Entwicklung, die Erfahrungssammlung der Menschheit, der Seelen nicht mehr benötigt werden, werden auch die letzten von ihnen ins Licht gehen. Die, die sich noch auf der „dunklen Seite" aufhalten, versuchen zum Teil mit erheblichen Kraftanstrengungen das zu bewahren, was sie als das Richtige betrachten. Auch hier fällt mir ein Vergleich ein: Ich erinnere mich, dass ich als kleiner Junge am Esstisch saß und Vanillepudding aß. Ich schüttete Erdbeersoße über den Pudding, so dachte ich. Als ich begann, den Pudding zu essen, bemerkte ich, dass ich Maggiwürze benutzt hatte. Meine Eltern lachten und sagten: „Schütte es aus und nimm eine neue Portion, das kann man nicht essen." Ich, in meiner kindlichen Sturheit, aß weiter und behauptete, es schmecke gut… So halten sich viele Wesen an den Energien der dunklen Seite fest, weil sie an der Illusion festhalten, es sei der richtige Weg. Da dies jedoch ebenfalls eine resonanzgesteuerte Erfahrung ist, wird sich auch das verändern, wenn immer mehr Seelen Richtung Licht streben. Daraus folgt, dass es völlig überflüssig ist, gegen das Böse zu kämpfen. Das einzige was wir, was du tun darfst, ist, die duale Wahrnehmung und Illusion in dir zu entlarven. Sodann versiegen die „dunklen Strömungen, die dich berühren…." Also, Gut und Böse, Hell und Dunkel… Segen und Verdammnis? Nach allem was du gelesen hast, kennst du die Antwort. Alles dient unserer Erfahrung, und alles benötigt eine Entsprechung. Viele Klienten waren perplex, wenn sie feststellten, dass sie ohne diese dunkle Seite nie ins Licht gefunden hätten. Die vielen „Negativ"-Erfahrungen, die du in den Protokollen liest, waren immer unumgänglich. So waren ebenso viele Menschen dankbar für die Chancen, die ihnen dadurch geboten wurden. So wird oft die Frage gestellt: „Ich habe gehört/gelesen, das Böse oder die Hölle gibt es nicht wirklich, was sagst du dazu?" Darauf habe ich eigentlich zwei Antworten: „Nein" und „Doch". „Doch", weil es so ist wie im Abschnitt vorher beschrieben. Wir benötigen diese Spielwiesen solange dieser duale Prozess andauert. Spätestens dann haben alle Seelen diese Illusionen entlarvt. Und so lange sind die Energien dieser dualen Seite (passt aus meiner Sicht besser als negativ oder böse…) präsent, so lange zeigen sie Wirkung und verursachen zum Teil Heftiges, so lange werden sie die Menschheit geißeln. Und „Nein", weil sich viele Menschen aus diesem dualen Geschehen heraus entwickelt haben, erwachen und sich befreien.

In diesem Wandelprozess sind wir heute in beschleunigtem Maße unterwegs.

Ach ja, die heftige Erfahrung, die ich angedeutet habe, ist ja noch offen: Ich führte zum Thema Ängste und Albträume eine Kollegin in die Ursprungssituation zurück. Zuerst erlebte sie Verlustängste in Bezug auf ihre Kinder im Hier und Heute, und dann ging sie in eine Situation im alten Ägypten. Dort war sie in einer Art höherer Kaste und beteiligt an religiösen Ritualen. Sie hatte eine Tochter, die ihr sehr am Herzen lag. Für ein Ritual musste sie eine Art Mutprobe abhalten. Dazu wurde sie mit der Tochter in einem Grabmal, einer Art Pyramide, eingesperrt. Beide hatten keine Ahnung, was sie erwartete. In einem nicht allzu großen Raum erlebte sie absolute Dunkelheit. Langsam, aber umso intensiver, spürte sie, wie ein dämonenhaftes Wesen näher kam und immer kraftvoller wurde. Zuerst bemerkte es die Kleine: „Mama, hier ist ein böses Wesen, ich spüre es…" Alleine die Anwesenheit dieses Wesens ließ den Atem stocken und das Blut regelrecht in den Adern gefrieren… Während der folgenden Minuten spürte die Klientin, wie das Wesen mit einer extremen negativen Schwingung Zentimeter um Zentimeter näher kam. Die furchtbare Angst, vor allem um ihre kleine Tochter, führte letztlich dazu, dass ihr Herz versagte beziehungsweise vor Angst erstarrte/einfror. Und genau dieses Gefühl kannte die Klientin auch im heutigen Leben: erstarrt sein, Kälte am Herzen. Heute hat sie, obwohl sie die Prinzipien des dualen Lebens kennt, immer Angst vor der Dunkelheit, dem Bösen, der Vernichtung… Erklärt man ihr, dass dies alles zum Erfahren des Dualen unumgänglich ist, weicht sie immer aus und äußert Dinge wie: „Aber ich weiß, dass diese Macht stärker ist…" Solche Programmierungen in unserem Unterbewusstsein sind normal. Oft bauen wir solche Konstrukte über viele Leben auf und benötigen viele Inkarnationen, um die Angst vollständig aufzulösen. Natürlich war dieses Wesen in der Pyramide real. Ich habe es als „der Rückführer" ebenfalls erlebt, unglaublich machtvoll und tief „schwarz" und dennoch eine Illusion. Warum? Weil solche Wesen geschaffen werden, um einen Zweck zu erfüllen oder als massenhafte Energie (Angst, Wut, Hass…) Form anzunehmen und sich zu materialisieren. Dies sind für uns Rückführer normale Vorgänge, da es ja immer nur um Energie geht, auch wenn wir erfahren, wissen, erleben, dass diese manifesten Energien zum Teil heftige Reaktionen auslösen. Etwa zur gleichen Zeit widerfuhr mir mit einer anderen Kollegin etwas Ähnliches. Wir arbeiteten in einer Ferienwohnung und waren mitten in einer Sitzung, als wir beide wahrnahmen, dass sich eine Energie im Raum bemerkbar machte. Sie war sehr deutlich in einer Ecke des Raumes festzustellen und hatte die Größe eines Braunbären. Das Aussehen war nicht sonderlich freundlich. Dieses Wesen machte auf sich aufmerksam, und es war deutlich zu spüren, dass es uns Angst machen wollte. Dies passte zum Thema der Klientin und den Inhalten ihrer Sitzung - bis zu diesem Moment. So stoppte ich kurz, und wir nahmen beide Kontakt zu diesem Wesen auf. Es wollte dort im Raum wahrgenommen, gleichzeitig aber auch in Ruhe gelassen werden. So vereinbarten wir mit ihm, dass wir es nicht behelligen und es unsere Arbeit nicht stören dürfe. Als das Wesen miterlebte, wie sich Energien der Kollegin in einem Transformationsprozess ins Licht bewegten, folgte es diesen und verließ den Raum gen Licht. Eine doppelt lichtvolle und sehr erfüllende Situation!

Diese Gegebenheiten zeigen das was ist: die Dualität, in der alles in doppelter Ausprägung vorhanden ist. Und dies ist alles nur zu unserem Lernen und Verstehen vorhanden. Damals hatte ich schon etliche solcher Erfahrungen gemacht und verinnerlicht, dass diese unterschiedlichen Ausprägungen die unglaubliche Vielfalt göttlicher Schöpfung zeigten. Heute erlebe ich solche Situationen und Erfahrungen respektvoll, aber ohne Angst. Und das kann jeder Leser dieses Buches ebenfalls. Löse in dir die alten Prägungen und Programmierungen, und du findest Ruhe und Frieden, weil du weißt, dass es nur die eine heilige Schöpfung gibt und dir all das, was du erfährst, zur Verfügung gestellt ist. Und genau das darfst du liebend annehmen und leben.

Falls also in unserem Sein die Wahrnehmung der Dualität eine Rolle spielt, können solche Erfahrungen auch sehr heilsam in Rückführungen sein. Nachfolgend zeige ich dir Inhalte von Rückführungen, wo „Dunkles“ eine Rolle spielte. Ich stelle dabei nur die relevanten Abschnitte dar.

Beispielsitzung 28

Margret spürt seit längerer Zeit, dass es viel Müll in ihrem Leben gibt, der danach schreit, entsorgt zu werden (ihre eigene Wortwahl).
Sie hatte bereits eine Rückführung, kennt sich also aus und beginnt deshalb bei einem Wesen, dass sie aus ihrer ersten Sitzung kennt, dem Hüter der Akasha Chronik. Dieser steht auf einer riesigen Uhr, der Jetzt-Uhr, und erklärt, dass der Zeiger anhält, wenn es so weit ist. Es scheint bald so weit zu sein?! Die Akasha Chronik ist geschlossen, alles erledigt, sie muss es nur noch realisieren und umsetzen. Die Uhr hält an, und sie spürt eine tiefe unendliche göttliche Ruhe, das Nichts. Die Akasha wird in ihren Lichtkörper kopiert…
Ihr Krafttier, der Adler, taucht auf und fragt: „Bist du bereit loszulassen?“ Sie fällt nach hinten und fliegt so mit ihm durch die Höhe. Mit geschlossenen Augen erlebt sie die absolute Freiheit... Nun zeigt sich göttliches Licht in Form von Nordlichtern. Diese stehen für das Göttliche, das Licht ist immer da! Alte Energien, die das Licht störten, werden entfernt.
Dann erhält sie den Einblick in Himmel und Hölle: „Es ist alles da, der Teufel ist da, um den Glauben an das Gute zu stärken und die Menschen auf die Probe zu stellen. Er ermöglicht uns die Transformation, er hilft, den „Mülleimer“ zu leeren. Viele Wesenheiten der lichtvollen Ebene tauchen auf und bedanken sich bei den Energien der dualen Seite, denn sie sind wichtig und immer gut für unsere Prozesse des Loslassens und der Reinigung.
Das 3. Auge ist befreit, das Wurzelchakra wird geöffnet und gereinigt, viel dunkler, klebriger Morast fließt ab. Diese alten Sachen schwingen noch immer, sie wurden zwar geklärt aber nie wirklich entsorgt… jetzt fließen sie ab.

Beispielsitzung 29

Luisa sucht mich wegen vieler offener Themen mit ihrer Mutter auf. Viel Ärger, Wut und Unausgeglichenes sind auf der Agenda. Ein Thema für eine Rückführungssitzung kann beispielsweise auch die Vergebung sein.

Sie in den Mittelpunkt einer Sitzung zu stellen, führt oft zu grandiosen Erfahrungen.
So führe ich Luisa in den Raum der Vergebung.
Kaum habe ich den Impuls gegeben, taucht eine Vielzahl von Wesenheiten auf. Zum Teil sind es Seelen von bekannten Verstorbenen, auch Lebende, aber auch feinstoffliche Wesen etc. die ihr gegenübertreten. Viele schimpfen, zetern, sind wütend, es ist ein wirres Getümmel… Sie nimmt sofort einen Helfer an ihrer Seite wahr, Christus begleitet und unterstützt sie. Sie beobachtet, wie viele dieser Seelen und Wesen ihr in früheren Leben begegneten. Die Klientin war oft in einer machtvollen Rolle und setzte diese Macht zum Teil sehr negativ ein. Ihr Vater wurde beispielsweise als Sklave von ihr verspottet. Tiere wurden oft von ihr massakriert, manchmal sogar mit dunkler Magie und teuflischen Einflüssen. Ein Einhorn, das sich als Krafttier zeigt, weint. Die Tiere und das Einhorn können das Geschehene nicht verstehen….
Im Raum der Vergebung beginnen nun alle, sich zu verzeihen. Sie umarmen sich, freuen sich. Ein weiteres Wesen taucht auf und zeigt sich als sehr machtvoll, Merlin. Die Klientin ist über sein Erscheinen irritiert, überrascht. Er fordert sie auf, ihre Fähigkeiten wieder zu nutzen. Er fährt fort: „Doch ich dulde nicht mehr, dass du Schwarze Magie anwendest. Ich habe viel Zeit in dich investiert…“ Das hat gesessen. Ich spüre Merlins Energie und seine Klarheit. Die Klientin hat Merlin in früheren Leben immer wieder als lichtvollen Magier erlebt. Auch er will Vergebung. „Es ist nun gut.“ Um ihre ausufernden Aktivitäten nochmals klar zu machen, zeigt Merlin ihr weitere negative Aktivitäten früherer Leben.
Einer Frau, die sie heute als ihre Vermieterin kennt, hatte sie alles genommen, sie vertrieben. Ihre heutige Großmutter hatte sie als Kräuterhexe vergiftet, da diese eine Konkurrentin war. „Ich fand es auch noch witzig…“ Ihrer heutigen Schwiegermutter hatte sie das Leben zerstört und einiges mehr. Heute würden wir sagen: „ein schlimmer Finger…“ Doch das ist normal. Wir haben alle diese Rollen gehabt…

Ich lasse sie in einen Spiegel schauen: Sie sieht sich, Jesus, Merlin… Alle sind erleichtert...

Ihr Hüter der Akasha Chronik: „Alles ist jetzt freier, leichter, du hast jetzt wieder Anbindung."
Die Klientin sagt anschließend: „Es war gut, dass ich da war. Mein Karma ist gelöst, 28 Ausgleichsleben sind jetzt aufgelöst, und ich habe mich und andere erlöst…"
Die Klientin ist geschafft, und gleichzeitig sehr erleichtert. Sie war während des Betrachtens schon etwas schockiert über all die Missetaten, doch jetzt ist es gut!

Beispielsitzung 30

Josefine möchte mehr über ihre Verbindung mit einem Menschen aus ihrem Freundeskreis herausfinden.
Sie beginnt, obwohl sie wenig Erfahrung im Bereich Rückführung und Energiearbeit hat, sehr schnell mit Bildern und sieht sich in einem großen tempelähnlichen Raum. Sie schaut von unten in eine Glaskuppel und sieht viele Regale mit Büchern an den Wänden. Mir ist schnell klar, sie hat die Akasha Chronik betreten. Ihr Hüter der Akasha Chronik lässt sie entsprechend ihres Wunsches in ein früheres Leben mit Menschen aus ihrem Freundeskreis schauen...
Josefine erlebt sich als Mädchen in ärmlichen Verhältnissen. In diesem Leben findet sie wenig Unterstützung durch ihre Familie und den Menschen, den sie offensichtlich liebt. Sie stirbt früh, ausgehungert, arm und krank.
Auf der Zwischenebene betrachtet sie nun mit ihrem Hüter dieses zurückliegende Leben. Ein sehr wichtiger Punkt in der Betrachtung war, dass es in allererster Linie eine besondere Lernaufgabe für den Menschen war, den sie liebte. Er wollte ihr Partner sein, hatte es aber nie geschafft, sich zu ihr zu bekennen.
Ihr Hüter geht nun ihren völlig überzogenen Lebensplan mit ihr durch. „Du hattest dir viel zu viel aufgeladen, wolltest alles auf einmal erledigen..."
Er nimmt ihr nun all diese Aufgaben in Form eines Rucksacks ab. Der Hüter weiter: „Viele Seelen tun sich oft schwer, den Sinn in ihrem Leben zu entdecken, die Prioritäten, so auch diese, dir sehr nahe Seele.

Manchmal müssen dann die anderen stark sein, um Aufgaben gemeinsam lösen zu können. Und ihr solltet euch eines klarmachen: Eine Seele kann in einer Inkarnation das Gesamte nicht überschauen."
Nun zeigt ihr der Hüter der Akasha Chronik noch etwas Ungewöhnliches: Sie betrachtet eine Situation, in der sie dem Teufel begegnet ist. Sie sagte ihm, dass sie ihn lieben kann, und er ist einfach verpufft.
Die Klientin erinnert sich sofort an diese Situation. Sie hatte sich vor einigen Monaten hingelegt, um etwas auszuruhen. Dabei war sie in einem Zustand des Halbschlafes, nahm jedoch alles um sich herum wahr. Plötzlich erschien diese Gestalt, und sie wusste sofort, dass es der Teufel ist. Mit seiner Energie und seinem Körperausdruck versuchte er, ihr Angst zu machen. Doch sie betrachtete ihn und wusste: „Er hat keine Macht über mich, letztlich kann er ohne die Menschen nichts machen…." Und so sprach sie mit ihm: „Ich weiß, dass auch du nur deine Rolle spielst. Du kannst mir nichts anhaben und auch keine Angst machen. Ich kann dich sogar lieben..." Im selben Augenblick verpuffte er wie ein Geist, der sich im Licht auflöst...
Der Hüter erklärt ihr dazu: „Genauso wie die lichtvolle Welt, hat der Teufel und „seinesgleichen" immer versucht, aus den Menschen Gut oder Böse herauszukitzeln...

Beispielsitzung 31

Ulla hatte vor einiger Zeit mehrere Erfahrungen mit Personen und Situationen gemacht, die für sie sehr belastend waren. Sie beschrieb sehr negative Energien, die sich in schwerwiegenden körperlichen Erkrankungen manifestierten (u.a. eine Herzmuskelentzündung). Seither leidet sie unter Angstzuständen, Schmerzsyndromen und vielem mehr. Auf ein langes Vorgespräch folgt eine spannende Sitzung, insgesamt ist die Klientin über 6 Stunden bei mir.

Sie steigt in die Sitzung ein und erlebt sofort Begleitung eines geistigen Wesens, das sie detailliert beschreiben kann. Gemeinsam begeben sie sich in ein früheres Leben.

Die Klientin erlebt sich in Avalon als Anführerin von 13 Priesterinnen, die erstaunliche und machtvolle Fähigkeiten haben. Sie können mit ihren Energien quasi alles beeinflussen, bewegen und so weiter. Sie haben „die Macht", so die Klientin.

Wie so oft in der Geschichte, vergiftet Gier und Machtlust die Harmonie. Eine der Priesterinnen beansprucht plötzlich die Macht für sich und verbündet sich mit einer Horde Männer. In einem schrecklichen, gewaltsamen Gemetzel werden alle 13 (auch die Verräterin) durch die Männer misshandelt und missbraucht und getötet. Ihre komplette Energie wird geraubt, regelrecht ausgesaugt. Die Klientin erlebt dies alles sehr intensiv.

Aus dieser Situation steigt sie aus und landet direkt in einer weiteren Begebenheit. Sie betrachtet kurz erstaunt die Bilder und beschreibt sehr hochentwickelte Wesen/Menschen. Letztlich haben sie keinen festen Körper, können ihre Form verändern und mit ihren Energien nahezu alles bewirken! Sie sind in der Lage, Licht zu zentrieren und mit dem Universum zu kommunizieren sowie von dort Nachrichten zu empfangen. Sie bewegen sich mit der Kraft der Gedanken, sind in einer horizontalen Haltung. Die Sinne sind so ausgeprägt, dass sie unglaublich viel wahrnehmen, Leichtigkeit, Glück und Freude prägen die Emotionen.

Nun folgt die Konfrontation dieser wundervollen Wesen mit Geschöpfen, die ich schon seit Jahren kenne und die in vielen Sitzungen auftauchten, den Annunaki. Und diese Konfrontation wird heftig. Die hochbewussten Wesen erleben eine lange Auseinandersetzung mit den Annunaki. Diese befinden sich auf Eroberungszügen durch das Universum und versuchen, andere zu unterjochen. Doch letztlich bringen kommunikative Wege die beiden Völker nicht weiter, sodass die Annunaki letztlich gewaltsam übergreifen. Sie setzen bei vielen Bewohnern Folterwerkzeuge und Implantate ein, mit denen sie Einfluss über viele Körperfunktionen haben. Sie entziehen auf schmerzvolle und traumatische Weise zehn der zwölf DNS-Stränge. Viele der dabei spürbaren Beschwerden und Schmerzen kennt die Klientin aus dem heutigen Leben. Sie erlebt, wie schon einige Klienten zuvor in gleichen

Erfahrungen, Dunkelheit und absolute Kälte. So detailliert wie diese Klientin konnte bisher jedoch noch niemand das Geschehen schildern.

Nun geht es auf die geistige Ebene.

Ich lade viele Helfer ein, um mit dem Anführer der Annunaki zu korrespondieren.

Sie streiten sich mit dem Annunaki herum, doch entfernt dieser nicht alle Implantate. Immer wieder muss ihm gedroht werden, und immer wieder muss er aufgefordert werden, die Implantate herauszunehmen.

Für die Klientin ist dieser Gesamtprozess sehr schmerzhaft. Immer wieder wird sie von geistigen Helfern unterstützt.

Zum Schluss wird ihr ein Engel („Serafina") an die Hand gegeben. Dieser wird sie im Hier und Heute intensiv unterstützen.

Eine sehr glückliche und befreite Klientin verlässt mich.

Beispielsitzung 32

Edith kommt wegen Beziehungsproblemen zu mir. Sie beobachtet, dass die Männer die sie liebt, sich von ihr trennen, sobald sie sich nähergekommen sind…

Sie steigt schnell ein und landet in einem früheren Jahrhundert in einem einfachen strohgedeckten Haus. Die Liebe zu ihrem Mann (im Heute ein sehr vertrauter früherer Geliebter) und einem Baby ist sehr intensiv. Ihr Mann ist sehr viel unterwegs, sodass sie sich in einen anderen verliebt (ein ebenfalls sehr vertrauter Bekannter im Heute). Da sie mit der Situation, zwei Männer zu lieben, nicht fertig wird, geht sie zu einer „Hexe". Diese unterbindet mit einem Ritual diese Liebe. Sie entzieht ihr regelrecht die Liebe und bindet diese an zwei Zaubersprüche:

- Alles, was liebt, bleibt fern.
- Alles, was man positiv sagt, kehrt um.

Außerdem wird der Zauberspruch an eine Zahl gebunden. Immer wenn diese genannt wird, wird der Zauber aktiviert. Es stellt sich während der Betrachtung heraus, dass die Hexe auf das Glück der jungen Frau und der Familie eifersüchtig ist und ihrerseits Verwünschungen ausspricht. Kein Wunder also, dass die Klientin mit diesen Männern und Männern im Allgemeinen im Heute keine Chance hat.

Nach ihrem Leben, das keine glückliche Liebe mehr möglich macht, geht sie auf die Zwischenebene. Sie wird dort herzlich von vielen nahen Seelen und Helfern begrüßt. Ich bitte nun ihre Helfer, Merlin hinzuzurufen, ebenso das Höhere Selbst der Hexe. Diese ist im heutigen Leben die Mutter der Klientin. Beide haben ein sehr angespanntes Verhältnis zueinander.

Letztlich teilt die Hexe mit, sie habe nur das weitergegeben, was sie erhalten habe.

Mehrere Seelenverträge (Ich werde in der Liebe nie glücklich sein, immer abhängig von dir sein) wurden im damaligen Leben ausgesprochen und nun beim Hüter ihrer Akasha Chronik gelöst.

Nachdem viel Überzeugungsarbeit bei der Hexe verrichtet wird, können die Zaubersprüche ebenfalls aufgehoben werden.

Die Klientin erhält Hinweise, wie sie durch eigene Rituale die Energien weiter verbessern kann. Einige Lichtwesen bieten ihre Hilfe dabei an. Insgesamt waren während der Sitzung sehr heftige Energien zu spüren. Die schwarz-magischen Energien der Hexe hatten immense Macht und Kraft. Umso größer war die Erleichterung, als all diese Dinge gelöst wurden.

Auch hierzu eine Erläuterung zu der Kernfrage: „Was hat dies mit der Geistigen Welt zu tun?“, denn man könnte ja denken, dass sich die Menschheit diese Dinge selbst einbrockt oder gar ausdenkt... vor allem „die scheinbar Bösen“ unserer Spezies. Für diejenigen, die immer noch sehr zweifelnd sind:

- Auch solche Erfahrungen sind uns zur Verfügung gestellt.
- Auch solche Erlebnisse sind wichtig, um zu lernen.
- Im letzten Beispiel wurde auch deutlich, wie sehr wir unsere Spielwiese selbst gestalten. Nicht nur, dass die Klientin/Seele aus der Einsamkeit heraus einen weiteren Liebhaber in ihr Leben

zog, nein, sie suchte über unlautere Möglichkeiten, die Probleme im Außen von Dritten lösen zu lassen.

- Wir werden immer mit dem konfrontiert, was wir ins Leben rufen (Ursache-Wirkungsprinzip).
- Licht und Schatten liegen oft sehr nah beisammen.
- Wir haben alles selbst in der Hand…

Zu all den Wesen und Energien der feinstofflichen und feststofflichen Welt ist auf den Seiten dieses Buches vieles beschrieben. Sicher ist auch einiges - manchmal aus unterschiedlichen Betrachtungsweisen - mehrfach ausgeführt und erläutert.

Ich denke, du spürst, dass ich heute das Leben völlig anders wahrnehme als vor einigen Jahren. Dies liegt sicher daran, dass ich das Gespür, ein Teil des Ganzen zu sein, immer mehr verinnerliche und die Trennung vom Ganzen, also von Gott und der Schöpfung, als Illusion begreife. Dabei gelingt es mehr und mehr, in Achtsamkeit den Jetztmoment zu erleben und jede Erfahrung als eine Erfahrung der gesamten Schöpfung zu sehen.

Dabei wird es dann auch selbstverständlich, dass es das Bewerten von Negativ und Positiv so nicht mehr wirklich gibt, sondern dass das Unterscheiden den wahren Wert der Entwicklung zeigt. Spüren, fühlen, wahrnehmen, danken, annehmen, loslassen, integrieren…- alles wahrliche Zauberwörter auf dem Weg zur Erleuchtung.

Das Leben ist schön, es dient uns und allem, was in der Geistigen Welt und in der menschlichen Welt IST.

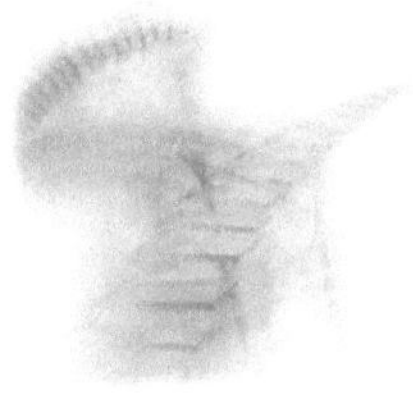

„Wissen"

Beim Schreiben dieses Abschnittes fällt mir die mir sehr nahe Aussage eines Propheten der Bibel ein. Er sagt sehr Treffendes zum Begriff „Wissen". Er drückt es fast „vernichtend" aus, was uns Wissen bringt. Doch lies selbst:

Worte Kohelets, des Davidsohnes, der König in Jerusalem war.

„Windhauch, Windhauch", sagte Kohelet, Windhauch, Windhauch, das ist alles Windhauch. „Ich hatte mir vorgenommen, das Wissen daraufhin zu untersuchen und zu erforschen, ob nicht alles, was unter dem Himmel getan wurde, ein schlechtes Geschäft war, für das die einzelnen Menschen durch Gottes Auftrag sich abgemüht haben. Ich beobachtete alle Taten, die unter der Sonne getan wurden. Das Ergebnis: Das ist alles Windhauch und Luftgespinst. Was krumm ist, kann man nicht gerade biegen; was nicht da ist, kann man nicht zählen. Ich überlegte mir Folgendes: Ich habe mein Wissen immerzu vergrößert, sodass ich jetzt darin jeden übertreffe, der vor mir über Jerusalem geherrscht hat. Oft konnte ich Wissen und Können beobachten. So habe ich mir vorgenommen zu erkennen, was Wissen wirklich ist, und zu erkennen, was Verblendung und Unwissen wirklich sind. Ich erkannte, dass auch dies ein Luftgespinst ist, denn: Viel Wissen, viel Ärger, wer das Können mehrt, der mehrt die Sorge. Welchen Vorteil hat der Mensch von all seinem Besitz, für den er sich anstrengt unter der Sonne? Eine Generation geht, eine andere kommt. Die Erde steht in Ewigkeit. Die Sonne, die aufging und wieder unterging, atemlos jagt sie zurück an den Ort, wo sie wieder aufgeht. Er weht nach Süden, dreht nach Norden, dreht, dreht, weht, der Wind. Weil er sich immerzu dreht, kehrt er zurück, der Wind. Alle Flüsse fließen ins Meer, das Meer wird nicht voll. Zu dem Ort, wo die Flüsse entspringen, kehren sie zurück, um wieder zu entspringen. Alle Dinge sind rastlos tätig, kein Mensch kann alles ausdrücken, nie wird ein Auge satt, wenn es beobachtet, nie wird ein Ohr vom Hören voll. Was geschehen ist, wird wieder geschehen, was man getan hat, wird man wieder tun: Es gibt nichts Neues unter der Sonne. Zwar gibt es bisweilen ein Ding, von dem es heißt: Sieh dir das an, das ist etwas Neues - aber auch das gab es schon in den Zeiten, die vor uns gewesen sind. Nur gibt es keine Erinnerung an die Früheren und auch an die Späteren, die erst kommen werden, auch an sie wird es keine Erinnerung geben bei denen, die noch später kommen werden."

So weit die Worte Kohelets.

Es sind sehr deutliche Worte, die letztlich zu großer Entspanntheit, Tatenlosigkeit und Bequemlichkeit führen könnten. Wenn mir das ja alles nichts nützt, vielleicht ja sogar schadet, lasse ich es doch vielleicht besser wie es ist?!

Ich bin mir sicher, dass Kohelet ein sehr weiser, wissender Mensch war, der sehr wohl wusste, wie wertvoll Wissen und Weisheit sind, wenn sie aus dem Herzen und aus der Seele kommen, denn sobald du mit deinem wirklichen Bewusstsein verbunden bist und dein wirkliches Wissen in deinem Zugriff hast, dann hast du das, was die Schriften als Weisheit beschreiben. Nun könnte ich hier Worte aus dem Buch der Weisheit aber auch den Psalmen des David einfügen. Spannend wäre für viele, dass man dort Worte findet, die heute in den spirituellen Botschaften als neu auftauchen. Und wieder ist Kohelet aktuell.

Ich sage in Vorträgen und auch in privaten Gesprächen oft, dass wir uns häufig nur aus dem Kopf unterhalten. Dieses Geplapper ist jedoch oft meist nutzlos, wie sagte der Kleine Prinz: „Du siehst nur mit dem Herzen gut." Es könnte auch heißen: „Du kommunizierst nur mit dem Herzen gut."

Genauso ist es mit dem Erlangen von Wissen und Weisheit. Du liest und hörst Informationen und spürst keine Substanz. Dann verinnerliche diese Worte auch nicht. Lasse sie wie Windhauch weiterziehen. Nur wenn dein Herz jubelt, sich freut, dann sind es Worte, die wichtig und wertvoll sind.

Mach du, lieber Leser, es so mit diesem Buch. Nimm es an, wenn es sich gut in deinem Herzen und deinem Bauch anfühlt. Ansonsten verwirfst du es!

Viele Menschen verzweifeln heute an dem, was ihnen das Leben im Außen zeigt und spiegelt. Vieles von dem, was du bisher in meinem Buch gelesen hast, hilft dir vielleicht dabei, eine entspanntere

Betrachtung zu erlangen. Nachfolgend folgen weitere, eher grundsätzliche Themen/Aspekte, die ich als elementare Grundlage betrachte, das Leben als Mensch in dieser Schöpfung besser zu verstehen.

Aus diesem Grunde ist mein Arbeiten, sind meine Vorträge und Termine meist etwas zeitaufwendiger als bei anderen Kollegen, denn ich möchte, dass die Menschen, die mir begegnen, „es fühlen und erfahren und verinnerlichen". So kann es sein, dass die Dinge nicht weiter wie Windhauch verfliegen…

Die Seele

Möglicherweise geht es dir, lieber Leser, bezüglich des Begriffes Seele, ähnlich wie es mir über weite Strecken meines Lebens ging, denn ich habe mich schon als Jugendlicher gefragt, was das ist, wovon viele „Gläubige" sprechen. Habe ich danach gefragt, konnte mir niemand eine verständliche Antwort über die Existenz der Seele geben. Herr und Frau Google gab es noch nicht, und so blieb ich im Unklaren. Für mein Glaubensleben war dies nicht unerheblich, denn ich wollte schon immer mehr wissen. So blieb diesbezüglich lange Zeit eine Art leerer, wissensfreier Raum. Doch mit der Rückführungsausbildung veränderte sich dies, und der Nebel lichtete sich langsam. Sprich, ich konnte mir mehr und mehr unter der Begrifflichkeit „Seele" vorstellen.
Lange dachte ich, dass die Seele ein Teil unseres Körpers sei beziehungsweise „ein irgendetwas", das in unserem Körper einen festen Platz hat. Wo, wusste ich nicht, dachte aber, es könnte im Herzen oder im Kopf sein. Ich finde es schon etwas merkwürdig, dass es heute Wissenschaftler gibt, die sagen, dass man die Seele wiegen kann. Wenn nämlich der Mensch stirbt, dann ist der Körper nach dieser Theorie nachweislich um ein paar Gramm leichter als vor dem Tod. Dies beweise, dass der Mensch eine Seele habe und diese gar wiegbar sei… Interessant, aber für mich sind diese Überlegungen so überflüssig wie ein Kropf.

Sabine Kathriner©

Die Seele und der Schutzengel aus „Lucias wunderbare Seelenreise"

Mit zunehmenden Erkenntnissen in eigenen Rückführungen und sehr vielen Klientensitzungen kamen Erfahrungen hinzu, die mir mehr und mehr Klarheit brachten. Es stellte sich heraus, dass die Seele mehr ist als „ein irgendetwas", das rein zufällig in einem Teil eines Körpers wohnt.
Ich erlebte, ebenso wie meine Kollegen und meine Klienten, dass die Seele während oder nach der Zeugung eine Verbindung mit dem Körper eingeht.
Zu Beginn ihres Daseins in einer neuen Inkarnation erfährt und erlebt sie sich meist noch als reine Energie. Sie ist klar im Bewusstsein und weiß, wer sie ist (reine Seele, reine Energie, göttlichen Ursprungs…). Sie weiß, wo sie herkommt (Lichtebene), dass sie begleitet ist (geistige Helfer), was sie vorhat (Lern-/Lebensaufgaben) und was sich in dieser Inkarnation ereignen wird. Vielen Seelen ist dabei sehr klar, dass es kein einfacher Weg ist, aber es ist auch klar, dass sie sich mehr oder weniger freiwillig entschieden haben. Was ich auch erlebt habe, ist, dass sich Seelen innerhalb der Schwangerschaft bis hin zum etwa 3. Lebensjahr entschieden, zurück ins Licht zu gehen und somit das Leben zu beenden. Ihnen war dann entweder dieser Weg zu schwer, oder sie spürten, dass es der „falsche" Zeitpunkt war oder gar die „falschen" Rahmenbedingungen…
Da wir als Seele die freie Entscheidung haben, wird dies in der Geistigen Welt immer akzeptiert.
Was über die Jahre ebenfalls deutlich wurde, ist, dass unsere Seele nicht vollständig in einen Körper geht, um zu inkarnieren. Die Seele extrahiert sozusagen einen Teil aus ihrem Gesamt-Sein. Dieser Teil enthält genau die Frequenzen und Schwingungen, die für die individuelle Inkarnation wichtig sind. Da die Seele aufgrund ihrer reinen lichtvollen Energie die gleiche Energiesubstanz wie die Schöpferenergie hat, trägt sie alle Informationen, alles Wissen, alle Weisheit und auch alle selbst erfahrenen Erkenntnisse. Da sie immer im Kontakt mit der göttlichen Ebene und somit mit allen Seelen ist, verändert sich diese Grundlage nie. Wie in einer Darstellung eines riesigen Kuchens mit Schnittmengen ist alles miteinander verbunden und schwingt ineinander/zueinander. Es findet ein ständiger Austausch statt, von dem auch der Teil nicht

ausgenommen ist, der sich mit einem formhaften Körper verbunden hat. In diesem Anteil der Seele werden jedoch nur die Informationen manifest, die mit dem Lebensplan des Individuums übereinstimmen beziehungsweise dem Bewusstsein der „Person" entsprechen. Und dies ist veränderbar, dazu etwas später. Im Schlaf, im Traum oder auch in Meditationen findet ein aktiver Austausch dieser bewussten Anteile unseres Seins statt. Informationen fließen hin und her oder wie eine Kollegin es mal ausdrückte: „Entscheiden wir uns beispielsweise, ein neues Projekt auszuführen, wird dies in solchen Phasen - Schlaf, Traum, Meditation - vorbereitet, um dann im täglichen Leben umgesetzt zu werden. Wir wundern uns dann tagsüber, wieso uns Begegnungen, Situationen, Orte und so weiter bekannt vorkommen. Oder wir wundern uns, warum eine schwierige Geschichte plötzlich und unkompliziert gelöst werden kann. Oder wir sind verblüfft, wie etwas faktisch Unmögliches geschehen kann oder warum wir das Gefühl haben, etwas bereits vorher zu wissen. Alles ist in Verbindung, und alles ist mit Bewusstsein ausgestattet. Die Fülle der Informationen, die die Seele beinhaltet, könnte von keinem Computer aufgenommen werden. Vielleicht verdeutlicht dies auch die Großartigkeit dieses Energiefeldes, unserer Seele. Ich denke heute, dass wir nicht den Anspruch haben sollten, alles zu wissen. Da letztlich ja unser Verstand dieses Verlangen oder diese Ambition hat, ist das „Allwissen" in dieser Form sowieso unmöglich.
Was jedoch möglich ist, ist ein Gefühl dafür zu bekommen, wie dieses „Allwissen" aussieht, denn wir sind mit dem Wissensträger verbunden. Wir, damit meine ich in diesem Falle unseren Kopf und unseren Körper. Sobald wir uns öffnen, uns immer mehr in die Tiefe, in die Leere begeben, finden wir mehr und mehr den Zugang zu unserem Herzen und auch zu unserer Seele. Ferner bin ich sicher, dass unsere Seele keinen festen Ort benötigt, um sich in unserem Körper aufzuhalten. Sie hält über eine energetische Verbindung (Silberschnur) den Kontakt mit dem Körper. Auch hält sie immer die Verbindung mit unserem Herzen, dem Sitz unserer Gefühle. Ich bin mir sicher, dass die Feinstofflichkeit unserer Seele den Körper einhüllt und ausfüllt und dies in immer veränderbarer Struktur. Ein weiterer Teil unseres Körpers hat den

direkten Kontakt mit der Seele, nämlich die Zirbeldrüse. Alte Kulturen gingen davon aus, dass die Zirbeldrüse der Sitz der Seele sei. Aus meiner Arbeit ziehe ich die Erkenntnis, dass es eher so ist, dass unser energetisches System über die Zirbeldrüse und das Herz mit der Seele „im Austausch“ ist.

Das Höhere Selbst

Das Höhere Selbst ähnelt in der Frequenz und Struktur unserer Seele, ist jedoch von seiner Aufgabenstellung eher als Mittler zur Göttlichen Ebene zu betrachten. Aus meiner Sicht befindet es sich eine Sphäre höher als die Seele und könnte mit der Schwingung eines Engels verglichen werden. In Meditationen ist mir mein Höheres Selbst als Engel begegnet. Einige Klienten erlebten eine Begegnung mit ihrem Höheren Selbst und berichteten Ähnliches. Daraus folgernd können wir unser Höheres Selbst als aktiven Helfer bewusster einschalten…
Mit einer Kollegin machte ich in einer gemeinsamen Trancesitzung folgende Erfahrung: Wir begaben uns auf eine Reise und kamen, ohne dass wir uns dies vorgenommen oder abgesprochen hatten, am selben Ort an, einem kleinen See, umgeben von Wald. Ich beschreibe protokollartig die damalige Erfahrung:

*Meine Kollegin sitzt während ich ankomme am Ufer und spürt, dass ihr Körper dort sitzt, ein Teil aber über dem Wasser schwebt. Ich sehe diesen Teil, es ist eine „schöne“ Energie, die leicht bläulich schimmert. Es sieht aus, als sei sie von vielen goldenen Sternen umgeben. Währenddessen spüre ich eine unglaubliche Leere, das Nichts in mir. Zuerst ist es merkwürdig, muss ich Angst haben? Dann fühlt es sich einfach faszinierend an. Während der gesamten Arbeit taucht das Gefühl immer wieder auf und wird immer beeindruckender. Nun erkenne ich, dass auch ich aus dem Körper ausgestiegen bin. Ein geistiges Wesen, ein gemeinsamer Geistführer, ist anwesend und hilft uns, die Dinge besser zu verstehen. Er beginnt zu erklären: „Es ist euer Bewusstsein, das den Körper verlässt, der Rest ist feststofflich und ist das Heim für die Seele. Diese wird sonst vom Bewusstsein eingehüllt und mit Energie (Wissen,

Weisheit…) gespeist. Das Bewusstsein stellt die Verbindung zu allem was ist her.“ Nun wird es plötzlich unglaublich hell, ich habe das Gefühl, als sehe ich in meine Kollegin hinein. Dieser Meister teilt mit, dass ich als Körper momentan das Bewusstsein meiner Kollegin als Teil ihres Seins wahrnehme. Erst als der Meister uns dies zeigt, nehmen wir es bewusst wahr. Meiner Kollegin ist es in dieser hohen lichtvollen Schwingung möglich, in meinen feststofflichen Körper hineinzugehen. Dann fällt mir auf, dass mein Bewusstsein Ähnliches unternimmt. Ich tauche bei meiner Kollegin auf, bewege mich frei, fast tanzend um sie herum. Es fühlt sich absolut rein, klar und grenzenlos an. Ich weiß jetzt, dass es genau der Zustand ist, den ich in mehreren Meditationen erlebt habe, aber nicht begreifen konnte.*

Mit etwas Übung kann jeder diese Bewusstseinszustände erreichen. Dabei verändern wir die Frequenzen in unseren Schwingungsmustern. Auf Dauer wird dies spielerischer. Doch lass dir Zeit, irgendwann gelingt es dir immer besser.

Für mich ist das Höhere Selbst ebenso wenig wie die Seele Raum und Zeit unterworfen. Die Seele „beseelt“ unseren Körper, ist aber hier nicht „Zuhause”. Ihre Heimat ist die Quelle des Kosmos. Als Mittler zur göttlichen Quelle fungiert das Höhere Selbst sozusagen immer neutral und außerhalb der räumlichen und zeitlichen Begrenzung. Über unser Höheres Selbst kann die Seele mit der inkarnierten Seele in Verbindung treten, die „Kontaktstelle” ist unser Herz/unsere Zirbeldrüse (s.o.).

Mit dem Tod verlässt die inkarnierte Seele den Körper und wird in der Regel wieder Teil der „Gesamt-Seele“.

Auch hier ist das Höhere Selbst involviert, es begleitet den Wandlungsprozess und auch das Betrachten aller Erfahrungen. Ich kann nur empfehlen, in Ruhe und Entspannung, in Meditation die Verbindung zum Höheren Selbst aufzunehmen. Klarheit, Reinheit sind dabei oft wahrzunehmen und fühlen sich einfach gut an. Eine Klientin erlebte die Begegnung mit dem Höheren Selbst und sagte: „Was ist das für ein wundervolles Wesen! So liebevoll, so zärtlich, so nah…“ Ich erlebte ihre Erfahrung als eine sehr innige Begegnung… Da in den beiden Abschnitten Seele und Höheres Selbst auch der

Körper und das Bewusstsein beschrieben wurden, folgen einige kurze Darlegungen dazu, sowie erneut eine „Abhandlung“ zum Ego:

Der Körper

Als Krankenpflegeschüler habe ich aus persönlichem Interesse den Körper in schriftlichen Abhandlungen regelrecht bis ins Kleinste zerlegt. Ich wollte immer mehr wissen und habe bis auf die kleinste Ebene, die Zellstrukturen, alles studiert. Hätte mir damals jemand gesagt, dass jede Zelle ein eigenständiges Bewusstsein hat, ein Zellgedächtnis, und außerdem mit dem Rest des Körpers kommuniziert, dann hätte ich ihn ausgelacht. Heute weiß ich, dass ich diese Dinge damals wohl überlesen habe. Denn die Wissenschaft hat dies bereits vor 35 Jahren dargelegt beziehungsweise angenommen. Heute beschreiben die Naturwissenschaften solche Vorgänge detailliert. Eine Zelle merkt sich beispielsweise Schmerzreize und reagiert bei regelmäßigen Impulsen, indem sie Schmerz auch dann meldet, wenn keine Reize mehr stattfinden.
Weiterhin fand man heraus, dass der Mensch mit bewussten Denkvorgängen Einfluss auf viele Vorgänge im Körper hat. Erfahrungen, die ich genauso wie viele meiner Klienten gemacht habe, sind so letztlich logisch. Viele Hundert Klienten erlebten, dass Körperzellen, Organe und Gewebestrukturen Informationen speicherten. Diese wurden dann zu späteren Zeitpunkten mit positiven oder auch negativen Folgen abgerufen, deshalb sage ich heute: Nimm selbst das Heft in die Hand und erlaube deinem Körper das Heilsein, Glücklichsein, Entspanntsein…
Sprich mit dem Körper, mit den Zellen, mit den Organen. Danke für das, was sie tun, bitte um Mitarbeit, um Unterstützung… Und lasse dich dabei einfach führen. Lass dich überraschen… Noch etwas zum Körper: Das Gehirn wird von vielen als „der Geist“ bezeichnet. Aus spiritueller Sicht stimmt dies sicher nicht, doch wozu gehört es dann? Natürlich in erster Linie zum Körper. Doch ordnen viele dem Gehirn auch das Denken, den Verstand, das Bewusstsein und auch das Ego zu. Ich denke, dass dies nicht ganz stimmt. Unser Bewusstsein bedient sich

vieler Körperstrukturen, so auch der unglaublichen Masse an Hirnzellen. Strukturierte, logische Denkvorgänge beruhen auf biochemischen Vorgängen, die letztlich vom Gehirn umgesetzt, aber vom Bewusstsein initiiert und gesteuert werden.

Das Bewusstsein

Da ich unter der Überschrift Höheres Selbst schon einiges zum Bewusstsein geschrieben habe, hier nur ein paar Ergänzungen.
Wie vorher beschrieben, ist das Bewusstsein nicht mit dem Gehirn oder Verstand gleichzusetzen. Es ist etwas, was sozusagen außerhalb der körperlichen Strukturen besteht. Es ist vielleicht mit freier Energie vergleichbar. Vielleicht nenne ich es besser „reine Energie". Diese entstammt unserer Seelenstruktur und hat eine Verbindung mit den Energiekörpern, also den Schichten unserer Aura.
Ähnlich wie unsere Blaupause ist die Energie in unserer Aura ursprünglich. Anders als in unserer Blaupause (sozusagen ein Fingerabdruck unserer ursprünglich göttlichen Energie), sind die Energien in den Energiekörpern jedoch „belastet" durch die vielen Ereignisse unserer Leben. Und so ist das Bewusstsein oft be-ein-druckt (im wahrsten Sinne des Wortes) von vielen Erlebnissen. Ein Beispiel für das Zusammenspiel von Höherem Selbst, Seele, Bewusstsein, Körper… ist meine Reisepass-Erfahrung (siehe oben). So weiß ich heute, etwa anderthalb Jahre nach dem Ereignis, die Masse an Begebenheiten besser zu deuten. Eine erste Meditation im Flugzeug zeigte mir damals, dass mein Bewusstsein bereits in der Nacht zuvor dieses Ereignis strukturiert vorbereitet hatte. So erklärt sich auch, dass ich während der Stunden meines Weges immer wieder wusste: „Das habe ich doch eben erst erlebt…" Mir wurde auch schnell bewusst, dass es für mich eine sehr heilsame und angstlösende Erfahrung war, denn seither sind manche Ängste verschwunden. Außerdem war es eine harte Herausforderung an mein Urvertrauen. Doch ganz sicher waren es auch Prüfungen für all die Mitwirkenden.

So weiß ich heute, dass die Seele wichtige Impulse gibt, oft im Zusammenwirken mit anderen Seelen, denn selten sind Erfahrungen losgelöst von den Seelen, mit denen wir unterwegs sind.

Zusammenfassung: Gemäß unseres Seelenplanes beziehungsweise unserer Lebensaufgaben geben die Seele und das Höhere Selbst Impulse, die unser Bewusstsein aufnimmt. Dann beschäftigt sich unter Aufsicht unseres Bewusstseins unser Körper mit den Impulsen. Während diese noch rein und klar sind, greift der Körper bereits vom Bewusstsein beeinflusste Informationen auf. Alte Blockaden, Ängste, Emotionen, Schockerfahrungen… mischen sich ein. Sie warnen in Form unseres Egos: „Pass auf, mache nicht wieder denselben Fehler“ oder: „Das ist dir beim letzten Mal auch nicht gut bekommen…“ Und so können alle körperlichen Anteile nur noch das verarbeiten, was ihnen präsentiert wird. Unser Augenmerk muss darauf gelegt werden, mit unserem Bewusstsein absichtsvoll zu arbeiten. Sich dabei mit unserer Seele und unserem Höheren Bewusstsein zu verbinden, macht Sinn. Sich die Geistige Welt mit ins Boot zu nehmen, kann dabei sehr hilfreich sein, denn sie steht außerhalb unseres „beschränkten Einblickes“ und wird somit unbeeinflusst unterstützen. Dein Bewusstsein ist aus deiner Seele hervorgegangen.

In dem Moment als sich deine Seele als Teil der Schöpfung, als göttlicher Anteil, als „Ich Bin“, bewusst wurde, warst du reines Bewusstsein. Und seither dehnt sich dein Bewusstsein wie eine riesige Spirale mehrdimensional immer weiter aus. Bewusstsein denkt nicht, Bewusstsein erfährt sich, ist sich seiner gewahr. Sieh es so wie in den Momenten, in welchen du etwas erlebst oder erfährst und sofort weißt: „So ist es“, oder „Das ist wahr“… Zu diesem Zeitpunkt bist du dir bewusst! Du denkst nicht.

Bewusstsein und Gewahrsein bedingen einander.

Du weißt bereits viele Dinge, die du hier liest, ohne dass du jemals darüber nachdenken musstest. Wie wundervoll muss es sein, wenn wir in diesem Bewusstsein die absolute Macht über unser Denken haben und nur denken, um Strukturen zu schaffen, und dies mit Bewusstheit, auch wenn es vielleicht etwas verwirrend scheint. Ich bin mir sicher, es wird schnell klarer. Du wirst dir immer mehr deines Bewusstseins gewahr.

Das Ego

Ich habe einige Monate überlegt, ob ich diesen Abschnitt im Buch einfüge, denn wieder stellt sich die Frage:
„Was hat das Ego mit der Geistigen Welt zu tun?"
Das Ego kann sich Dingen nicht öffnen, die auf einer anderen Bewusstseinsebene sind. Würde es voll und ganz der Existenz der Geistigen Welt zustimmen, würde es gleichzeitig alle eigenen Gedankenkonstrukte infrage stellen. Sein eigenes Dasein wäre überflüssig.
Deshalb bedarf ein Buch, in dem die Geistige Welt Schwerpunkt ist, auch der Darstellung einer Instanz, die sehr gerne alles infrage stellt, die uns zweifeln lässt, die Ängste schürt.
So stellt sich natürlich die Frage: „Was ist das eigentlich, das Ego?" Ich habe mich intensiv damit auseinandergesetzt, vor allem weil sich das Ego bei vielen meiner Klienten personifiziert gezeigt hat.
Das Ego ist meines Erachtens nicht gleichzusetzen mit dem Begriff „ICH", auch wenn dies die korrekte Übersetzung ist und auch wenn es die Ansicht vieler Experten ist. Es ist ein Teil unseres Ichs, erschaffen von unserem Verstandesbewusstsein. Ganz sicher ist es der Teil, der lange Zeit wichtig ist, um wahrzunehmen, wer das ICH ist. Doch ist aus spiritueller und esoterischer Sicht das Ego nicht gleichzusetzen mit dem ICH.

Der spirituelle Mensch sagt eher: „Ich bin meine Seele."

Das Ego ist der Teil, der sich all der Dinge bedient, die „ES" gerade braucht. Ich benenne das Ego absichtlich als ES… nachfolgend wird vielleicht klar warum. Warum bedient sich das Ego vieler Aspekte des Lebens?

ES macht dies, um sich darzustellen, sich zu schützen, das darzustellen, was dem eigenen Bild entspricht, wie beispielsweise Mann oder Frau sein, machtvoll oder schön sein, kraftvoll oder graziös und so weiter.

Doch schaltet ES alles aus, was seine Wahrnehmung stören könnte beziehungsweise das ICH gefährden könnte:

- Beispielsweise schaltet ES Gefühle, Emotionen und alles andere aus, wenn die Gefahr besteht, dass diese Dinge stören könnten. Vor allem die Liebe aus dem Herzen wird oft so blockiert.
- Ebenso schaltet ES die Bedingungslosigkeit aus. Diese existiert für das Ego nicht, denn ES bewertet, und in der Bewertung liegt keine Bedingungslosigkeit.

Beispiel: Ein Mensch mit einem ausgeprägten Ego nimmt wahr, dass er groß, schön, athletisch, einfach cool ist. Nun begegnet ihm eine Vorgesetzte, die jung, hübsch und blond ist. In seinen Augen ist sie eher Beute als eine Vorgesetzte. Was tun? Er zeigt, wer er ist, der coole Macho, und gerät dabei in die Falle. Es wird ihm deutlich gemacht, wo seine Grenzen sind. Ärger, Wut, Enttäuschung und viele andere höchst emotionale Dinge (in C. G. Jungs Sprache „Schatten") bringen nun Bewegung in das Spiel des Lebens. Das Ego wird nun versuchen, Gegenmaßnahmen wie Ignoranz, Verleumdung, Scham und vieles mehr einzusetzen, um die eigenen Attribute nicht infrage stellen zu müssen.

Es klingt vielleicht etwas übertrieben, doch Ähnliches ist sicher vielen bekannt.
Warum ist dies so? Warum will das Ego genau dieses Ich-Bild aufrechterhalten? Die umfassende Erklärung würde zu weit gehen, doch seien hier ein paar Gründe genannt:

- Das Vater- oder Mutterbild. Sehr oft übernehmen wir die Konzepte, die uns unsere Erzieher vorgelebt haben. Es sind unsere Vorbilder, also muss das alles gut sein.
- Männliche und weibliche Energien. Das Bild, was wir selbst vom anderen Geschlecht haben, beeinflusst unser Ego und umgekehrt. Das Ego will sich und sein Bild des Ichs behaupten (siehe Beispiel Blondine).
- Die sogenannten Archetypen/Urbilder (Göttin, Weiser, Priester, Krieger ...) sind laut Psychologie und Psychoanalytik seit unserer

Entstehung angelegt. Diese Grundschwingungen beeinflussen uns.

- Das Innere Kind, stark oder verletzt, alles was wir in der Kindheit (jetzt und in früheren Inkarnationen) gesammelt haben, beeinflusst uns sehr...

Wie geht die Geschichte des Machos weiter? …Der Macho hat sich hervorragend entwickelt, er strotzt vor Selbstvertrauen, und nun kommt diese blonde Zicke und will ihm sagen, was er zu tun hat. Und plötzlich kramt seine Erinnerung das Bild einer Lehrerin seiner Schulzeit hervor, blond, zickig. Er hatte einen Streich gespielt und musste zur Strafe den Raum verlassen. Da ist sie wieder, es droht Gefahr („ES“). „Schütze dich“- schreit ES geradezu in ihm…

Das Ego reagiert mit einer Vielzahl an Mechanismen, wie der Bewertung, der Erzeugung von Ängsten, der Isolation, der Trennung, der Darstellung und Präsentation seiner selbst...

Wann setzt das Ego diese Mechanismen ein?

- Dann, wenn das eigene „Ich Bild“ das aus einem Konstrukt oder einem Konzept aus Bewertungen besteht, gefährdet ist.
- Bei automatisierten Ängsten oder Emotionen.
- Bei Einflüssen von außen.
- Bei neuen Konzepten.
- Bei Resonanzen.

Ähnlich wie die Inneren Anteile Kind, Frau und Mann, ist auch das Ego oft als eine deutliche, formhafte Energie wahrnehmbar. Visualisierungsfähige Klienten sehen dann oft ein personifiziertes Ego, einen schwachen Mann, einen Kraftprotz, eine schwächliche Frau, ein Monster, ein riesiges Tier…

Selten ist das Ego kommunikativ. ES wehrt sich gegen jegliche Versuche, Genaueres über ES zu erfahren, frei nach dem Motto: „Das geht euch nichts an.“

Doch meist entdeckt man hinter einer rauen Schale etwas völlig anderes. Das Ego zeigt plötzlich, dass ES durch Prägungen in der Vergangenheit davon ausging, das Ich schützen zu müssen. Wie im Beispiel der Blondine hat ES erlebt, dass das Ich angreifbar, verletzbar ist. Und diese Erkenntnisse, diese Erfahrungen sind sozusagen Gesetz. Das Ego sieht es als seine Pflicht, das Ich zu schützen, und so wird versucht, jede Situation so zu gestalten, dass Verletzungen und Ängste vermieden werden, die Rollen gestärkt werden, Schatten verschlossen bleiben, Masken aktiv sind und so weiter. Unser Verstand nährt das Ego, indem er ES mit immer neuen Argumenten füttert. Und so wächst und wächst das Ego. So entwickeln sich wahre Energiemonster, die erst infrage gestellt werden, wenn sich besondere Dinge ereignen.

In der Rückführungsarbeit ist es ein besonders anspruchsvolles Wirken, das Ego dazu zu bewegen, aus seiner Deckung herauszukommen, sich in die anderen Inneren Anteile einzureihen und sich letztlich integrieren zu lassen.

Das Ego darf nicht bekämpft werden, ES muss angenommen, anerkannt, geheilt und letztlich integriert werden. ES gehört zu uns, auch wenn der Mensch wohl die einzige Lebensform ist, die diesen Anteil in dieser Ausprägung trägt. Das Ego darf nicht isoliert betrachtet werden. Schatten, Rollen und Masken, Mann, Frau, Kind und alle anderen Aspekte stehen in Wechselwirkung miteinander. Nur eines zu betrachten, führt zu neuem Ungleichgewicht. Getreu der Aussagen zum Resonanzgesetz müssen wir das betrachten, was sich uns im jetzigen Moment vorstellt.

Das liebevolle Betrachten und Annehmen, das Heilen und Integrieren führt zu immer größerer Ausgeglichenheit und letztlich zum Zustand des EinsSeins.

Ich denke, du stimmst mir nun zu, dass das Ego in einem Buch über die Geistige Welt nicht fehlen darf.

Mediales Arbeiten

Was ist das: Mediales Arbeiten? Channeling? Ich habe mich dies am Anfang meiner Rückführungsarbeit gefragt. Nicht selten erzählten Klienten, dass sie Kartenleger, Hellseher oder Medien aufgesucht hatten. Ich konnte solche Berichte damals weitestgehend ohne Bewertung stehen lassen. Ich sage absichtlich weitestgehend, denn etwas merkwürdig fand ich es schon. Ich fragte mich, warum Menschen „einfach so" Informationen von Verstorbenen, Seelen, Engeln, Meistern und so weiter bekommen sollten. Und ich fragte mich, warum sich so viele für eben diese Informationen interessierten. Später verstand ich, dass in Energie-, Heil- und Lichtarbeit jeglicher Form, immer ein Kontakt mit der Geistigen Welt zustande kommt - ob wir dies bewusst spüren und wahrnehmen oder nicht.

Und obwohl ich bis dahin schon Hunderte solcher Erfahrungen, in denen Kollegen, Klienten und ich selbst Verbindungen hatten, gemacht hatte, verstand ich nur langsam.

Welche Kontakte erlebten wir (Klienten, Kollegen, ich) denn? Hier einige Beispiele:

- mit Verstorbenen, die viele Mitteilungen übermittelten,
- Besetzungen, also auch Verstorbene, die jedoch erdgebunden waren und dazu Informationen gaben,
- zu Engeln, Schutzengeln und anderen Lichtwesen,
- mit feinstofflichen Wesen, beispielsweise Naturwesen, die sehr mitteilsam waren,
- mit der Akasha Chronik und damit verbundenen Helfern,
- zu Aufgestiegenen Meistern, zum Teil entwickelten sich intensive Austausche mit diesen.
- Ja, sogar den Austausch mit dem Schöpfer erlebten Klienten, und einiges mehr.

Heute weiß ich diese Erfahrungen besser einzuschätzen. Einige davon sind nachfolgend aufgeführt. Doch weiß ich auch, dass ein Teil dieser Erlebnisse durch unseren Verstand, unser Ego und auch Störfaktoren von außen beeinflusst werden können. Wenn wir den Kanal zur Geistigen Welt öffnen, mischen sich nicht selten Energien, Frequenzen, Schwingungen ein, die mit den angestrebten Kontakten nichts zu tun haben.
Unser Ego mischt sich ebenso gerne ein, weil es natürlich alles infrage stellt, was es nicht akzeptiert (siehe Abschnitt Ego), Gleiches gilt für unseren Verstand. Die Störfaktoren von außen können viele x-beliebige Wesenheiten sein, die im Moment einfach nur stören wollen, Fehlinformationen streuen wollen und so weiter. Wir haben diese in unserer Ausbildung „Fopper" genannt. Im Normalfall spürt man dieses Einmischen. Doch ungeübte und vom Ego geführte Menschen nehmen dies nicht wahr und tappen in die Falle falscher Informationen.

Dies soll keinesfalls dazu führen, mediale Kontakte zu meiden. Vielmehr soll es dich dazu anhalten, dein Gefühl zu schärfen. Wenn du deinen Gefühlen vertrauen kannst, machst du nichts falsch. Vor einigen Jahren las ich ein Buch von Johannes Greber, einem Geistlichen. Er kam irgendwann mit einer Gruppe in Kontakt, die während der gefeierten Gottesdienste merkwürdige Erfahrungen machte. Immer wieder fiel ein junger Mann plötzlich in Trance und bekam Durchsagen der Geistigen Welt. Greber war sehr skeptisch, waren solche Dinge zu dieser Zeit (vor etwa 100 Jahren) doch ungewöhnlich und kaum bekannt. Er stellte nach vielen Überprüfungen eindeutig fest, dass durch diesen jungen Mann Wesen aus der Geistigen Welt sprachen. Über viele Jahre beobachtete er fortan solche Phänomene und beschrieb dann, dass solche Erfahrungen hilfreich und segensreich sein können. Er erlebte auch, dass sich immer wieder Wesen einmischten, die bewusst Fehlinformationen streuten. Er nannte sic damals negative Geister.

Ich empfehle dir, vertraue auf dein Gefühl. Eine gesunde Skepsis bewahrt vor Enttäuschungen. Doch sei auch nicht zu skeptisch, denn dann wirst du dich nie zu neuen Ufern aufmachen.

Ich selbst habe in meinen Anfangszeiten, sprich der Rückführungsausbildung, erste Erfahrungen mit bewussten medialen Kontakten gehabt - ohne dies zu wissen oder bewusst herbeigeführt zu haben.

Ich berichte hier einmal von einigen dieser Kontakte:

Channelings/Kontakte/Durchsagen

Ein Unbekannter spricht mit uns (2009):

Wir trafen uns während unserer Rückführungsausbildung mit Kollegen, um miteinander zu arbeiten, uns gegenseitig rückzuführen. Eine meiner Kolleginnen, hier Carola genannt, hatte mich durch Situationen früherer Leben geführt und war dabei, mich aus der Sitzung herauszuzählen. Alles war geklärt. Doch dann entwickelte sich plötzlich ein Dialog, ohne dass wir ihn herbeigeführt hatten. Ich füge hier einfach das Protokoll der damaligen Sitzung ein:

*Carola möchte mich aus der Sitzung herauszählen. Doch wie aus dem Nichts stellt sie mir noch eine Frage. Ich bin irritiert, weil, sie wollte doch aufhören… Es beginnt ein beeindruckender Dialog!

Carola fragt und aus mir kommen die Antworten, wie aus der Pistole geschossen, irgendwie anders als sonst. Ich bin nur ein Sprachrohr.

Es ist seltsam: Ich kenne Carolas Fragen zum Teil bevor sie diese ausspricht. Einige dieser Problematiken, haben uns in der letzten Zeit beschäftigt. Deshalb habe ich anfangs den Verdacht, dass die Antworten von oder aus mir kommen. Doch schnell merke ich, dass das nicht sein kann.

Erstens kommen die Antworten sehr spontan, ein Nachdenken ist nicht möglich, zweitens sind auch Fragen, mit denen ich mich noch nicht intensiv befasst habe, unmittelbar beantwortet, drittens sind die begleitenden Emotionen so ergreifend, dass ich mir sicher bin, einen sehr imposanten Gesprächspartner zu haben.

Außerdem erlebe ich sehr deutlich eine begleitende Rahmenvorstellung, denn - wir haben viele Zuhörer. Je nach Art oder je nach „Menschlichkeit“ von Carolas Fragen kann ich schallendes Gelächter wahrnehmen. Er, der durch mich antwortet, und weitere Zuhörer lachen.

Carola fragt: „Lachen die mich aus?“ Doch es ist kein Auslachen, nein, sie amüsieren sich köstlich über unsere komplizierte menschliche Art zu suchen, zu denken und zu verstehen.

Mein Gesprächspartner ist sehr willig und sehr einfühlsam. Er hat uns gerufen, da bin ich sicher. Auch die Konstellation ist absichtlich gewählt, warum auch immer. Es hat ja immer alles seine Gründe.

Folgende Fragen und Antworten haben wir notiert (Da alles recht schnell ging, ist die Auflistung nicht unbedingt vollständig):

- „Wie ist das mit den kosmischen Gesetzen, gibt es sie oder nicht?“

→ Natürlich gibt es sie, jeder ist ihnen verpflichtet.

- „Warum halten sich denn einige Wesen nicht daran, oder scheint es uns nur so?“

→ Es scheint wahrscheinlich nur so, manchmal liegen Verständigungsfehler vor, manchmal sind die Aktionen nicht klar, manchmal ist es aber auch einfach besser, anders zu handeln als ihr Menschen es erwartet.

- „Warum verstehen wir vieles einfach nicht, warum können wir die innere Stimme, die Hinweise unserer Berater der Geistigen Welt nicht erkennen?“

→ Das liegt daran, dass ihr versucht, mit dem Kopf, also mit den Ohren zu hören. Erst wenn ihr mit der Seele hört, versteht ihr.

- „Warum muss das so sein, warum wird uns nicht einfach alles gezeigt?“

→ Weil euer Geist das nicht begreifen könnte; ihr würdet wahnsinnig; hier dient der Geist als Schutz.

- „Warum erkennen wir dann nur stückchenweise?"

→ Das stimmt doch nicht, verglichen mit dem bisherigen Weg, habt ihr doch Quantensprünge gemacht.

- „Warum aber bremst das eine (Geist), während das andere lernen und vollkommen werden will?"

→ Weil ihr Körper, Geist und Seele erhalten habt, diese Dreigestalt macht Sinn und findet sich an vielen Stellen des Kosmos.

- „Was passiert mit der Seele und warum?"

→ Die Seelen bestehen seit dem Anfang und existieren bis zu ihrer Vollkommenheit.

- „Und dann?"

→ Werden sie wieder Alles in Allem sein, wie Gott; denn jeder hat den göttlichen Funken in sich.

- „Wo?"

→ Natürlich als Bestandteil der Seele; Gott empfängt alle Erfahrungen, die die Seelen machen und erlangt damit Unendliches.

- „Ist das ein Grund für die Ausdehnung des Universums?"

→ Natürlich! Jede Information, jeder Gedanke, jede Handlung, jede Erfahrung trägt dazu bei, dass Gottes Erfahrungen wachsen und damit das Gesamte, das Alles in Allem.

- „Was ist mit der vollkommenen Seele, ist ihre Reise beendet?"

→ Sie kann das frei entscheiden, sie kann dort bleiben, was ihr „Himmel" nennt, sie kann auch als Helfer, als Berater zu anderen Seelen gehen, viele dieser Seelen sind bei euch unterwegs.

- „Wie ist das mit den anderen Zivilisationen, sind dort auch welche, die uns schaden wollen?"

→ Viele dieser Wesen sind sehr hoch entwickelt im Vergleich zu euch, sie würden euch deshalb niemals schaden wollen; die meisten sind euch sehr wohlgesonnen und helfen euch, ohne dass ihr es merkt.

- „Warum ist es dann zum Teil so schwierig, Implantate zu entfernen?"

→ Die meisten sind nur zum Lernen, manche helfen euch sogar.

- „Ist es denn dann gut, sie zu entfernen?"

→Wenn ihr dort hinkommt, wo ihr sie entfernen könnt, ist es an der Zeit, denn sonst würde es nicht funktionieren.

- „Gilt dass auch für andere Behandlungsmethoden, die wir gelernt haben?"

→ Nur das, was ihr anwenden könnt, wird abgerufen, nur das, was der Hilfesuchende abruft, werdet ihr geben können, nur der, der reif ist, wird euch aufsuchen.

- „Wer kann helfen?"

→ Nun, denkt an die Schrift der Talente, der eine kann sehen, der nächste predigen, der nächste heilen. Findet heraus, wer welche Fähigkeiten hat, und ihr werdet sie anwenden können. Auch in eurer Gruppe sind die Talente sehr unterschiedlich vorhanden, deshalb solltet ihr sie gemeinsam nutzen.

- „Wenn eine Seele doch vollkommen ist, wieso muss sie dann reifen?"

→ Die Seele beinhaltet das Meer der Möglichkeiten, und durch den Prozess der Reife weiß sie auf diese Möglichkeiten eine Antwort. Sie ist weise an Erfahrung geworden und hat auf ihrem Weg dazu beigetragen, dass Gott „wächst". Auf ihrer Wanderung durch die Zeit hat sie neue Möglichkeiten geschaffen, Möglichkeiten, die allen anderen zugutekommen. Der Geist ist die Summierung der irdischen Möglichkeiten, geprägt von Normen, Ethik, sonstigen Verhaltensmustern und vielem mehr. Er sagt, was geht, was möglich ist, ohne gleich die Erdhaftung zu verlieren oder von den Menschen ausgeschlossen zu werden. Er macht euch zu sozialen Wesen und wacht über euch.

- „Wie kann dann eine Entwicklung möglich sein, wenn der Geist doch die Außen-Welt der Gesellschaft repräsentiert?"

→ Die Entwicklung geht immer von der Seele aus. Wenn sie bereit ist, einen Schritt zu gehen, folgt der Geist. Er gibt euch die Grenzen und den Halt. Die Ausdehnung erfolgt von innen, eben durch das Reifen der Seele.

- „Warum höre ich meine Seele so wenig, so schlecht? Wieso findet keine echte Kommunikation statt?"

→ Weil der Geist erst „nachziehen" muss, sozusagen „verdauen und einfügen" in den Menschen und das „Außenleben". Es braucht auch ein bisschen Übung und das sich Einlassen.

- „Geht das nur über Meditation?" (kann ich sehr schlecht)

→ Nein, man muss nur auf die Stimme der Seele hören.

- „Was ist der Gegenwert, den wir den anderen intelligenten Wesen geben können, wenn sie uns ihre Erkenntnisse mitteilen? Es muss doch ein Ausgleich der Energie erfolgen. Was können wir ihnen bieten, wo sie doch schon so viel weiter sind?"

→ Ein sehr menschliches Denken. Es muss nicht bezahlt werden, auch nicht mit einer Verpflichtung oder einer Art Seelenvertrag, also nach dem Motto: Und dann diene ich euch, oder dafür dürft ihr ein Implantat setzen. Sie bekommen schon ihren Lohn, das, was für sie wichtig ist, zum Beispiel unsere Freude, unseren Arbeitseifer beim Umsetzen auf der Erde, die Freude der Menschen, wenn es hilft, die menschliche Variante der Entdeckung, das kreative Weiterentwickeln. Jeder hat seinen Anteil an der Entwicklung. Wir sind ein Ganzes, ein Team und der Lohn (Erfolg) und die Früchte der Entwicklung kommen allen zugute.

- „Was ist mit den Wesenheiten, die sich nicht so wirklich gerne an die Gesetze des Kosmos halten, die, sagen wir, für uns nicht wirklich gute Absichten haben?“

→ Sie gibt es tatsächlich, aber sie sind nicht wirklich böse, sie sollen etwas lehren. Die Seele bestimmt, ob sie mit ihnen zu tun haben will, um etwas zu lernen. Aber auch für sie gilt das Gesetz des Kosmos.

- „Was bedeutet die Zusammenarbeit unserer Gruppe?“

→ Ihr müsst nicht zusammen an einem Ort sein, allein durch eure Gedanken werdet ihr Kontakt haben und natürlich wenn ihr euch trefft.

Mit einem Male ist alles ruhig; Carola holt mich auf gewohnte Weise aus der Sitzung zurück ins Hier und Heute. Ich weiß in diesem Moment überhaupt nicht, was Carola und ich soeben erlebt haben. Wir sprechen voller Überraschung darüber, doch fehlt jegliche Einschätzung. Was deutlich ist, ist, dass es uns sehr gut geht, gleichzeitig sind wir erschöpft.*

Tage später spreche ich mit unserer Mentorin über das Erlebte und erhalte die Information, dass dies das Channeling eines Meisters gewesen sei. Und spontan sagt sie: „Dieser Meister heißt El Morya.“

Ich kann an diesem Tag und zu dieser Zeit nicht viel mit dem Begriff „Aufgestiegene Meister“ anfangen. Auch dies lasse ich erst einmal unbewertet stehen. Tage später suche ich im Internet nach mehr Information und finde tatsächlich einiges. Manches ist ganz nett, manches recht suspekt und fühlt sich nicht so gut an. Dann lande ich, obwohl ich schon aufhören will, auf einer Seite, die sehr gute Schwingungen hat. Die Informationen passen erstaunlich genau zu dem, wie wir unseren Ansprechpartner wahrgenommen haben.

Lange Zeit halte ich nicht viel vom Channeln. Es ist mir suspekt. Doch hatte ich es selbst erlebt. Und bei vielen Sitzungen der Klienten geschah ja Ähnliches. Später las ich Bücher und erfuhr irgendwann: „Das ist ein gechanneltes Buch“, wie die „Seth“ Bücher und „Ein Kurs in Wundern“ und so viele mehr.

Nachdem ich über etwa zehn Jahre sehr viele solcher Erfahrungen gemacht habe, ist es mittlerweile mein normales Leben, in dem die Geistige Welt und feststoffliche, menschliche Welt neben- und ineinander funktionieren. Und so weiß ich heute, dass wir ständig im Austausch mit der Geistigen Welt sind, im Tagesbewusstsein oft unbewusst, im Seelenbewusstsein sehr bewusst. Bin ich in meiner „Inneren Mitte" ist der Austausch klar, ungestört. Bin ich nicht „in mir/bei mir" ist es natürlich anders. Da ich mich und diese Klarheiten und Unklarheiten kenne, weiß ich, dass mit den Botschaften aus der Geistigen Welt immer sorgsam umgegangen werden will.

Deshalb halte ich es auch heute noch so. Ich lasse immer mein Gefühl entscheiden, ob etwas klar ist oder nicht. Du kannst es nur fühlen. Und viele Quellen sind nicht ganz sauber. Höre also auf dein Herz, bei jedem Buch, jedem Text im Internet, jeder Aussage von Menschen im Gespräch…
Bewerte dabei weder deine Gefühle noch den Grund, warum die Botschaften unklar sind, denn der- oder diejenige/n, der oder die als Kanal diente/n, geht bzw. gehen ja von der Wahrheit aus. Ob sich in den Kanal unklare Quellen einmischen oder ob das Ego des Mediums einfließt, kannst du nicht wissen. Deshalb bewerte es nicht. Du weißt, dass du die Botschaft „mit Abstrichen annimmst" und das reicht.

Ich sprach eben von Quellen, die sich einmischen. Ja, auch dies gibt es. El Morya teilte Carola und mir damals mit, dass sich unendlich viele Energien in den vielen Dimensionen aufhalten. „Ihr würdet auf der Stelle verrückt werden, wenn ihr alles sehen würdet, was um euch herum ist…"
Wie gesagt, viele Energien, Wesenheiten, Seelen und so weiter mischen sich zum Teil ein.

Sieh es so wie ein inhaltlich wertvolles Gespräch, das du bei einem Fest mit einem guten Freund führst. Andere stehen um euch herum und bekommen riesige Ohren. Und einer nach dem anderen glaubt, er müsse eigene Kommentare zu eurem Gespräch hinzufügen. Oft kommen sinnvolle, oft aber auch unangemessene oder auch nachteilige

Informationen. Manchmal wird ein Gespräch sogar zerstört. Am schwierigsten ist es, wenn du denkst, es sei sehr gehaltvoll, was ein Teilnehmer zum Gespräch beiträgt, obwohl sich später herausstellt, dass es nicht der Wahrheit entsprach. Dies ist auch in medialen Kontakten und Channelings so. „Fopper" drängen sich in den Kanal, weil sie glauben, etwas beitragen zu können oder um bewusst Fehlinformationen zu streuen.

Was du dagegen tun kannst? Nichts! Du musst lernen, auf dein Herz zu hören. Dies ist ein Weg der Entwicklung, der Bewusstwerdung. Und da unser gesamter Seelenweg ein Weg der Bewusstwerdung ist, sieh es bitte als einen Prozess an, bei dem du täglich ein Stückchen weiterkommst.

Ein außergewöhnlicher Engelbesuch 2009:

Bei einem weiteren Treffen unter Rückführungskollegen kommt es zu einem intensiven Austausch, diesmal mit zwei Engeln.

Hier das Protokoll:

*Meine Kollegin Maria hat uns beim Warten von einem kleinen „Sinn-Suche-Tief" berichtet. Das ist uns allen nicht fremd, denn wir „sinnen und suchen" ja häufiger. Schon vor unserem Wirken ist uns klar: Es wird heute Antworten geben (mit denen wir so jedoch nicht rechneten).

Der Einstieg in eine Rückführung dauert normalerweise etwa 15 bis 30 Minuten. Und jeder von uns hat seine eigene Art und Geschwindigkeit einzusteigen.
Doch habe ich beim Einstieg in die Sitzung mit Maria den Impuls (eher eine klare Ansage von irgendwoher…): „Bitte schnell!"

Also beschleunige ich den Einstieg etwas und bekomme nach etwa drei Minuten von meiner Kollegin ein Lächeln geschenkt. Maria sagt: „He, ich bin schon da! Da war schon eine offene Tür und da bin ich rein, und da steht ein Engel."

„Da steht ein Engel?"

„Er ist der Engel der Antwort, und er heißt Abiel", sagt meine Kollegin.

Nun verständigen wir uns, dass sie berichtet und mir ein Zeichen gibt, wenn ich Fragen stellen soll.

Ich sage ihr, dass ich den Namen des Engels schon irgendwie gehört habe beziehungsweise er mir vertraut ist. Er gibt die Antwort, dass er mich sehr wohl kennt, dass es da auch schon intensive Kontakte gab (ist mir aber so nicht bewusst - oder doch?).

Dieser Engel ist voller Liebe (das sind sie sicher alle - aber dieser hat diesbezüglich ganz besondere Schwingungen). Ich spüre sehr intensive liebevolle Energien.

So entwickelt sich ein inhaltsvoller Austausch, der hier auszugsweise abgebildet ist:

- Zuerst beginnt Maria, nach der Ursache für ihre aktuelle Sinnfrage zu suchen beziehungsweise Abiel danach zu fragen.

→ Sie erhält die Antwort, dass dies mit der Angst in ihrem Herzen zu tun hat. „Verletzlichkeit darf sein", sagt er. Man solle sie zulassen, es würde dadurch leichter, Angst zu heilen und sich in die Heilung zu begeben, ergänzt er.

- Maria erhält viel mehr Antworten, doch lasse ich einen vertrauten Austausch zu. Sprich, die beiden unterhalten sich und ich bin außen vor.

- Meine Kollegin stellt Abiel die Frage, ob sie das ausgewählte Studium beginnen soll.

→ „Jetzt ist nicht der richtige Zeitpunkt dafür…"

- Ich bitte um eine Antwort zur Art wie unsere Kollegengruppe zusammenarbeitet.

→ „Stellt es euch so vor, als würden energetische Wesen von überallher in Kontakt stehen. Dabei können Energien fließen, und jeder kann sogar auf die Distanz vom anderen profitieren. Du überbewertest das, was dir die Gedanken (also dein Kopf - Geist) sagen. Das, worauf es ankommt, liegt im Herzen.“ „Wenn ihr im Herzen berührt seid, ist das Sein erfüllt.“ Obwohl ich diesen Satz nicht sofort verarbeiten kann, haut er mich fast vom Stuhl. Ja, es ist, als würde eine energetische Sturmböe durch das Zimmer fegen und mich vom Stuhl pusten... Wir sollen einfach nur die Verbindung herstellen. Wenn der ein oder andere diesen Weg nicht mitgehen will oder kann, müssen wir anderen das akzeptieren - es muss sein. Jeder entscheidet frei, und jeder geht seinen Weg und gelangt dann irgendwann doch ans Ziel, auch wenn es etwas länger dauert. Den anderen ansprechen sei wichtig, doch dann ist es genug, Freiheit ist wichtig zur Entfaltung des Seins.

→ Dann kommt eine für mich verblüffende Aussage des Engels: „Horst, du hast doch Fragen mitgebracht.“ Er sagt, ich solle meine Frage ruhig stellen, denn ich hätte sie ja dazu mitgebracht beziehungsweise bereits im Kopf. Das stimmt übrigens, ich hatte nämlich unterwegs schon Fragen zu den Engeln: Wo sind Engel? In anderen Dimensionen? Was sind andere Dimensionen...? Wenn ich einen Engel habe, von dem ich genau weiß, dass er riesig ist, aber doch als mein ständiger Begleiter bei mir ist, dann muss er irgendwo sein, also wo? Mit etwas Belustigung stelle ich mir auf der Fahrt zu unserem Treffen vor, ich sitze in meinem Minivan und habe einen riesigen, kraftvollen Engel hinter mir. Doch er schaut meterweit aus dem Auto heraus, er passt ja nicht hinein. Ich muss lachen. Natürlich ist mir klar, dass es anders ist, aber wie?

- Also frage ich genau dies...

→ Es kommt der Hinweis, dass wir momentan noch nicht in der Lage seien, das gänzlich zu verstehen, aber wir hätten uns bereits Hilfen gebaut. So würden wir uns vorstellen, dass Engel und die Geistige Welt um uns herum oder „da oben“ seien. Das sei gut, da wir es uns so besser vorstellen könnten. Doch es sei so nicht korrekt.

Auch die Erklärung mit der anderen Dimension sei nicht ganz richtig, denn eigentlich sei der Engel im Menschen, so wie ja auch der göttliche Funke im Menschen sei.

→ „Ist sowohl der Mensch beziehungsweise seine Seele als auch sein Bewusstsein entsprechend gereift, dann können diese Energien sogar verschmelzen. Dies ist mit eurem momentanen irdischen Bewusstsein schwer zu verstehen, dennoch seid ihr auf dem Weg dorthin, es zu verstehen", erklärt der Engel.

→ „Euer Bewusstsein wird weiter, die Schranken werden weicher, es ist wie ein Kokon, der sich immer mehr erweitert und irgendwann gesprengt wird." „Dabei kann von euch niemand auf der Strecke bleiben - jeder erreicht sein Ziel. Einladen und Hand reichen - dann ist es gut."

→ Ich soll mir das so vorstellen: Ich trage jemanden über meinem Kopf auf meiner linken, nach oben offenen Hand, ganz leicht und völlig im Einklang mit mir, meinem Höheren Selbst, und ich fühle mich ermächtigt. Ich diene in Leichtigkeit - das darf ich tun - das dürfen wir tun!? Ihn trage ich auf dieser offenen Hand in eine andere Dimension, in ein anderes Verständnis. Aber das geht nur, wenn unser Bewusstsein weit ist, wenn wir es zulassen.

- Noch einmal kommt von mir die Frage, ob jemand für sich dieses Bewusstsein erlangen kann. Kann er die gewünschten Fähigkeiten ohne die Hilfe anderer erlangen?

→ „Die gemeinsamen Energien (sicher unsere, aber auch ganz sicher die von all jenen, die auch auf dem Weg sind) sind so machtvoll, dass sie diesen Planeten retten können. Die Energie eines Menschen ist groß, die Energie vieler „bewusster Menschen" ist jedoch unheimlich kraftvoll."

→ „Nehmt eure Macht an, sie verleiht Größe, Weite und reicht weit über die Galaxis hinaus. Natürlich verleugnet ihr das", ergänzt Abiel.

- Ich stelle die Frage nach der Angst, ob es zum Beispiel verschiedene Qualitäten von Angst gibt. Ob es notwendig ist, sich zu schützen, beispielsweise mit Symbolen, Steinen, Kristallen oder Ähnlichem. Ist dieser Schutz nicht ein Widerspruch für das Göttliche und die damit verbundene Furchtlosigkeit und den immerwährenden Schutz?

→ Abiel: „Jede Angst ist berechtigt, doch muss man der Angst mit Liebe und Verständnis begegnen. Ihr seid sicher und beschützt, nichts kann euch widerfahren und zustoßen. Alle Zweifel oder Ängste machen Löcher in euren Schutzmantel. Deshalb muss man aus dem Vertrauen heraus den Schutz aufbauen. Hilfe ist dabei eigentlich nicht notwendig, denn ihr habt alles, was ihr braucht. Unterschiedliche Qualität hat die Angst nicht, sondern nur unterschiedliche Intensitäten."

→ „Ängste gibt es in diesen Ausmaßen, weil die Menschen ebenso süchtig nach Angst sind wie nach Krankheiten. Viele Krankheiten bauen sich auf den Ängsten auf."

→ Abiel begleitet Maria bereits seit vielen Leben. Sie hat ihn nur bisher nicht wirklich wahrgenommen.

- Ich frage, warum denn jeder Mensch andere Engel mit unterschiedlichen Fähigkeiten, Energien und Schwingungen bei sich hat.

→ Er sagt, dass jeder eine Vielzahl von Wesen/Energien bei sich trage. Von diesen Energien profitieren wir. Wir tendieren dazu, diesen Wesen/Energien menschliche Wesenszüge zu geben. „Das ist menschlich, aber nicht immer richtig", sagt er.

- Dann muss ich auch noch fragen, wie das mit dem Sehen ist. So wie vorher lacht er auch bei dieser Frage.

→ Es folgt ein klarer und deutlicher Hinweis: „Du siehst alles, nimm es nur wahr, man sieht nicht nur mit den Augen…"

- Die Zeit ist weit fortgeschritten, doch Maria möchte diese Begegnung am liebsten festhalten und diese Emotionen noch ein wenig für sich alleine haben - was ich gut verstehen kann. Deshalb verlasse ich den Raum für einige Minuten und spüre bei der Rückkehr ein sehr intensives, wohliges und sehr liebendes Gefühl.
  Maria teilt mit, es sei ein weiterer Engel hinzugekommen. Und dieser hat sehr weibliche Schwingungen und hält sich direkt bei mir auf. Ich spüre diesen Engel bereits in meinem Herzen, wo er sehr intensive Emotionen auslöst. Er ist sehr liebevoll. Das Ganze dauert einige Minuten. Nun haben wir unser Zeitlimit deutlich überschritten. Hier müssen wir wieder hin, es war genial - es war ähnlich wie beim Meisterchanneling, aber doch mit wesentlich anderen Schwingungen, und es hat kaum Energie gekostet.
  Es geht uns richtig gut. Gut bedeutet auch, dass Maria ihr „Sinn-Suche-Tief" überwunden hat.

Es ist in unserem Wirken immer so, dass wir trotz unserer umfangreichen Erlebnisse und Erfahrungen, dem Wissen, den Worten und Hinweisen unseren regelmäßigen menschlichen Sinnfragen begegnen.

Ich schreibe diese Zeilen zwei Tage nach der „Begegnung". So kann ich sagen, es ist gut, dass wir unsere Bodenhaftung, unsere Erdverbundenheit nicht verlieren, denn es ist nicht unser Auftrag, in höheren Sphären oder anderen Dimensionen zu verweilen.

Reifen und wachsen, lernen und erfahren können wir nur jetzt und heute und nur hier, deshalb ist es so, wie es ist - obwohl ich mir manchmal wünsche, es wäre anders, obwohl ich mir manchmal wünsche, ich könnte dort bleiben.

Am Morgen nach dieser faszinierenden und emotional äußerst bewegenden Sitzung mit Maria und den beiden Engeln habe ich ein emotionales Loch.

Man kann solch emotionale Höhenflüge nicht einfach so verarbeiten - auf einer hohen Welle und dann hinunter auf den Grund der Welle. Doch nach einigen Stunden geht es wieder besser. Ich weiß ja, dass sie da sind, diese wunderbaren Wesen, in mir und um mich herum. Vom Kopf her kann ich es noch nicht ganz erfassen, aber mein „Bewusst-Sein" begreift langsam-*

Solche Wege können für jeden Menschen verändernde Erfahrungen mit sich bringen: „Spüre dich hinein und du wirst es entdecken."

Wenn uns unsere Umwelt, unser „Ich", unsere selbstgebauten Mauern und Schranken nicht immer von den wunderbaren Geschenken des Göttlichen fernhalten würden, könnte es so schön sein.

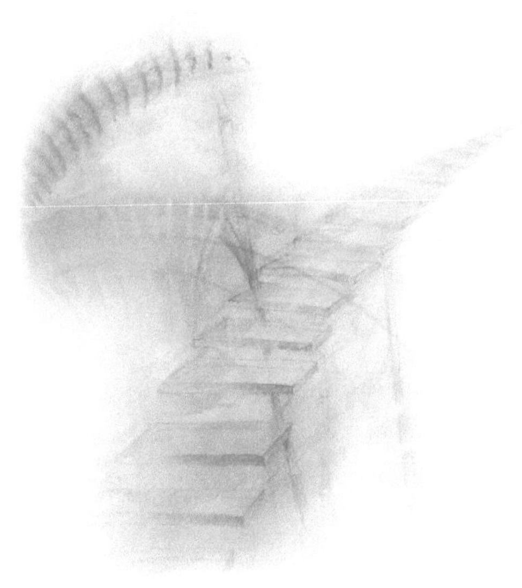

Schlusswort

Ganz sicher hat jeder, der dieses Buch liest beziehungsweise gelesen hat (es ist ja schließlich das Schlusswort), sehr unterschiedliche Gründe dafür gehabt. Einige haben es gelesen, weil sie bereits andere Bücher von mir studiert haben, andere weil sie mehr zum Begriff „Die Geistige Welt" wissen - oder einfach nur vergleichen wollten…

Auch wenn ich mich wiederhole: „Entdecke bitte deine Wahrheit. Und dies nicht nur in diesem Buch, sondern in jedem Augenblick deines Lebens. Du bist reines Bewusstsein und mit dieser Bewusstheit, kannst nur du deine Wahrheit entdecken. Da du dein Bewusstsein bist, kannst du auch nicht mit deinem Verstand, deinem Denken, deinem Ego, einer Lehre, einem Buch, einer Religion… „die Wahrheit" entdecken. Nein, dein Bewusstsein ist nur durch dein Gewahrsein zu erfühlen. So weißt du die Wahrheit. Du wirst Wahrheit niemals denken können. Du weißt sie. Und ich glaube, du wusstest sie an vielen Stellen des Buches."

Ich habe dir also nur eine Art Grundlage geboten, aus der du dir alle für dich wichtigen Aspekte gepickt hast.

Deshalb bin ich mir auch sicher, dass einige Inhalte nicht mit deinem bisherigen Bild über die Geistige Welt übereinstimmten. Auch bin ich mir sicher, dass sich einiges erst setzen muss, so wie bei mir, als ich vor zehn Jahren beschloss: „Ich stelle jetzt erst mal alles in die Ecke und werde es erst dann annehmen oder verwerfen, wenn ich Klarheit habe…"
Auch schließe ich mich der Aussage einer Kollegin an, die letztens sagte: „Betrachte alles, was ich hier gesagt habe, als unwahr…; denn nur du kannst deine Wahrheit finden und anerkennen…"

Oh, wie wahr!

Doch einige Kernaussagen dieses Buches sind elementar und deshalb greife ich diese nochmals kurz auf:

- Du bist der Schöpfer deiner Realität.
- Du bist göttlich.
- Nur die (bedingungslose) Liebe zählt.
- Sie ist unweigerlich mit der Freiheit verbunden.
- Alles ist eins.
- Alles ist gut, perfekt, so wie es ist.
- Es gibt keine Zeit und keinen Raum.
- Energie folgt immer der Aufmerksamkeit.
- Die Einfachheit ist der Schlüssel im Prozess der Bewusstwerdung.
- Die Geistige Welt versteht sich nie getrennt von uns, sie kennt keine Bewertung…

Verstehe dein Leben als ungetrennt von all deinen Leben und ungetrennt von allen Seelen und Wesen und Energien und natürlich als ungetrennt von deiner Seele und deinem höchsten Bewusstsein, deinen Inneren Kindern, Mann und Frau und so vielem mehr.

Diese unendliche Vielfalt ist für unsere Seele normal. Doch unser Verstand kann es nicht erfassen. Was in Momenten, in welchen dieses Wissen an die Oberfläche dringt, oft spürbar ist, ist Überforderung. Innerlich ist alles klar, doch in unserem Kopf bricht manchmal Chaos aus.

An dieser Stelle fallen mir nochmals die Sitzungen ein, in welchen Klienten mich als Mitwirkenden in einem früheren Leben entdeckten. So sagte ein Verwandter von mir nach einer interessanten Erfahrung in einem früheren Leben: „Hm, da sitzt du als gütiger Graf oder so. Und statt mich zu maßregeln, zeigst du mir die vielen Möglichkeiten, die ich gehabt hätte..." Ein anderer Klient sagte: „Beim Rückblick hier auf der Zwischenebene schauen wir zu dritt, ein Freund, du und ich, auf unser Erreichtes. Und wir wissen alle, dass wir es schon wieder nicht verstanden haben. Doch wir lachen darüber und verabreden uns für das nächste Leben..." Und eine Klientin erlebte mich in einer Situation, die ich aus einer eigenen Sitzung kannte. Ein Burgherr aus der Umgebung überfiel uns, ich überlebte diesen Überfall nicht. Die Klientin beschrieb mir das, was ich schon wusste, als Beobachterin und auch, dass sie als Hellsichtige, mich vor diesem Überfall gewarnt hatte…

Unendliche Vielfalt und Möglichkeiten in einem Kosmos, in dem alles verbunden ist, bieten uns ein Spielfeld unermesslicher Erfahrungen.

Heute, also beim Schreiben dieses Schlusswortes, sagte eine Klientin am Telefon: „Ich sah heute ein paar Ihrer Beiträge im Internet und obwohl ich von den Inhalten nichts wusste, war mir klar, dass ich alles begriff. Und ich wusste, dass ich dies alles schon immer wusste. Dies klingt verrückt, denn mein Verstand wusste nichts davon…"

Ja, so ist es. Sie erlebte den Moment Klarheit, in dem die Seele ihre Weisheit in alle Ebenen hineinschwingen lässt und dabei keine Gegenschwingung zulässt. Dies sind wundervolle Momente… Solche Momente kann jeder erleben. Die Bereitschaft dazu reicht.

Was kann ich dir am Schluss dieses Buches mit auf den Weg geben, vor allem angesichts der Sorgen, Nöte und Ängste, die bei vielen Menschen bestehen und auch angesichts der oben aufgeführten Ansichten, dass Sünde, Schuld, Lasten, Leid und Karma unser Leben belasten und dass all diese Dinge abgearbeitet werden müssen? Auch wenn es richtig ist, dass wir in vielen Inkarnationen genau dieses Anhäufen von „Last" erlebten und dies als notwendig betrachteten, möchte ich den Blick in eine etwas andere Richtung lenken…

… In dem Moment, in dem du annimmst, dass du deine Göttlichkeit niemals verloren hast und dich voll und ganz mit dieser Göttlichkeit identifizieren kannst, wirst du alle zuvor genannten „Bremsen“ ablegen und frei sein. So frei wie einige meiner Klienten, die von geistigen Helfern hörten: „Du bist jetzt frei…“

Das wir dies bisher oder jetzt in diesem Augenblick nicht schaffen konnten, liegt an der Illusion: „Geht nicht, noch nicht wert, es fehlt etwas und so weiter.“

Erkenne deine Göttlichkeit. Du bist wertvoll und als Seele reines Licht.

Und so grüße ich dich und wünsche dir einen Weg, der so ist, wie du ihn dir wünschst.

Von Herzen danken möchte ich allen, die mich beim Schreiben dieses Buches unterstützt haben: die Helfer der Geistigen Welt für die Inspiration, Sabine und Jopie für die wundervollen Bilder und die Gestaltung, Renate und Sonja für das Korrekturlesen, Heike, Christian, aber auch meiner Seele und meinem Höheren Selbst und allen die einfach auf irgendeine Weise unterstützt haben.

Danke!

Horst Leuwer

Meine bisher erschienenen Bücher

Die Verborgene Wahrheit - Rückführung als spiritueller Neubeginn

und

Angst und Liebe; Trauer und Freude; Verzweiflung und Hoffnung. Nun erkenne wer du wirklich bist

Die beiden Rückführungsbücher enthalten unter anderem viele Fallbeispiele und Erfahrungsberichte aus der Rückführungstherapie/ Reinkarnationstherapie. Sie zeigen aber auch, inwieweit das gesamte Spektrum dieser Möglichkeiten den Menschen in seiner persönlichen Entwicklung unterstützt und weiterbringt. Themen wie Besetzungen, Seelenverträge, Karma und Fremdenergien, körperliche und seelische Beschwerden, nichtmenschliche Existenzen, das Leben zwischen den Leben, verlorene Seelenanteile, Traumata und Ängste und vieles mehr werden betrachtet.

Lucias wunderbare Seelenreise - ...und immer wieder grüßt das Leben...

Lucia ist die Geschichte einer Seele. Im Wandel mitten aus dem Leben hinüber auf die geistige Ebene, die Zwischenebene, erlebt sie viele erstaunliche Dinge, wie der Rückblick auf das vergangene Leben, Lernen, Verstehen und Vorbereiten auf ein neues Leben. Es ist ein wundervolles Abenteuer für Lucia... Sie hilft dir, die Ängste vor dem Sterben und dem Loslassen zu verlieren. Sie erklärt, was vor, während und nach dem Sterben passiert. Die Frage nach dem „Danach" wird spielerisch gezeigt und dabei gleichzeitig erklärt, warum dein neues Leben so beginnt, wie es begonnen hat... Deshalb ist Lucia für Groß und Klein „ein Genuss".

Zurück zum EinsSein: Geschenk und Aufgabe der Zwillingsseele

In diesem Buch sind viele Antworten auf „Warum-Fragen“ zum Thema Zwillingsseele und Seelenpartner abgebildet. Auch viele weitere Themen wie Schattenarbeit, Rollen, Masken, Muster, Verletzungen, Loslassen, Urverletzung, Glaubenssätze, Ego, die Täter-, Helfer- und Opferrollen, die Inneren Anteile, wie das Innere Kind, Animus und Anima werden betrachtet. Aber auch Eigenschaften, wie das Mitgefühl, die bedingungslose Liebe, Vergebung und Verzeihung gehören zum Inhalt. Dieses Buch ist ein Wegweiser für Menschen, die das Zwillingsthema im Kontext mit diesen Themen betrachten möchten und für die Menschen, die auf welche Weise auch immer, auf der Zielgeraden sind…

Zurück zum GesundSein. Das Zusammenspiel von Körper, Geist und Seele

Entdecke, auf welche Weise dein Körper dir Botschaften sendet und welche Ursachen hinter den vielen körperlichen Wahrnehmungen (Erkrankungen, Schmerzen und andere Symptomen) verborgen sein können. Du wirst durch dieses Buch in der Lage sein, diese Botschaften zu entschlüsseln und wirksame Lösungen zu finden. Viele beschriebene Übungen helfen dir dabei, entdeckte Erkenntnisse praktisch umzusetzen. Das Buch dient als Hilfe zur Selbsthilfe und ist gleichzeitig wichtiger Baustein, die Zusammenhänge des Lebens besser zu verstehen.

Rückführungen, Reinkarnation, Frühere Leben: Ein kleines Handbuch mit komprimierter Information für den Einsteiger

Nach mehreren erfolgreichen und ausführlichen Büchern zur Rückführungstherapie ist dieses Buch eine Kurzfassung zu diesem Themenkreis. Vor allem Neueinsteigern bietet dieses Buch eine Möglichkeit, in die Thematik hineinzuschnuppern. „Du kannst mit Rückführungen jedes Lebensthema beleuchten und unter bestimmten Voraussetzungen in die Transformation führen!“ Ich hatte in der Ausbildung zum Rückführungstherapeuten noch an dieser Aussage gezweifelt. Doch während meiner langjährigen Tätigkeit als Rückführer, wurde diese These trotz meiner Skepsis bestätigt. Bewusst ist in diesem Band auf einfache und komprimierte Weise erläutert, was Begrifflichkeiten wie Rückführungstherapie, Reinkarnationstherapie, Rückführungen, Reinkarnation, Frühere Leben, etc. bedeuten, denn jeder soll die Inhalte verstehen können, nicht nur „Insider". Und da Beispiele vieles besser erklären als reine Theorie, nehmen Rückführungsprotokolle echter Sitzungen den größten Raum des Buches ein.

…Ans Herz legen möchte ich dir auch ein wunderschönes Buch von Eva Leuwer, meiner Tochter:

„Eine Woche nach dem Tod: Wie zufällige Bekanntschaften das Leben verändern"

Dieses Buch gibt, verpackt in einem Roman, Antworten auf die Fragen, die das Leben aufwirft. Wo komme ich her, warum bin ich hier, habe ich die freie Wahl, hat das Leben überhaupt einen Sinn…? Es fordert den Leser auf, sich auf die Suche nach sich selbst zu begeben. Im Mittelpunkt steht Philipp, er ist verzweifelt, sieht keinen Sinn mehr in seinem Dasein und ist fest dazu entschlossen, seinem Leben ein Ende zu setzen. In letzter Sekunde entscheidet er sich anders…

Meine als CD erschienenen Heilmeditationen:

Du und dein Inneres Kind: Heilmeditation mit dem Inneren Kind

Diese Heilmeditation führt dich zu deinem Inneren Kind, hilft dir, Kontakt aufzunehmen und in einer wunderschönen Umgebung das Innere Kind aktiv zu heilen, bzw. einen heilenden Prozess zu starten. Die Integration, das EINSwerden mit dem Inneren Kind ist eine sehr bereichernde Erfahrung.

Die Quelle der Heilung: Eine geführte Reise mit deinen geistigen Helfern zu einer besonderen Heilquelle

Im Ursprung war alles heil, war alles ganz, war alles in Gott. Dass dies letztlich auch heute noch so ist, haben wir weitestgehend vergessen. In dieser Meditation erinnerst du dich an vieles, begegnest vielem, was dir vertraut war. Durch die sanfte Begleitung deiner Helfer wirst du auf dieser Reise heil, ganz werden. Sie führt dich zu einem Ort, an dem du auftanken, loslassen und entspannen darfst.

Meditationen zur Energietrennung: Energieausgleich, Reinigung des eigenen Energiefeldes und Befreiung von Fremdenergien

Diese Meditationen führen dich und geben dir Instrumente bzw. Werkzeuge, mit denen du Klärung und Reinigung bewirkst. Du kannst energetische Verbindungen lösen, Energietrennungen vollziehen, Energien ausgleichen sowie Energieräuber auf Abstand halten. Dabei kannst du jedes Werkzeug für dich testen, je nach Grund oder Einsatz kann ein anderes Instrument wirksamer sein.

Heilmeditation zum Ausgleich der Elemente

Wir Menschen sind sehr erfahrungsabhängig. Wir haben im Laufe unserer vielen Inkarnationen schwierige Erfahrungen mit den Elementen gemacht. Sind wir beispielsweise verbrannt, ertrunken, erstickt oder abgestürzt bleiben oft Blockaden, die uns zu schaffen machen. Ängste vor Feuer oder Wasser, Höhenangst oder die Angst vor dem Ersticken sind oft Folgen, denen man mit normaler Betrachtung nicht auf die Spur kommt. Diese Heilmeditation zum Ausgleich der Elemente unterstützt dich, Blockaden, Missschwingung oder auch Unausgeglichenes zu entdecken und in die Heilung zu führen. So wird jedes Element, wie auch die Elemente untereinander, betrachtet und ausgeglichen. Krafttiere unterstützen den Prozess ebenso wie der Hüter der Elemente.

Porträt der beiden Künstler Sabine und Jopie

Sabine Kathriner, seit 3 Jahrzehnten, von ganzem Herzen kreativ als Dipl. Grafik Designerin, Künstlerin, Illustratorin, Texterin und Beraterin. Sie ist im Ruhrgebiet geboren und lebt seit 2005 in der schönen Eifel und sagt über ihr Schaffen:

„. . . Ich liebe und lebe meinen Beruf . . ."

Mit dem Autoren Horst Leuwer hat sie 2011 das Buch „*Lucias wunderbare Seelenreise*" geschaffen.

Infos zu ihrem umfangreichen künstlerischen Schaffen finden sie auf ihrer Website:

www.kathriner-design.de

Jopie Bopp, Spiritueller Künstler, Kunstmaler, Dipl. Grafik-Designer, Dozent für Malerei und Zeichnen. Lebt und arbeitet im eigenen Atelier in Heiligkreuzsteinach im Odenwald. Jopie Bopp setzt sich in seiner Malerei mit ganzheitlichen spirituellen Themen auseinander. Nachdem er seine eigene Malweise gefunden hatte, entstand ein umfangreiches Werk zu den Themen: Engel und Erzengel, Krafttierbilder, Farbenergiebilder, Seelenbilder, und vieles mehr.

Infos zu seinem umfangreichen künstlerischen Schaffen finden sie auf seiner Website:

www.kreavitalis.de

Autorenporträt Horst Leuwer

Ich wirke in der Vulkaneifel als Rückführungs- und Reinkarnationstherapeut und als ganzheitlicher Therapeut. Bereits als Jugendlicher war ich auf der Suche nach Erfahrungen die mich erfüllen. Wirklich findend war ich erst, als ich der Rückführungstherapie und dem spirituellen Heilen begegnete. Zum ersten Mal hatte ich das Gefühl und die Klarheit, meine Wurzeln und meine Wahrheit zu entdecken und zu fühlen. Es kam zu vielen wundervollen Erfahrungen die mir halfen, sehr viel persönliche Heilung zu erfahren. Körperliche, seelische und geistige Blockaden wurden gelöst und ich erlebte viel Freiheit, Freude und Leichtigkeit. Selbstverständlich kam es zu vielen Veränderungen, Wallungen, Prozessen, die ich jedoch in keinster Weise bereue, denn ich weiß, dass ich mich gefunden habe und das ablegen konnte was ich nicht bin. Heute ist es mir ein wichtiges Anliegen möglichst vielen Menschen Ähnliches zu ermöglichen. Deshalb gebe ich mein Wissen und meine Erfahrungen heute vielen Menschen weiter (in meinen Büchern und CDs, sowie bei vielen Beiträgen bei YouTube).

Gerne schicke ich dir meine Bücher und CDs mit einer persönlichen Widmung zu. Nimm dazu über meine E-Mail-Adresse oder meinen Verlag Kontakt zu mir auf.

Falls weiteres Interesse an der Rückführungs- und Reinkarnationsarbeit, sowie den vielfältigen Methoden und Möglichkeiten der Ganzheitlichen Therapie besteht, findest du mehr Informationen und Kontaktdaten auf meiner Homepage:

www.rueckfuehrungstherapie-leuwer.de

und auf der Homepage meines Verlages:

www.Verlag-EinsSein.de